北京政治文明建设研究报告

2017

REPORTS ON BEIJING POLITICAL CIVILIZATION CONSTRUCTIONS

北京政治文明建设
研究基地
编

中国出版集团 | 全国百佳图书出版单位
中国民主法制出版社

北京·2018年

图书在版编目（CIP）数据

北京政治文明建设研究报告．2017 / 北京政治文明建设研究基地编．--北京：中国民主法制出版社，2018.8

ISBN 978-7-5162-1881-5

Ⅰ．①北…　Ⅱ．①北…　Ⅲ．①社会主义政治学－研究报告－北京－2017　Ⅳ．①D671

中国版本图书馆 CIP 数据核字（2018）第 204480 号

图书出品人／刘海涛
出版统筹／乔先彪
责任编辑／刘春雨　姜　华

书名／北京政治文明建设研究报告（2017）
作者／北京政治文明建设研究基地　编

出版·发行／中国民主法制出版社
地址／北京市丰台区右安门外玉林里 7 号（100069）
电话／（010）63292534　63057714（营销中心）　63055259（总编室）
传真／（010）63055259
Http: //www.npcpub.com
E-mail: mzfz@npcpub.com
经销／新华书店
开本／16 开　710 毫米 ×1000 毫米
印张／21
字数／310 千字
版本／2018 年 9 月第 1 版　　2018 年 9 月第 1 次印刷
印刷／北京建宏印刷有限公司

书号／ISBN 978-7-5162-1881-5
定价／68.00 元

《北京政治文明建设研究报告》(2017)

编 委 会

序言

习近平总书记在党的十九大报告中指出，中国特色社会主义已经进入新时代，新时代我国社会的主要矛盾是人民群众对美好生活的向往与发展的不平衡不充分之间的矛盾，并进一步强调，这种不平衡不充分，主要表现在民主、法治、公平、正义、安全、环境等方面。所以，我们工作的重点就是补齐这些短板，来满足人民群众对美好生活的需求，逐步实现中国共产党对广大人民群众的主严承诺。

很显然，民主、法治、公平、正义、安全、环境这六大方面，都与中国特色社会主义政治发展紧密相关，尤其是民主、法治、公平、正义本身就是中国特色社会主义政治建设的题中之义。可见中国特色社会主义政治建设在新时代的重要地位。

对于如何在新时代建设中国特色社会主义政治，习近平总书记在党的十九大报告中提出了六条明确要求：坚持党的领导、人民当家作主、依法治国有机统一；加强人民当家作主制度保障；发挥社会主义协商民主重要作用；深化依法治国实践；深化机构和行政体制改革；巩固和发展爱国统一战线。习近平总书记的这六条要求，不仅是对中国特色社会主义政治建设实践的要求，也是中国特色社会主义政治建设的理论要求。

正是为了贯彻党的十九大的精神，落实习近平总书记的指示，2017年，北京政治文明建设研究基地，紧密结合实际，组织相关方面的专家学者，对如何建设中国特色社会主义政治开展了深入的研究。这些研究成果体现在以下三个方面：

第一，聚焦人民代表大会制度。人民代表大会制度是我国的根本政治制度，是我国人民当家作主的根本途径和最高实现形式，必须长期坚持，并不断完善。2018年初，十三届全国人民代表大会第一次会议通过了新修改的宪法和新制定的监察法，这是中国特色社会主义政治建设中的大事，具有里程碑意义。相关学者即从宏观，也从微观进行了探讨。

第二，聚焦社会主义协商民主制度。协商民主是中国特色社会主义民主的重要组成部分，也是中国特色社会主义民主政治的独特优势。学者们结合中国传统文化和当前的实际，对一些问题进行了研究。

第三，聚焦社会治理。学者们着重从理论和实践结合的角度，对党的廉政建设进行了研究探讨。

参与2017年度政治文明建设研究报告的，既有成就斐然的学术大家，也有中青年学术骨干，还包括一些青年才俊。这种组合体现了政治文明建设研究基地开门搞研究的思路，拓展了研究视野，同时也带动了基地学术水平的提高。相信通过这些研究，一定会为推动中国特色社会主义政治建设发挥积极作用。

韩宪洲

2018年7月12日

目 录

人民代表大会制度研究

民主协商研究

社会治理研究

人民代表大会制度研究

2017年人民代表大会制度研究综述

崔英楠 *

人民代表大会制度是我国的根本政治制度，是人民当家作主的重要途径和最高实现形式。加强人大制度理论研究，推进人大制度理论和实践创新，对于我们毫不动摇地坚持、与时俱进地发展人民代表大会制度，不断丰富人民代表大会制度的实践特色和时代特色，始终保持国家根本政治制度的生机活力，具有十分重要的意义。对人民代表大会制度的研究越来越受到关注，有关该问题的研究也逐渐成为宪法学、政治学、中共党史等多个学科领域的热门课题。目前，学界关于这方面的研究取得了不少成果，本文拟对2017年国内学术界在研究中所取得的进展做一简要的梳理，从基础理论研究、执政党与人大关系、人大代表履职制度、人大主导立法、地方人大监督方面予以阐述。

一、人民代表大会制度基础理论研究方面

人民代表大会制度是中国的根本政治制度，中国共产党十八届三中全会明确指出，要加强社会主义民主政治制度建设，推动人民代表大会制度与时俱进，人民代表大会制度的与时俱进需要有基础理论的支撑。值得欣慰的是，随着政治学界、法学界一批青年学者留学归国，近年来，运用实证方法

* 崔英楠：北京联合大学北京政治文明建设研究基地研究员。

研究人大制度的基础理论正蔚成风气。此类研究贴近实际，重观察、重调查、重数据，富有科学性、解释力和说服力，往往能直接为人大制度运行的优化开启理论之窗、拓宽创新之路。此外，这类研究，通过对实证的分析、归纳、提炼，还能验证、丰富或修正既有的某些理论。

首先，有学者就对人大制度的定义和内涵重新进行了反思。浦兴祖认为，不应简单地将人大制度解释为“有关人民代表大会的制度”，而应当首先将其界定为“中国的政权组织形式”。人大制度这一概念具有双重含义，它既指称中国国家政权组织形式，又指称有关人民代表大会这一会议与机关本身的制度。当人大制度指称中国政权组织形式时，其基本内容集中体现在我国宪法的第 2 条和第 3 条中，即中华人民共和国的一切权力属于人民，以及作为权力机关的各级人民代表大会与其他国家机关关系的表述；而当人大制度指称有关人民代表大会这一会议与机关本身的制度时，其基本内容则包含在宪法、选举法、全国人大组织法、地方各级人大和地方各级人民政府组织法、人大代表法、立法法、各级人大常委会监督法等法律和各级人大及其常委会的议事规则之中。[①] 即浦兴祖认为，人民代表大会制度有广、狭两义，前者为狭义的（严格意义的）人民代表大会制度；后者为广义的人民代表大会制度。

在人大制度的基础理论方面，研究者分歧最大的是有关“议行合一”的问题。“议行合一”最早是由法国著名资产阶级启蒙思想家卢梭在《社会契约论》中提出的，他认为，最好的政体应是把立法权和行政权结合于一体的政体。受其影响，1871 年的巴黎公社在政权组织形式上进行了“议行合一”的实验。

张力认为，在我国的人民代表大会制度内部，人大与政府的关系不是“议行合一”，而是“议行分开”。张力认为，新中国成立后，我国实行的基本上是苏联 1936 年宪法的模式，即全国人大设常委会，作为它的常设机关；国

① 浦兴祖：《人大制度若干基础理论问题探究》，《北京航空航天大学学报（社会科学版）》2017 年第 3 期。

务院即中央人民政府，是最高国家权力机关的执行机关，是最高国家行政机关。这就表明，在中央国家政权层面上，是实行“议行分开”的。但在地方国家政权层面，因人大不设常委会，由人大产生的人民委员会作为政府，名义上是人大的执行机关，实际运作中基本上实行的却是“议行合一”，人民委员会在人大闭会期间实际上是集重大事项决定权与执行权于一身的。1979年后，县以上地方各级人大设立常委会，各级地方政权实行了议行分离。自此，从中央到地方全面实行了“议行分开”。[①]

浦兴祖认为，我国人大制度仍然是“议行合一”而不是“议行分开”。他认为，在中国人大制度下，由人民直接或间接选举与监督的各级人大掌握本辖区内的全部国家权力，又亲自行使其中“议”的权力，而将“行”的权力分别委托给由人大产生的其他国家机关，后者必须对人大负责，受人大监督。人大是全权性的国家权力机关，其法定地位在同级国家机关中为“最高”，全国人大更是最高国家权力机关。尽管机构分设，人员也有部分分开，但只要按照宪法行事，“议行”全部权力终究“合一”于人民的代议机构，终究“合一”于人民。而这两个“终究”，与“议行合一”的基本逻辑高度一致。正是在这个意义上，人大制度在实质上坚守着“议行合一”，坚守着有所发展的“议行合一”。[②]

二、关于执政党与人民代表大会的关系方面

执政党和人大关系的处理与定位是中国政治文明发展不得不破的一个重要命题。共同的政治认同可能产生一种均衡的认识和一致的规则，在政治体制架构之下，执政党与人大有着广阔的对话和交流空间。党的十八大以来，执政党在提升党内政治民主，以党内法治推动依法治国和实现人民民主的同时，逐步重视人大在政治和制度上的资源效应，以有效应对和破解执政党与

① 张力：《关于人民代表大会制度几个问题的研究》，《山东人大工作》2017年第6期。
② 浦兴祖：《人大制度若干基础理论问题探究》，《北京航空航天大学学报（社会科学版）》2017年第3期。

国家发展面临的诸多难题。

李会勋、肖金明从主体间性理论考察了执政党与人大的关系。主体间性理论认为，主体对客体并非一种支配和改造关系，主体与主体之间也并非一种孤立式的存在，而是与其他主体存在“交互式”的关系，是共存共生关系。主体间性理论考察主体间的相互关系，即一个主体怎样与完整的作为主体运作的另一个主体互相作用。主体间性理论表明，传统“主体性”的“绝对意志”已经为理论的更新和历史的实践所唾弃。在执政党所能接受和我国现行制度安排下，一方面，二者皆服膺于“中华人民共和国的一切权力属于人民”这一最高政治宣言，这是政党生命和政体存在的初始性根基。从这个角度上来说，二者是统一体。另一方面，执政党先于人大制度的领导地位是历史选择的使然。基于主体间交往理性的认知，李会勋、肖金明认为，应明晰执政党和人大关系，构筑执政党和人大在主体间性意识、交互关系内容、议决事项规程和耦合机制生成等方面的关系，以促进依宪执政和依法治国，实现党内法规和国家法律共融共生。[①]

浦兴祖认为，在人大制度的建设和发展中，需要坚持与改善中国共产党的领导。党领导人民的代表大会，正是“领导人民”的必然逻辑结论。但是，如果对人大实行“刚性领导”，强行命令，甚至越俎代庖，那难免会使人大的法定地位和应有权威化作虚无，使党的领导与人大制度成为此长彼消的对立关系。如果对人大实行“柔性领导”，那就能保障人大的法定地位和应有权威，真正实现党的领导、人民当家作主和依法治国的有机统一。那么，哪些实行“刚性领导”，哪些实行“柔性领导”？浦兴祖认为：其一，党组织对整体意义上的人大及其常委会的领导，当属“柔性”。其二，党组织对设置在人大及其常委会内的下级党组织（如党组）的领导，当具“刚性”。只是如党章规定，上级“对同下级组织有关的重要问题作出决定时，在通常情况下，要征求下级组织的意见”。其三，设置在人大及其常委会内的党组织

① 李会勋、肖金明：《从主体间性理论看执政党与人大的关系》，《广西社会科学》2017 年第 5 期。

（如党组）所发挥的领导核心作用，对不是中共党员的人大代表（委员），当属“柔性”。其四，这种领导核心作用，对于中共党员人大代表（委员），就个人与组织的关系而言，当具“刚性”。[①]

在中国特色社会主义民主政治中，执政党在人大代表候选人的提名过程中扮演重要角色是它对人大进行政治领导的重要形式。一方面，获得执政党支持的代表候选人有着较高的概率进入候选人提名名单，并在未来的选举中获胜；另一方面，随着人大层级的提高，它对代表候选人选拔的要求愈发严格，代表候选人能否获得提名愈发与其支持有着密切关系。王雄通过探讨执政党提名代表候选人的标准和方式，考察了执政党提名人大代表候选人制度及其影响，并得出三个结论：第一，执政党主要以阶层结构、素质结构和政治表现等三个标准选拔代表候选人。阶级结构标准是提名的必要门槛，素质结构是提名的基本保证，政治表现是获得提名的关键因素。第二，执政党提名代表候选人制度并非采取完全封闭式的集权提名方式，而是采取自上而下集权提名和自下而上分权提名相结合的方式。第三，通过直接提名产生的代表候选人倾向于回应公共利益。通过分权提名产生的代表候选人倾向于回应选区利益。[②] 不过，王雄没有通过数据更为深入地检验执政党提名方式与人大代表回应性之间的关系。

三、关于人大代表履职制度方面

自新中国成立以来，全国人民代表大会和地方各级人民代表大会代表，履行宪法和法律规定职务主要是以集体方式进行的。法律层面不仅规定了各级人大及其常委会的集体工作方式，而且实践层面以集体方式来履行代表职务也是惯例。因此，我国已经形成了中国特色社会主义的人大代表执行职务

① 浦兴祖：《人大制度若干基础理论问题探究》，《北京航空航天大学学报（社会科学版）》2017年第3期。

② 王雄：《执政党提名人大代表候选人制度及其影响》，《广州大学学报（社会科学版）》2017年第2期。

制度，即“人大代表集体履职制”。尽管这一制度在历史上对人民代表大会制度的运行发挥过积极作用，但必须清醒地看到，人大代表集体履职制度也存在一些缺陷，使得人民代表的主动性、积极性和创造性不能充分发挥，这也直接影响了人民代表大会制度设计的初衷。李晓波认为，随着我国政治、经济、社会的发展变化，人大代表履职制度也应该进行改革，推动实现由“集体履职制”向“个体履职制”的转换，这对充分发挥人大代表的“主体性”作用，推动人民代表大会制度完善，充分彰显人民代表大会制度的价值具有重要意义。①

伴随着数字化信息技术的广泛运用，网络政治参与对代议制产生了深远影响，近年来的人大代表“网上履职”已然常态化，最为典型的案例有：一为网民与人大代表的“虚拟—现实”对接；二为博客与人大代表的“线上—线下”履职；三为网民参与的“E 两会”与现实“两会”的互动。这些案例一方面使网民人大代表的代表性受到质疑，另一方面凸显了人大代表“网上履职”所面临的网民期望值高、网络参与有限、网络空间双面影响等困境。鉴于此，莫桑梓、黄大熹认为，让人大代表进一步强化“互联网思维”，并将人大代表的“网上履职”纳入法制化轨道，同时打造一个“互联网 + 民意”信息化工作平台。②

推进国家治理体系和治理能力现代化，必须坚持和完善人民代表大会制度。在坚持和完善人民代表大会制度的过程中，尤其需要发挥好人大代表的作用，以推进国家治理的民主化、法治化、科学化。为此，徐斌、彭猛奇认为，需要从四个方面着手改进：其一，切实推行代表竞选机制。具体措施是，实现人大代表年龄的中老结合，避免人大代表老龄化；适当增加基层群众人大代表的比例，减少官员比例；落实差额选举，增强人大代表的民意基础；逐步扩大直接选举的范围，让更多人大代表的当选通过民众投票决定。其

---

① 李晓波：《刍论我国人大代表履职制度的完善——以人大代表“个体履职制度”为视角》，《理论导刊》2017 年第 3 期。

② 莫桑梓、黄大熹：《人大代表“网上履职”的困境及其对策思考》，《湖南大学学报（社会科学版）》2017 年第 6 期。

二，完善代表与选民的联系。具体措施是，通过人大网站公开人大代表的基本信息，方便选民及时联系；建立人大代表周末接待日制度，规定每周必须接待一次选民；规范联系工作内容，如接待选民来访、走访选民、组织或参加各种公益活动、发表电视广播讲话、举行新闻发布会等；完善人大代表向选民述职制度，接受选民的监督与评议等。其三，适度推进代表专职化。具体措施是，可适度推进人大代表专职化，让一部分代表（人大常委会委员之外的人大代表）专职化。另外，地方各级人大要因地制宜，设置适当比例的专职代表、专职常委，以满足地方治理的需要。其四，强化代表的职权。强化代表依据宪法和法律赋予的四项职权，使人大代表的权、责统一起来，充分发挥人大代表治国理政的重要作用，保障行政、司法机关依法行政、科学行政，防止行政、司法机关滥用权力。①

作为中国根本的政治制度的人民代表大会制度是实现人民当家作主的关键制度，人大代表履职是保障人民当家作主的重要途径。虽然国家的根本大法宪法和其他相关的法律法规都对人大代表履职作出了相应的要求和规定，但是随着经济快速发展，社会主义民主法制建设不断发展完善，人民的民主法治观念不断强化，人大代表履职保障机制与现实中人大代表履职发展情况仍存在有一定的差距，这就需要从实际出发探寻如何完善人大代表履职保障机制。当前中国人大代表履职保障机制存在的主要问题有：代表的发言表决免责权尚未完全落实，人身安全尚未得到充分保护，履职时间保障不充分，履职经济保障不足，履职组织保障存在障碍等。程同顺、王虹认为，改进人大代表履职保障机制，应该从以下几个方面进行：完善人大代表履职的法律保护，推进建立人大代表专职化制度，强化人大代表履职的物质基础，建立和完善代表履职的服务性和辅助性机构，加强人大代表的专业培训。②

在我国，国家的一切权力来自人民。通过人民代表大会制度，人大代表

---

① 徐斌、彭猛奇：《国家治理现代化视域下人大代表作用的发挥》，《南昌大学学报（人文社会科学版）》2017 年第 5 期。

② 程同顺、王虹：《人大代表履职保障机制研究》，《广西师范学院学报（自然科学版）》2017 年第 3 期。

代表人民的意志和利益，实现人民群众当家作主的意愿。人大代表只有认真行使权利、自觉履行义务，才能真正代表和体现人民的意志和利益，才能保障实现人民群众当家作主。所以，不断推进人大代表履职保障机制的发展和完善，对健全人民代表大会制度具有重要的意义。完善中国人大代表履职保障机制，不仅需要完善相关的法律法规，进一步建立、健全相关制度，还需要强化代表履职的经济保障，以及建立和完善代表履职的服务和辅助机构，加强与人大代表履职相关的工作人员的专业培训等。

四、关于人大主导立法方面

发挥人大及其常委会在立法中的主导作用，是党的十八届四中全会提出的新要求。我国修改后的立法法将“人大主导立法”写入。与此相应，关于我国人大主导立法的研究开始起步，此前这样的提法及相关研究非常少见，党的十八届四中全会后其日益引起关注、受到重视，相关研究成果也逐渐问世。

人大主导立法是系统工程，需要处理好所涉若干重要关系，包括党的领导与人大主导立法、人大立法与政府立法、人大立法与其常委会立法、人大立法与“两高”司法解释的关系。在梳理这些关系的基础上，陈俊认为，应当对人大主导立法过程中涉及的立法权限行使问题作反思。一是人大主导立法应当“用好用足”人大自身立法权，即在立法权限法定化且明确的情况下，人大及其常委会应当“用好用足”自身立法权，特别是要激活人民代表大会的立法权限。二是人大主导立法应当“抓大放小”，即人大及其常委会应重在把握立项、审议等重要环节的立法主导，做好“抓大”，同时也要让政府在自身优势领域发挥配合作用，兼顾“放小”。三是人大主导立法应当“寓监督于服务之中”，即“寓人大的立法监督于服务人大主导立法乃至法治中国建设之中”，特别是要加强对政府立法的监督和对司法解释的监督，保障

“人大主导立法”的实现。[①]

秦前红认为，对人大主导立法不能过于理想化：第一，基于人民代表大会制度在中国宪制中的核心地位以及宪法、立法法的文本规定，人大主导立法既是立法的基本原则也是立法的重要价值追求，这点不容否认。第二，讨论人大的立法主导问题，必须坚持规范不等于现实、应然不等于实然、个别不等于全部的立场，必须通过对人大立法的系统观察、整体分析来回答人大主导立法是否可能、有没有做到。第三，人大主导立法是指人大完整地实现立法权能、表达立法意志的能力（包括权力能力、行为能力）。它的实质意味着只要满足民主的正当性，即便有其他法定公权力机关的反对，仍能自行立法。但观之当下人大立法的全过程，在单一制的国家结构之下，地方人大欲结合地方的特点自行确定机构的设置和职能的配置，也是几乎不可为之。第四，中国的法律体系是由两体（党法党规、国宪国法）、多元、多层次规范组成的一个庞大系统。依照立法法之规定，行政法规、政府规章、军事法规乃至司法解释都属于法的范畴，政府、军事机关等均可成为立法主体。因此在考量人大是否具有立法主导权时，就必须整体考察人大能否主导整个立法体系的立法走向。亦即前述所有的立法规划和立法计划是否全部由人大来主导确定。第五，人大主导立法，人大的立法能力必须足够相匹配。但中国多元化而不是精英化的代表机制，使得绝大多数人大代表并不具备立法的基本素养；过于庞大的人大代表规模和短暂的人大会期使得人大缺失充分审议立法的能力；人大代表缺乏立法助理或立法调查手段，以及政府信息披露的有限、政府人员专业知识的相对优势，使得人大审议立法停留于技术化、形式化层面。最能证成上述观点的，乃是政府法案相对于人大代表法案的压倒性优势。第六，在当下的政治、经济、社会条件下，追求人大主导立法不能过于理想化。第七，人大主导所欲达成的规范、引领社会生活的目标，在现实中遭遇立法不如政策、政策不如红头文件、红头文件不如领导个别指示的

① 陈俊：《论人大主导立法所涉若干重要关系及其立法权行使》，《政治与法律》2017 年第 6 期。

巨大尴尬。地方立法被司法裁判援引比例之低更是令人惊诧。这些都警示人大理论工作者，不能自得于当下人大立法的有限进步，而应更努力研究如何能够提升人大立法的权威性与实效性。[①]

要贯彻落实“人大主导立法”原则，则需要对我国的立法体制机制的相关方面进行更为科学合理的重塑，包括人大主导立法与党领导立法的关系定位、全国人大与地方人大立法关系机制重塑、人民代表大会与人大常委会立法关系机制重塑、人大与政府立法关系机制重塑以及人大主导立法与公众参与立法关系机制重塑。[②]

观察改革开放近40年来的中国立法发展，一个显豁的事实就是，人大立法权尤其是大会立法权的弱化、虚化态势以及政府立法权的高度膨胀。在人大立法工作当中，大量存在习近平总书记所指出的“人民形式上有权实际上无权”问题。封丽霞认为，之所以强调“人大主导立法”，很大程度上是直面当前“人大立法虚化”“政府部门主导”以及“立法官僚化”等现实问题而作出的积极回应。“人大主导立法”在很大程度上就是针对当前立法权高度行政化、政府部门强势主导立法的状况而提出的。[③]

封丽霞认为，在当前历史条件下，人大主导立法并不意味着人大要事必躬亲、统管统抓、大包大揽、渗透到立法工作的各个细节。人大在行使立法权时，不应事无巨细、大权独揽，不是要把立法提案、法案起草、审议、修改与解释等重要立法职权都集中在人大手中，而应该是有所选择、有所偏重。在当前政府部门提出大量立法提案以及承担大部分法律法规起草工作的状况之下，人大的主导作用主要表现为在法案立项、起草、审议等立法工作的关键环节上严格把关，积极主动行使对相关提案或法案的选择权与最终意义上的决定权。充分实现人大主导立法首先必须对各级人大的立法事项范围和相应程序进行明确。所言之“人大主导立法”，是要实现有立法权的人大在一些“必要”和“必须”的立法事项上充分行使立法职能、主导立法过程。换

① 秦前红：《人大主导立法不能过于理想化》，《人大研究》2017年第2期。
② 李克杰：《人大主导立法原则下的立法体制机制重塑》，《北方法学》2017年第1期。
③ 封丽霞：《人大主导立法的可能及其限度》，《法学评论》2017年第5期。

言之，只有在人大立法“有所不为”的前提下，才能真正保证其“有所为”。各级人大才能集中时间、人员、精力等有限的立法资源，用于必须由人大立法加以解决的综合性、全局性、基础性问题。[①]

五、关于地方人大监督方面

近年来，伴随着我国民主法制建设的快速发展，包括党、政府、司法机关以及社会、媒体等多个主体的综合性国家监督体系正逐步形成，而地方人大及其常委会的监督则是其中最基础、最直接代表民意的一种监督方式。我国法律体系的日臻完善和依法治国方略的稳步推进，对地方人大及其常委会的法律监督提出了越来越高的要求。然而，实践现状却与社会期望相去甚远，地方人大在整个国家监督体系中几乎成为最薄弱的一环，无论是党、司法机关还是社会媒体的监督，其执行力和社会影响力都远远超过地方人大。

张艳琼认为，我国地方人大及其常委会以国家权力机关和人大代表的身份，对立法、行政和司法进行全面的法律监督，具有其他监督方式无法比拟的权威性和优越性。但由于当前地方人大在监督职能的界定和权限划分方面不够清晰明确，造成法律监督权实际运行效果欠佳，出现立法监督职能不健全、行政监督力度疲软以及司法监督范围过宽等诸多问题。为了保障地方人大法律监督权的顺畅实施，应当厘清该监督权与其他方式的监督权之间的关系，同时准确划定其在立法监督、行政监督以及司法监督中的权限范围，有效解决监督“过宽”和“过窄”并存的问题。[②]

陈川发现，现有评估议会权力的指标体系都有一定的局限性。在借鉴现有评估议会权力的指标的基础上，陈川设计的“地方人大监督力指数”的指标，可以较恰当地评估地方人大对“一府两院”的监督力度。基于该指标，对 2012 年全国各地市级人大监督力度的评估和统计分析发现：人大监督存

---

① 封丽霞：《人大主导立法之辨析》，《中共中央党校学报》2017 年第 5 期。

② 张艳琼：《地方人大法律监督权力限度研究》，《天中学刊》2017 年第 5 期。

在地方差异，经济发展水平、人大的任期年度和立法权的类型对市级人大的监督力度产生了显著的影响。该指标也可用于了解不同地方的人大监督工作的得失，促进地方人大之间的竞争和人大监督权的发展。①

陈文博、宗祥夏至认为，在构建现代化的国家治理体系背景下，建立合理、平衡的行政——立法关系就必须增强对政府权力的制约和监督，将权力关进制度的笼子，真正实现对权力的控制，这就需要从制度设计和运行的层面推进人大监督程序和机制建设。而推进人大制度建设是新时期深化政治体制改革题中应有之义，其重点就是保证人大的各项职权切实履行，监督权的切实履行正是人大履行其他职权的前提条件。②

本文系北京政治文明建设研究基地课题“地方立法中的人大专门委员会研究”（2018zzwm004）的阶段性成果。

---

① 陈川：《中国地方人大监督力度评估：指标设计及应用》，《厦门大学学报（哲学社会科学版）》2017年第3期。

② 陈文博、宗祥夏至：《行政—立法关系视角下的地方人大监督研究——以北京市人大常委会监督工作为例》，《人大研究》2017年第11期。

开启新时代中国特色社会主义法治新征程

李　林*

党的十九大报告站在历史与未来、中国与世界的新高度，着眼于实现“两个一百年”的奋斗目标，作出了中国特色社会主义进入新时代、我国社会主要矛盾已经转化等重大战略判断，确立了习近平新时代中国特色社会主义思想的历史地位，明确提出了新时代坚持和发展中国特色社会主义的基本方略，深刻回答了新时代坚持和发展中国特色社会主义的一系列重大理论和实践问题，作出了社会主义现代化建设“两个阶段”的重大战略安排，绘就了高举中国特色社会主义伟大旗帜、决胜全面建成小康社会、夺取新时代中国特色社会主义伟大胜利的新蓝图，开启了迈向社会主义现代化强国的新征程。

党的十九大报告明确指出：“经过长期努力，中国特色社会主义进入了新时代，这是我国发展新的历史方位。中国特色社会主义进入新时代，意味着近代以来久经磨难的中华民族迎来了从站起来、富起来到强起来的伟大飞跃”①，实现了从新纪元、新时期到新时代的历史巨变。1949 年中国共产党领导人民推翻了帝国主义、封建主义、官僚资本主义这三座大山，取得了新民主主义革命胜利，建立了中华人民共和国，中国人民从此站起来，中国的历史从此进入一个新纪元；1978 年党的十一届三中全会，重新确立了解放思

* 李林：中国社会科学院学部委员，法学研究所所长、研究员，博士生导师。

① 习近平：《决胜全面建成小康社会 夺取新时代中国特色社会主义伟大胜利——在中国共产党第十九次全国代表大会上的报告》，人民出版社 2017 年版，第 10 页。

想、实事求是的思想路线，作出了把党和国家工作重点转移到社会主义现代化建设上来和实行改革开放的战略决策，实现了全党工作重点从“以阶级斗争为纲”到“以经济建设为中心”的战略转移，中国进入改革开放的历史新时期。如果说，进入“新纪元”的基本标志是建立中华人民共和国，根本目标是使中华民族站起来；进入“新时期”的基本标志是实行改革开放，根本目标是使中华民族富起来，那么，进入“新时代”的基本标志就是开启全面建设社会主义现代化国家新征程，根本目标是使中华民族强起来。从新纪元到新时期再到新时代，镌刻了中华民族从站起来、富起来到强起来的“三大历史坐标”，践行了马克思主义从政治民主、经济民主到社会民主的“三大民主构想”，标识了从人的政治解放、经济解放到社会解放进而实现人的全面自由发展的“三大解放轨迹”。党的十九大报告指出，中国特色社会主义新时代，就是在新的历史条件下继续夺取中国特色社会主义伟大胜利的时代，是决胜全面建成小康社会进而全面建设社会主义现代化强国的时代，是全国各族人民团结奋斗、不断创造美好生活、逐步实现全体人民共同富裕的时代，是全体中华儿女勠力同心、奋力实现中华民族伟大复兴中国梦的时代，是我国日益走近世界舞台中央、不断为人类作出更大贡献的时代。[①]

中国特色社会主义现代化建设进入新时代的重大战略判断，表明我国仍处于并将长期处于社会主义初级阶段的基本国情没有变，我国是世界最大发展中国家的国际地位没有变，但是，我国社会主要矛盾已经从十一届六中全会提出的“人民日益增长的物质文化需求同落后的社会生产之间的矛盾”，转化为人民日益增长的美好生活需要和不平衡不充分的发展之间的矛盾。人民的美好生活需要，不仅对物质文化生活提出了更高要求，而且在民主、法治、公平、正义、安全、环境等方面的要求日益增长。新生活矛盾的变化，集中体现在“两个变化”上：一是从需求方来看，人民日益增长的“物质文化需求”已经转化为“美好生活需要”，而以“民主、法治、公平、正义、安全、

① 习近平：《决胜全面建成小康社会 夺取新时代中国特色社会主义伟大胜利——在中国共产党第十九次全国代表大会上的报告》，人民出版社 2017 年版，第 10—11 页。

环境”为主要内容的人民对美好生活的新需要，都直接或间接关涉法治及其涵盖的民主自由、公平正义、安全环保等政治文明的内容，基本上都是广义的法律调整和法治运行需要面对的重大问题，是推进科学立法、严格执法、公正司法和全民守法应当高度重视和积极回应的，是建设法治国家、法治政府、法治社会、法治经济、法治文化、生态法治和深化依法治国实践亟待解决的根本问题；二是从供给方来看，“落后的社会生产”已经转化为“发展的不平衡不充分”，这里的发展包括了政治发展、法治发展、社会发展、文化发展以及新发展理念要求的“五大发展”，尤其是执政党引领法治发展的决策供给，国家权力机关立法体系的规则供给，国家行政机关执法运行的服务供给，国家司法机关居中裁判的正义供给，全体民众自觉守法的秩序供给等，基本上都既存在法治供给不充分、不到位、不及时的问题，也存在法治供给和法治资源配置不平衡、不协调、不合理的问题。

中国特色社会主义现代化建设进入新时代的重大战略判断，不仅确立了我国社会主义现代化建设和改革发展新的历史方位，而且进一步确立了全面推进依法治国、建设法治中国新的历史方位。不仅为法治中国建设提供了新时代中国特色社会主义思想的理论指引，而且对深化依法治国实践提出了一系列新任务新要求，指明了全面依法治国的战略发展方向和实践发展方略，开启了中国特色社会主义法治新征程。总体来看，党的十九大报告从历史与逻辑两个大的维度，对建设法治中国作出了战略安排和基本规定：一是历史维度——党的十八大以来的五年，我们党领导人民推进全面依法治国，中国特色社会主义民主法治建设迈出重大步伐，在八个方面取得显著成就；全面依法治国是“四个全面”战略布局的重要组成部分，未来要坚定不移推进全面依法治国，加快建设社会主义法治国家；二是逻辑维度——建设社会主义现代化强国，必须坚持全面依法治国，加快建设中国特色社会主义法治体系、建设社会主义法治国家，必须把党的领导贯彻落实到依法治国全过程和各方面，坚定不移走中国特色社会主义法治道路，发展中国特色社会主义法治理论，从八个方面深化依法治国实践。我们必须深刻领会十九大报告的逻辑体系和精神要义，立足新时代、贯彻新思想、把握新矛盾、瞄准新目标，努力开启中国特色社会主义法治新征程。

一、开启中国特色社会主义法治新征程，必须与中国共产党带领人民实现中华民族伟大复兴的崇高历史使命紧密结合起来、深度融合起来

马克思认为，社会不是以法律为基础，那是法学家们的幻想。相反，法律应该以社会为基础。法律应该是社会共同的、由一定物质生产方式所产生的利益和需要的表现，而不是单个人的恣意横行。[①] 恩格斯在阐述唯物史观的基本原理时亦说过："政治、法、哲学、宗教、文学、艺术等等的发展是以经济发展为基础的。但是，它们又是互相作用并对经济基础发生作用。"[②] 按照马克思主义的基本观点，经济社会物质生活是法律上层建筑赖以生存和发展的基础和条件，法律的完善发展又作用于（服务于）经济社会的发展进步。中国特色社会主义法治不是孤立的社会存在，不是不食人间烟火的世外桃源，而是深深植根于我国经济社会文化土壤的法律上层建筑，是党和国家事业不可或缺的重要组成部分，是社会主义现代化建设休戚与共的有机组成部分。全面推进依法治国，建设中国特色社会主义法治，必须融入我们党进行伟大斗争、建设伟大工程、推进伟大事业、实现伟大梦想的历史洪流，成为实现中华民族站起来、富起来和强起来的法治守护神，成为统筹推进"五位一体"总体布局、协调推进"四个全面"战略布局的法治助推器，成为决胜全面建成小康社会、开启全面建设社会主义现代化国家新征程的法治定盘星。全面推进依法治国，是关系我们党执政兴国、关系人民幸福安康、关系党和国家长治久安的重大战略问题，是完善和发展中国特色社会主义制度、推进国家治理体系和治理能力现代化的重要方面。[③] 中国特色社会主义法治的使命与新时代党的历史使命休戚与共，与新征程国家的兴衰强弱命运相

① 《马克思恩格斯全集》第6卷，人民出版社1961年版，第291—292页。

② 《马克思恩格斯选集》第4卷，人民出版社1995年版，第732页。

③ 中共中央文献研究室编:《十八大以来重要文献选编（中）》，中央文献出版社2016年版，第142页。

连，与新矛盾人民的幸福安康唇齿相依。“法治兴则国家兴，法治衰则国家乱。什么时候重视法治、法治昌明，什么时候就国泰民安；什么时候忽视法治、法治松弛，什么时候就国乱民怨。[①] 开启中国特色社会主义现代化新征程，全面建成小康社会、实现中华民族伟大复兴的中国梦，全面深化改革、完善和发展中国特色社会主义制度，提高党的执政能力和执政水平，必须全面推进依法治国。正如习近平总书记深刻指出的那样，推进全面依法治国，既是立足解决我国改革发展稳定中的矛盾和问题的现实考量，也是着眼于长远的战略谋划，必须为实现“两个一百年”奋斗目标、实现中华民族伟大复兴的中国梦提供有力法治保障。[②] 把法治建设与新时代党的崇高历史使命紧密结合起来、深度融合起来，就要坚定不移推进全面依法治国，用法治思维和法治方式（包括宪法方式）确认党的十九大形成习近平新时代中国特色社会主义思想和一系列新理论、新制度、新方略、新目标等重大成果，通过立法把十九大提出的许多新决策、新任务、新要求转变为国家意志，纳入国家法律体系，表现为国家法律形式，获得全国各族人民、一切国家机关和武装力量、各政党和各社会团体、各企业事业组织共同遵守、一体遵循的规范性、普遍性和强制力。

二、开启中国特色社会主义法治新征程，必须坚持以习近平新时代中国特色社会主义思想为指导思想和行动指南

开启中国特色社会主义法治新征程，必须坚持以习近平新时代中国特色社会主义思想为指导思想和行动指南，从理论和实践结合上系统回答新时代坚持和发展什么样的中国特色社会主义法治，怎样全面推进依法治国、建成法治中国等重大理论、制度和实践问题。我们党紧密结合新的时代条件和实

① 中共中央文献研究室编:《习近平关于全面依法治国论述摘编》，中央文献出版社 2015 年版，第 8 页。

② 中共中央文献研究室编:《习近平关于全面依法治国论述摘编》，中央文献出版社 2015 年版，第 11 页。

践要求，以全新的视野深化对共产党执政规律、社会主义建设规律、人类社会发展规律的认识，进行艰辛理论探索，取得重大理论创新成果，形成了新时代中国特色社会主义思想。党的十九大报告对习近平新时代中国特色社会主义思想，提出了“八个明确”。其中，明确全面推进依法治国总目标是建设中国特色社会主义法治体系、建设社会主义法治国家，[①] 进一步坚持和重申了我们党全面推进依法治国的总目标。这表明，开启中国特色社会主义法治新征程，并不是要改弦更张、另起炉灶，而是要求我们必须一如既往地坚持中国特色社会主义法治道路，贯彻中国特色社会主义法治理论，在习近平新时代中国特色社会主义法治思想指导下，深入贯彻落实党的十八大以来以习近平同志为核心的党中央在全面依法治国方面作出的一系列战略决策、顶层设计和改革部署，把全面依法治国这项长期战略任务和系统工程持之以恒地深入推行下去，不达成建成中国特色社会主义法治体系、建成社会主义法治中国的目标绝不罢休。

习近平新时代中国特色社会主义思想提出的其他“七个明确”，也都从不同角度不同方面对推进全面依法治国具有指导和引领作用，开启新时代中国特色社会主义法治新征程，应当全面系统深刻地理解和坚持。例如，明确坚持和发展中国特色社会主义，总任务是实现社会主义现代化和中华民族伟大复兴，在全面建成小康社会的基础上，分两步走在本世纪中叶建成富强民主文明和谐美丽的社会主义现代化强国。[②] 这就要求法治建设必须紧紧围绕十九大提出的这个“总任务”和“两步走”的战略目标来设计和展开，进一步明确法治建设领域的总任务，确立法治中国建设“两步走”的法治战略。又如，明确全面深化改革总目标是完善和发展中国特色社会主义制度、推

① 习近平：《决胜全面建成小康社会 夺取新时代中国特色社会主义伟大胜利——在中国共产党第十九次全国代表大会上的报告》，人民出版社 2017 年版，第 19 页。

② 习近平：《决胜全面建成小康社会 夺取新时代中国特色社会主义伟大胜利——在中国共产党第十九次全国代表大会上的报告》，人民出版社 2017 年版，第 19 页。

进国家治理体系和治理能力现代化。[①] 这就需要根据十九大的新思想新要求，把全面依法治国与全面深化改革更加有机统一地结合起来，与时俱进地处理好改革与法治的关系，重大改革不仅要于法有据，而且更要于宪有据；处理好国家治理现代化与法治化的关系，以法治化确认、引领和保障现代化的实现；处理好完善和发展中国特色社会主义制度与通过全面依法治国推进政治体制改革的关系，在宪法框架下和法治轨道上实现有组织有领导积极稳妥循序渐进地深化政治体制改革，实现中国特色社会主义制度的自我完善、自我发展、自我更新。再如，明确中国特色社会主义最本质的特征是中国共产党领导，中国特色社会主义制度的最大优势是中国共产党领导，党是最高政治领导力量，提出新时代党的建设总要求，突出政治建设在党的建设中的重要地位。[②] 这就要求根据十九大的新概括新表述进一步提高对社会主义法治建设坚持党的领导的认识，从“三个最”——“最本质的特征”、“最大优势”和“最高政治领导力量”来深化和拓展党领导全面依法治国的新理论内涵和新时代意义，把全面依法治国与党的政治建设紧密结合起来，把依法治国与依规治党有机统一起来，在“四个全面”战略布局中充分发挥全面依法治国对新时代中国特色社会主义现代化建设的引领、促进和保障作用。我们要处理好“一个明确”与“七个明确”的关系，决不能把“八个明确”割裂开来或者分别孤立起来理解。“八个明确”是一个逻辑清晰、目标明确、主线突出、相互依存、不可分割的有机整体。坚持习近平新时代中国特色社会主义法治思想对全面依法治国的指导地位，必须完整统一地理解“八个明确”的深刻内涵，全面准确地贯彻落实“八个明确”的核心要义。

开启中国特色社会主义法治新征程，自觉坚持习近平新时代中国特色社会主义思想对法治的指导，必须深刻领会新时代中国特色社会主义思想的精神实质和丰富内涵，在各项工作中全面准确贯彻落实“十四个坚持”的坚持

---

① 习近平：《决胜全面建成小康社会 夺取新时代中国特色社会主义伟大胜利——在中国共产党第十九次全国代表大会上的报告》，人民出版社 2017 年版，第 19 页。

② 习近平：《决胜全面建成小康社会 夺取新时代中国特色社会主义伟大胜利——在中国共产党第十九次全国代表大会上的报告》，人民出版社 2017 年版，第 20 页。

和发展中国特色社会主义的基本方略。我们要正确理解和深刻把握习近平新时代中国特色社会主义思想中“八个明确”与“十四个坚持”的关系。“八个明确”主要是从理论层面来讲，是习近平新时代中国特色社会主义思想的基本内涵、四梁八柱、核心要义；“十四个坚持”主要是回答怎样坚持和发展中国特色社会主义，它告诉我们坚持和发展中国特色社会主义的目标、路径、方略、步骤等。“八个明确”和“十四个坚持”两者之间是相辅相成的关系，一个是从理论上回答“是什么”的问题，即我们要坚持和发展的是什么样的社会主义；一个是从实践层面回答“怎么办”的问题，即在新的历史方位中怎样坚持和发展中国特色社会主义，是讲方略、办法、路径的问题。①

习近平新时代中国特色社会主义思想，不仅是建设社会主义现代化强国的指导思想，而且也是新时代全面深入推进依法治国、加快建设中国特色社会主义法治体系、建设社会主义法治国家、开启中国特色社会主义法治新征程的根本指导思想。

三、开启中国特色社会主义法治新征程，必须把党领导人民治国理政的依法治国基本方略与新时代坚持和发展中国特色社会主义的基本方略有机结合起来、完整统一起来

依法治国是我们党提出来的，把依法治国上升为党领导人民治理国家的基本方略也是我们党提出来的，而且党一直带领人民在实践中推进依法治国。② 党的十八大以来，我们党更加重视发挥依法治国在治国理政中的重要作用，更加重视通过全面依法治国为党和国家事业发展提供根本性、全局性、长期性的制度保障，专门作出全面推进依法治国若干重大问题的决定，提出

①《“八个明确”和“十四个坚持”是什么关系？新思想有哪些重大意义？》，http：//news.cctv.com/2017/10/28/artiqbxt0a4wmdgri9xajckd171028.shtml，最近访问时间［2017-11-02］。

② 习近平：《加快建设社会主义法治国家》，《求是》2015 年第 1 期。

并形成“四个全面”战略布局，把党领导人民治理国家的依法治国基本方略提到了“四个全面”战略布局的新高度。我们必须坚持把依法治国作为党领导人民治理国家的基本方略、把法治作为治国理政的基本方式，不断把法治中国建设推向前进。[①] 在首都各界纪念现行宪法颁布施行30周年大会上的讲话中，习近平总书记明确要求：“落实依法治国基本方略……必须全面推进科学立法、严格执法、公正司法、全民守法进程。”[②]

党的十九大报告明确提出，新时代坚持和发展中国特色社会主义，必须坚持党对一切工作的领导，坚持以人民为中心，坚持全面深化改革，坚持新发展理念，坚持党的领导、人民当家作主、依法治国有机统一，坚持全面依法治国，坚持社会主义核心价值体系，坚持在发展中保障和改善民生，坚持人与自然和谐共生，坚持总体国家安全观，坚持党对人民军队的绝对领导，坚持“一国两制”和推进祖国统一，坚持推动构建人类命运共同体，坚持全面从严治党。这十四条，构成新时代坚持和发展中国特色社会主义的基本方略。全党同志必须全面贯彻党的基本理论、基本路线、基本方略，更好引领党和人民事业发展。[③]

那么，“十四个基本方略”与依法治国基本方略是什么关系？我们认为，依法治国是我们党领导人民当家作主、管理国家、治理社会、治国理政的基本方略，是坚持和发展中国特色社会主义若干方面中适用于一个方面的基本方略，是中国特色社会主义现代化建设采用若干基本方略中的一种基本方略。依法治国基本方略是党领导人民治国理政的基本方略，同时也是新时代坚持和发展中国特色社会主义“十四个基本方略”的一个重要组成部分。依法治国基本方略与“十四个基本方略”两者的内涵外延不尽相同。前者是小概念，后者是大概念，前者是后者的有机组成部分、存在于后者之中、从属

① 中共中央文献研究室编：《十八大以来重要文献选编（中）》，中央文献出版社2016年版，第55页。

② 习近平：《习近平谈治国理政》，外文出版社2014年版，第139—140页。

③ 习近平：《决胜全面建成小康社会 夺取新时代中国特色社会主义伟大胜利——在中国共产党第十九次全国代表大会上的报告》，人民出版社2017年版，第26页。

于后者、服从于后者，后者包括前者、统辖前者、规定前者；前者是一条基本方略，后者是“十四个基本方略”。任何时候都不能用依法治国基本方略取代或者否定新时代坚持和发展中国特色社会主义的基本方略，任何时候依法治国基本方略都统一于“十四个基本方略”之中。

“十四个基本方略”明确宣告，全面依法治国是中国特色社会主义的本质要求和重要保障，建设中国特色社会主义现代化国家，必须“坚持全面依法治国”。依法治国，是坚持和发展中国特色社会主义的本质要求和重要保障，是实现国家治理体系和治理能力现代化的必然要求，事关我们党执政兴国，事关人民幸福安康，事关党和国家长治久安。[①] 党的十八大以来民主法治建设迈出重大步伐、全面依法治国取得显著成就的实践充分证明，以习近平同志为核心的党中央作出全面推进依法治国若干重大问题的决定，把全面依法治国纳入“四个全面”战略布局，坚定不移地推进全面依法治国，解决了法治领域许多长期想解决而没有解决的难题，办成了法治建设许多过去想办而没有办成的大事，推动党和国家治国理政事业发生历史性变革。2017 年 7 月 10 日习近平总书记在对司法体制改革重要指示中强调指出：党的十八大以来，政法战线坚持正确改革方向，敢于啃硬骨头、涉险滩、闯难关，做成了想了很多年、讲了很多年但没有做成的改革，司法公信力不断提升，对维护社会公平正义发挥了重要作用。[②] 党的十九大明确提出：中国特色社会主义进入新时代，不仅意味着近代以来久经磨难的中华民族迎来了从站起来、富起来到强起来的伟大飞跃，意味着科学社会主义在 21 世纪的中国焕发出强大生机活力，意味着中国特色社会主义道路、理论、制度、文化不断发展，而且意味着中国特色社会主义法治建设和全面依法治国进入新时代，必须把党的领导贯彻落实到依法治国全过程和各方面，坚定不移走中国特色社会主义法治道路，完善以宪法为核心的中国特色社会主义法律体系，

① 中共中央文献研究室编：《十八大以来重要文献选编（中）》，中央文献出版社 2016 年版，第 155 页。

② 习近平：《坚定不移推进司法体制改革 坚定不移走中国特色社会主义法治道路》，《人民日报》2017 年 7 月 11 日第 1 版。

建设中国特色社会主义法治体系，建设社会主义法治国家，发展中国特色社会主义法治理论，坚持依法治国、依法执政、依法行政共同推进，坚持法治国家、法治政府、法治社会一体建设，坚持依法治国和以德治国相结合，依法治国和依规治党有机统一，深化司法体制改革，提高全民族法治素养和道德素质。①

除了“坚持全面依法治国”这一个基本方略，其他十三个基本方略对于推进全面依法治国、开启新时代中国特色社会主义法治新征程，同样具有十分重要的指导意义和统领作用。

例如，第一个基本方略明确要求，必须“坚持党对一切工作的领导”，强调党政军民学，东西南北中，党是领导一切的。必须完善坚持党的领导的体制机制，坚持稳中求进工作总基调，统筹推进“五位一体”总体布局，协调推进“四个全面”战略布局，确保党始终总揽全局、协调各方。这不仅是对全党和各项工作提出的新要求，也是对全面依法治国提出的新的更高的要求。党的领导是中国特色社会主义最本质的特征，是社会主义法治最根本的保证。坚持党的领导，是社会主义法治的根本要求，是党和国家的根本所在、命脉所在，是全国各族人民的利益所系、幸福所系，是全面推进依法治国的题中应有之义。坚持中国特色社会主义法治道路，最根本的是坚持中国共产党的领导。习近平总书记告诫我们：必须牢记，党的领导是中国特色社会主义法治之魂，是我们的法治同西方资本主义国家的法治最大的区别。离开了中国共产党的领导，中国特色社会主义法治体系、社会主义法治国家就建不起来。② 要把党的领导贯彻到全面推进依法治国的全过程各方面，落实到法治建设的全方位各环节，用依法治国基本方略的全面落实、法治体系的加快建设、良法善治的实际成效，巩固和维护中国共产党的领导地位和执政权威，保障和促进新时代党的基本理论、基本路线、基本方略得到全面贯

① 习近平：《决胜全面建成小康社会 夺取新时代中国特色社会主义伟大胜利——在中国共产党第十九次全国代表大会上的报告》，人民出版社 2017 年版，第 22—23 页。

② 中共中央文献研究室编：《习近平关于全面依法治国论述摘编》，中央文献出版社 2015 年版，第 35—36 页。

彻落实。

又如，第二个基本方略明确要求，必须“坚持以人民为中心”，强调必须坚持人民主体地位，把人民对美好生活的向往作为奋斗目标，依靠人民创造历史伟业。我国宪法明确规定：人民是国家的主人，国家的一切权力属于人民。中共党章规定：党除了工人阶级和最广大人民群众的利益，没有自己特殊的利益。党在任何时候都把群众利益放在第一位，同群众同甘共苦，保持最密切的联系，坚持权为民所用、情为民所系、利为民所谋，不允许任何党员脱离群众，凌驾于群众之上。人民是国家主人的政治定性和宪法定位，决定了人民必然是依法治国的主体而不是客体，必然是决定党和国家前途命运的根本力量，决定了一切国家权力和国家机构的人民性，国家法治必须以保障人民幸福安康为己任，切实保障和充分实现人权。人民对美好生活的向往，是党治国理政的奋斗目标，也是依法治国要达成的目标，两者殊途同归。党的十八届四中全会把“坚持人民主体地位”明确规定为全面推进依法治国必须坚持的一项基本原则，集中反映了我国法治的人民性，充分体现了人民在依法治国中的地位和作用；十八届五中全会从“五大发展理念”出发，再次确认了“坚持人民主体地位”的基本原则，指出：人民是推动发展的根本力量，实现好、维护好、发展好最广大人民根本利益是发展的根本目的。必须坚持以人民为中心的发展思想，把增进人民福祉、促进人的全面发展作为发展的出发点和落脚点，发展人民民主，维护社会公平正义，保障人民平等参与、平等发展权利，充分调动人民积极性、主动性、创造性。坚持人民主体地位，必须坚持人民至上原则，保证人民在政治生活、经济生活和社会生活中的主体地位，实现人民当家作主的幸福生活。这是党的宗旨和国家性质的集中体现，是全面依法治国的必然要求。习近平总书记指出：我国社会主义制度保证了人民当家作主的主体地位，也保证了人民在全面推进依法治国中的主体地位。这是我们的制度优势，也是中国特色社会主义法治区别于资本主义法治的根本所在。①

---

① 习近平：《加快建设社会主义法治国家》，《求是》2015 年第 1 期。

再如，第五个基本方略明确要求，必须“坚持人民当家作主”，强调坚持党的领导、人民当家作主、依法治国有机统一是社会主义政治发展的必然要求。习近平总书记说：我们强调坚持党的领导、人民当家作主、依法治国有机统一，最根本的是坚持党的领导。坚持党的领导，就是要支持人民当家作主，实施好依法治国这个党领导人民治理国家的基本方略。党的领导与社会主义法治是一致的，只有坚持党的领导，人民当家作主才能充分实现，国家和社会生活制度化、法治化才能有序推进。不能把坚持党的领导同人民当家作主、依法治国对立起来，更不能用人民当家作主、依法治国来动摇和否定党的领导。那样做在思想上是错误的，在政治上是十分危险的。[①] 没有人民民主，就没有社会主义法治，就没有中国特色社会主义，就没有社会主义现代化强国。坚持人民当家作主，必须把中国特色社会主义法治建设与发展人民民主紧密结合起来，健全民主制度，丰富民主形式，拓宽民主渠道，保证人民当家作主落实到国家政治生活和社会生活之中；扩大人民有序政治参与，保证人民依法实行民主选举、民主协商、民主决策、民主管理、民主监督；加强人权法治保障，保证人民依法享有广泛权利和自由；完善基层民主制度，保障人民知情权、参与权、表达权、监督权。坚持“三者有机统一”，必须坚持人民代表大会制度和民主集中制，而绝不能搞西方宪政民主的“三权分立”。“三权分立”作为西方民主政治的组织活动原则，其本质是资产阶级内部的权力分工。正如马克思批判资产阶级“三权分立”时所指出的那样：他们把分权看作神圣不可侵犯的原则，事实上这种分权只不过是为了简化和监督国家机构而实行的日常事务上的分工罢了，资产阶级是从来不会把统治权分给工人阶级和广大劳动人民的。[②] 在实践中，就连西方政治家也不否认“三权分立”的弊端。曾任国会参议员的富布莱特在指责美国“三权分立”体制的问题时指出：我们的政治体制今天运转起来非常不灵……在民主党控制国会而总统是共和党人时，宪法规定的行政和立法之间的内在抗衡就

① 中共中央文献研究室编：《习近平关于全面依法治国论述摘编》，中央文献出版社 2015 年版，第 19 页。

②《马克思恩格斯全集》第 5 卷，人民出版社 1958 年版，第 224—225 页。

要大大加剧……国会常常不能就预算达成一致意见，也不能有效地削减财政赤字……这在很大程度上要归咎于我们政府权力分立体制所固有的行政和立法之间的抗衡。[①] 概括起来说，西方宪政民主的“三权分立”存在的主要弊端是：其一，西方宪政民主的“三权分立”没有解决国家权力凌驾于社会之上的基本矛盾，难以形成人民和社会对国家权力监督制约的制度化机制；其二，在“三权分立”之下，人民不是国家的主人和民主的主体，公民权利与国家权力形成对立状态，公民权利经常遭到国家权力的侵犯同时也成为抵抗国家权力的力量；其三，以权力制约权力为特征的西方宪政民主的“三权分立”，互相掣肘，互相扯皮，降低甚至丧失了效率，使国家机器不能适应经济社会发展变化的需要；其四，西方宪政民主的“三权分立”在实践中正在发生嬗变，如行政权的扩张、立法权的式微、司法权的政治化等，西方宪政民主的“三权分立”体制正在走向衰落。

总之，“十四个基本方略”紧紧围绕新时代怎样坚持和发展中国特色社会主义这一重大时代课题，就治党治国治军、改革发展稳定、内政外交国防等各方面作出深刻的理论分析和具体的政策指导，是新时代夺取中国特色社会主义伟大胜利的任务表和路线图，是一个有机统一整体。坚持全面依法治国基本方略，必须与新时代坚持和发展中国特色社会主义的基本方略有机结合起来、完整统一起来，必须在“十四个基本方略”的理论指引下和整体格局中，重新认识和把握依法治国基本方略的现实定位和科学内涵。

四、开启中国特色社会主义法治新征程，必须确立建设法治中国“两步走”的发展战略

新思想领航新时代，新时代开启新征程，新征程呼唤新实践。党的十九大报告指出：改革开放之后，我们党对我国社会主义现代化建设作出战略安

① [美]威廉·富布赖特著：《帝国的代价》，简新芽等译，世界知识出版社 1991 年版，第 42 页。

排，提出“三步走”战略目标。解决人民温饱问题、人民生活总体上达到小康水平这两个目标已提前实现。在这个基础上，我们党提出，到建党一百年时建成经济更加发展、民主更加健全、科教更加进步、文化更加繁荣、社会更加和谐、人民生活更加殷实的小康社会，然后再奋斗三十年，到新中国成立一百年时，基本实现现代化，把我国建成社会主义现代化国家。[①] 道路决定方向、决定命运，目标决定实践、决定前途。在全面建成小康社会的基础上，把建设社会主义现代化强国分为“两步走”，即从 2020 年全面建成小康社会，到 2035 年基本实现现代化，再到 2050 年左右全面建成社会主义现代化强国，是新时代坚持和发展中国特色社会主义的总体战略安排和时间表路线图，同时也是新时代全面推进依法治国、努力建设法治中国、到 2050 年前后实现法治强国的根本战略引领和时间表路线图。

建设法治中国，实现法治强国，是实现“两个一百年”奋斗目标和“两个阶段”发展战略的必由之路和题中应有之义。2013 年习近平总书记首次提出了“建设法治中国”的宏伟目标。党的十八届三中全会明确提出了“推进法治中国建设”的战略任务。党的十八届四中全会把“向着建设法治中国不断前进”和“为建设法治中国而奋斗”作为法治建设的长期战略目标和治国理政的重大号召。建设法治中国，既是全面推进依法治国、建设社会主义法治国家的目标内涵，也是全面建成小康社会、实现中华民族伟大复兴中国梦的有机组成部分和重要法治保障，是完善市场经济、发展民主政治、建设先进文化、构建和谐社会、实现生态文明、加强执政党建设的内在要求，是维护国家统一与民族团结、维护社会秩序与公平正义、维护人的权利自由与尊严幸福、推进全面深化改革与创新发展、巩固党的执政地位与执政基础的根本法治基础。

推进国家治理体系和治理能力现代化，实现“两个一百年”奋斗目标和现代化建设“两步走”战略，到 2050 年把我国建设成为民主、富强、文明、

---

① 习近平：《决胜全面建成小康社会 夺取新时代中国特色社会主义伟大胜利——在中国共产党第十九次全国代表大会上的报告》，人民出版社 2017 年版，第 27 页。

和谐、美丽的社会主义现代化强国，必须加强和推进法治中国建设，全面实施法治强国战略。法治兴则国家兴，法治强则国家强。“法治强国战略”的基本含义是：一方面，坚定不移走法治强国之路，通过全面推进依法治国、加快建设中国特色社会主义法治体系和法治国家，不仅使中华民族富起来，而且要使中华民族和中华人民共和国强（强盛、强大、富强）起来；另一方面，把包括法治硬实力、软实力和巧实力在内的法治实力建设，作为建设社会主义现代化强国的一项十分重要的内容、作为国家治理现代化的一个不可或缺的重要指标，纳入现代化建设的评价指标体系，成为现代化强国建成与否的重要衡量标准。通过全面依法治国和中国特色社会主义法治的目标指引、规范促进、过程实施和根本保障，落实法治强国战略，实现法治强国梦想。

根据党的十九大报告要求和“两个一百年”国家发展总战略、中华民族伟大复兴中国梦的总目标，在新中国社会主义法治建设取得显著成就和成功经验、依法治国事业迈出新步伐的时代背景下，全面推进依法治国，努力建设法治中国，不断推进国家治理现代化和法治化，应当确立建设法治中国“两步走”的发展战略，开启新时代中国特色社会主义法治建设新征程。

从十九大到二十大，是“两个一百年”奋斗目标的历史交汇期。我们既要全面建成小康社会、实现第一个百年奋斗目标，又要乘势而上开启全面建设社会主义现代化国家新征程，向第二个百年奋斗目标进军。在这个历史交汇期，我们推进法治中国建设，到 2020 年全面建成小康社会时，应当首先实现“法治小康”。建设“法治小康”的基本目标是：科学立法、严格执法、公正司法、全民守法的基本要求得到贯彻落实，依法治国、依法执政、依法行政共同推进的国家治理体系得以初步建立，法治国家、法治政府、法治社会一体建设的主要指标基本达到，依法治国基本方略得到全面落实，中国特色法律体系更加完善，法治政府基本建成，司法公信力不断提高，人权得到切实尊重和保障，国家各项工作实现法治化。在实现“法治小康”的基础上，再用三十年的时间，全面推进依法治国，加快实施建设法治中国“两步走”的发展战略。

建设法治中国第一步，从 2020 年全面建成小康社会到 2035 年，在基本实现社会主义现代化的同时，基本建成法治中国。党的十九大报告指出，第一个阶段，从2020年到2035年，在全面建成小康社会的基础上，再奋斗十五年，基本实现社会主义现代化。到那时，我国经济实力、科技实力将大幅跃升，跻身创新型国家前列；人民平等参与、平等发展权利得到充分保障，法治国家、法治政府、法治社会基本建成，各方面制度更加完善，国家治理体系和治理能力现代化基本实现；社会文明程度达到新的高度，国家文化软实力显著增强，中华文化影响更加广泛深入；人民生活更为宽裕，中等收入群体比例明显提高，城乡区域发展差距和居民生活水平差距显著缩小，基本公共服务均等化基本实现，全体人民共同富裕迈出坚实步伐；现代社会治理格局基本形成，社会充满活力又和谐有序；生态环境根本好转，美丽中国目标基本实现。①

第一步基本建成法治中国的战略目标是：到2035年，我们党和国家顶层设计提出的全面建设法治中国的各项战略任务和重大改革举措顺利完成，新时代中国特色社会主义的法治道路建设、法治理论建设、法治体系建设、法治文化建设和全面依法治国事业达成预定目标，一整套更加完善的制度体系基本形成，党和国家治理体系和治理能力现代化基本实现。把经济建设、政治建设、文化建设、社会建设、生态文明建设纳入法治轨道，用法治思维和法治方式推进全面深化改革、全面依法治国、全面从严治党、全面从严治军取得新成就，在基本实现社会主义现代化的同时，基本建成法治国家、法治政府、法治社会，基本建成法治中国。

基本建成法治中国的总体要求是：在价值层面追求的是以人民为中心的自由平等、民主法治、公平正义、幸福博爱、和谐有序，充分实现人权与人的尊严；在制度层面追求的是人民主权、宪法法律至上、依宪治国、依法执政、依法行政、公正司法、依法治权，完善以宪法为核心的中国特色社会主义法律体系，建成中国特色社会主义法治体系，努力实现国家治理现代化和

① 习近平：《决胜全面建成小康社会 夺取新时代中国特色社会主义伟大胜利——在中国共产党第十九次全国代表大会上的报告》，人民出版社2017年版，第28—29页。

法治化；在实践层面追求的是有法必依、执法必严、违法必究和依法办事，把权力关到法律制度的笼子里，让人民群众对公平正义有更多的获得感，努力实现良法善治。与此同时，法治中国建设又通过厉行法治等制度安排、规范手段、教育强制功能，为基本实现社会主义现代化提供良好的法治环境和有效的法治保障。

建设法治中国第二步，从 2035 年到 21 世纪中叶中华人民共和国成立一百周年时，在把我国建成富强民主文明和谐美丽的社会主义现代化强国的同时，全面建成法治中国。党的十九大报告指出，从 2035 年到本世纪中叶，在基本实现现代化的基础上，再奋斗十五年，把我国建成富强民主文明和谐美丽的社会主义现代化强国。到那时，我国物质文明、政治文明、精神文明、社会文明、生态文明将全面提升，实现国家治理体系和治理能力现代化，成为综合国力和国际影响力领先的国家，全体人民共同富裕基本实现，我国人民将享有更加幸福安康的生活，中华民族将以更加昂扬的姿态屹立于世界民族之林。[①] 十九大报告在描述到本世纪中叶建成社会主义现代化强国时，虽然没有直接提到“全面建成法治中国”等法治建设方面的目标，甚至与 2035 年“法治国家、法治政府、法治社会基本建成”的提法不衔接、不匹配，但是我们认为“法治属于政治建设、属于政治文明”，建设法治国家与建设政治文明是既有一定区别又高度重合的两个概念：政治文明是一个上位概念，政治文明建设包括法治国家建设；法治国家是一个下位概念，从属于政治文明范畴，是现代政治文明的重要内容。政治文明的核心是制度文明，法治国家则既是各种政治制度的载体，又是政治制度的集中表现。因此，建设社会主义法治国家，主要意味着建设制度文明，意味着法治国家建设是社会主义政治文明建设不可或缺的重要组成部分。[②] 十九大报告提出的“三个文明全面提升”当然包括法治文明和法治中国全面提升；由于法治现代化

① 习近平：《决胜全面建成小康社会 夺取新时代中国特色社会主义伟大胜利——在中国共产党第十九次全国代表大会上的报告》，人民出版社 2017 年版，第 29 页。

② 林尚立、李林：《坚持依法治国、建设社会主义政治文明》，2003 年 9 月 29 日十六届中央政治局第八次集体学习讲稿。

是国家治理体系和治理能力现代化的重要内容和基本标志，[①] 因此十九大报告提出的到本世纪中叶“实现国家治理体系和治理能力现代化”，必然包括建成法治国家、法治政府和法治社会等内容在内的中国法治现代化，全面建成法治中国。

第二步全面建成法治中国的战略目标是：国家科学立法、严格执法、公正司法、全民守法、有效护法的各项制度得到全面贯彻，党领导立法、保证执法、支持司法、带头守法、监督护法的各项要求得到全面落实。依法治国、依法执政、依法行政、依法办事共同推进的现代化国家治理体系全面建成，法治国家、法治政府、法治社会、法治经济一体建设的各项指标全面达到，国家治理能力显著提高，治党治国治军的制度体系更加完善更加成熟更加定型更有效能。依法治国基本方略得到全面深入落实，法治体系、法治权威、法治秩序全面发展，法治文化、法治精神、法治思想深入人心，在把我国建成社会主义现代化强国的同时，全面建成富强民主文明和谐美丽幸福的法治中国。

五、开启中国特色社会主义法治建设新征程，必须坚定不移推进全面依法治国

立足中国特色社会主义新时代，站在我国发展新的历史方位上，着力决胜全面小康社会实现第一个百年奋斗目标，着眼国家富强、人民幸福、民族

① 在法治国家，国家治理体系中的绝大多数制度、体制和机制，已通过立法程序规定在国家法律体系中，表现为法律规范和法律制度。因此，发展和完善国家法律体系，构建完备科学的法律制度体系，实质上就是推进国家治理制度体系的法律化、规范化和定型化，形成系统完备、科学规范、运行有效的国家制度体系。在法治国家，国家治理能力主要是依法管理和治理的能力，包括依照宪法和法律、运用国家法律制度管理国家和社会事务、管理经济和文化事业的能力，科学立法、严格执法、公正司法和全民守法的能力，运用法治思维和法治方式深化改革、推动发展、化解矛盾、维护稳定的能力。推进国家治理能力的法治化，归根结底是要增强治理国家的权力（权利）能力和行为能力，强化宪法和法律的实施力、遵守力，提高国家制度体系的运行力、执行力。参见李林《依法治国与推进国家治理现代化》，《法学研究》2014 年第 5 期。

复兴中国梦，实现第二个百年奋斗目标，我们比任何时候都充满中国特色社会主义的道路自信、制度自信、理论自信和文化自信，我们比任何时候都更有决心、更有信心、更有能力在党的领导下坚定不移推进全面依法治国，加快建成法治中国。

一要坚定不移走中国特色社会主义法治道路。党的十九大报告指出：我们党团结带领人民进行改革开放新的伟大革命，破除阻碍国家和民族发展的一切思想和体制障碍，开辟了中国特色社会主义道路，使中国大踏步赶上时代。习近平总书记在省部级主要领导干部学习贯彻党的十八届四中全会精神专题研讨班开班式上的讲话中阐释说：我们要坚持的中国特色社会主义法治道路，本质上是中国特色社会主义道路在法治领域的具体体现。[①] 坚持全面依法治国，必须坚定不移走中国特色社会主义法治道路。中国特色社会主义法治道路，是社会主义法治建设成就和经验的集中体现，是建设社会主义法治国家的唯一正确道路。[②] 在走什么样的法治道路问题上，必须向全社会释放正确而明确的信号，指明全面推进依法治国的正确方向，统一全党全国各族人民认识和行动。全面推进依法治国，必须走对路。如果路走错了，南辕北辙了，那再提什么要求和举措也都没有意义了。十八届四中全会决定有一条贯穿全篇的红线，这就是坚持和拓展中国特色社会主义法治道路。中国特色社会主义法治道路是一个管总的东西。具体讲我国法治建设的成就，大大小小可以列举出十几条、几十条，但归结起来就是开辟了中国特色社会主义法治道路这一条。[③] 开启新时代中国特色社会主义法治新征程，建设社会主义现代化法治强国，必须坚定不移走中国特色社会主义法治道路，而绝不能走歪路、邪路，更不能走回头路。

二要坚定不移坚持党对社会主义法治的领导。党的十九大报告明确提

① 习近平：《领导干部要做尊法学法守法用法的模范 带动全党全国共同全面推进依法治国》，《人民日报》2015 年 2 月 3 日第 1 版。

② 中共中央文献研究室编：《十八大以来重要文献选编（中）》，中央文献出版社 2016 年版，第 147 页。

③ 习近平：《加快建设社会主义法治国家》，《求是》2015 年第 1 期。

出，党政军民学，东西南北中，党是领导一切的，必须坚持党对一切工作的领导；必须把党的领导贯彻落实到依法治国全过程和各方面。① 党的领导是中国特色社会主义最本质的特征，是社会主义法治最根本的保证。坚持中国特色社会主义法治道路，最根本的是坚持中国共产党的领导。② 只有在党的领导下依法治国、厉行法治，人民当家作主才能充分实现，国家和社会生活法治化才能有序推进。把党的领导贯彻到依法治国全过程和各方面，是我国社会主义法治建设的一条基本经验。③ 只有在党的领导下依法治国、厉行法治，人民当家作主才能充分实现，国家和社会生活法治化才能有序推进。党和法的关系是一个根本问题，处理得好，则法治兴、党兴、国家兴；处理得不好，则法治衰、党衰、国家衰。④ 党的领导和社会主义法治是一致的，社会主义法治必须坚持党的领导，党的领导必须依靠社会主义法治，两者相辅相成，高度统一。坚持党的领导，不是一句空的口号，必须具体体现在党领导立法、保证执法、支持司法、带头守法上。⑤ 党的领导和社会主义法治是一致的，是高度统一的，而“党大还是法大”是一个政治陷阱，是一个伪命题。因为不论我们怎么回答“党大还是法大”的问题，都会陷入两难困境。我们回答说“党大”，人家就会攻击说你们主张“把党凌驾于法之上、以党代法、以党治国”；我们如果回答说“法大”，人家又会说既然如此，那还要党的领导干什么？⑥ 从理论逻辑上说“党大还是法大”的确是一个伪命题，但从人民群众观察和感受到的法治建设还存在种种弊端和不足的角度看，从人民群众热切期待实现良法善治的角度看，“党大还是法大”以及“党与法”关系

---

① 习近平：《决胜全面建成小康社会 夺取新时代中国特色社会主义伟大胜利——在中国共产党第十九次全国代表大会上的报告》，人民出版社 2017 年版，第 20、22 页。

② 习近平：《加快建设社会主义法治国家》，《求是》2015 年第 1 期。

③ 中共中央文献研究室编：《十八大以来重要文献选编（中）》，中央文献出版社 2016 年版，第 147 页。

④ 中共中央文献研究室编：《习近平关于全面依法治国论述摘编》，中央文献出版社 2015 年版，第 33 页。

⑤ 习近平：《加快建设社会主义法治国家》，《求是》2015 年第 1 期。

⑥ 李志昌：《“党大还是法大”暗藏思维陷阱》，《中国社会科学报》2015 年 4 月 13 日第 A 04 版。

的问题，又不仅仅是一个理论认识问题，更是一个实践问题。习近平总书记指出：我们说不存在“党大还是法大”的问题，是把党作为一个执政整体而言的，是指党的执政地位和领导地位而言的，具体到每个党政组织、每个领导干部，就必须服从和遵守宪法法律，就不能以党自居，就不能把党的领导作为个人以言代法、以权压法、徇私枉法的挡箭牌。[①] 换言之，如果我们不能在法治建设实践中切实解决一些地方和部门、某些领导干部中依然存在的权大于法、以权压法、以言废法、有法不依、执法不严、违法不究、司法不公、贪赃枉法等问题，不能有效解决关乎人民群众切身利益的执法司法问题。那么，这些地方、部门和个人违反法治的言行就会被归责于国家政治体制、共产党的领导和社会主义法治，“党大还是法大”的问题就很难从现实生活中淡出。因此，在从理论上回答了“党大还是法大”问题的前提下，还要在制度和实践中下大力解决好依法治权、依法治官、切实把权力关进法律和制度笼子里等重大问题。

三要坚定不移从我国基本国情和实际出发。习近平总书记在“7·26”重要讲话中指出，全党要牢牢把握社会主义初级阶段这个最大国情，牢牢立足社会主义初级阶段这个最大实际，更准确地把握我国社会主义初级阶段不断变化的特点。[②] 党的十九大作出了“中国特色社会主义进入了新时代”的重大政治判断，我国社会主要矛盾已经转化为人民日益增长的美好生活需要和不平衡不充分的发展之间的矛盾；同时，必须认识到，我国社会主要矛盾的变化，没有改变我们对我国社会主义所处历史阶段的判断，我国仍处于并将长期处于社会主义初级阶段的基本国情没有变，我国是世界最大发展中国家的国际地位没有变。全党要牢牢把握社会主义初级阶段这个基本国情，牢牢立足社会主义初级阶段这个最大实际，牢牢坚持党的基本路线这个党和国家

① 中共中央文献研究室编：《习近平关于全面依法治国论述摘编》，中央文献出版社 2015 年版，第 37 页。

② 习近平在省部级主要领导干部“学习习近平总书记重要讲话精神，迎接党的十九大”专题研讨班开班式上发表重要讲话，http：//www.gov.cn/xinwen/2017-07/27/content_5213859.htm，最近访问时间 [2017-11-05]。

的生命线、人民的幸福线，领导和团结全国各族人民，以经济建设为中心，坚持四项基本原则，坚持改革开放，自力更生，艰苦创业，为把我国建设成为富强民主文明和谐美丽的社会主义现代化强国而奋斗。走什么样的法治道路、建设什么样的法治体系，是由一个国家的基本国情决定的。全面推进依法治国，必须从我国实际出发，同推进国家治理体系和治理能力现代化相适应，既不能罔顾国情、超越阶段，也不能因循守旧、墨守成规。[①] 要总结和运用党领导人民实行法治的成功经验，围绕法治建设重大理论和实践问题，不断丰富和发展符合中国实际、具有中国特色、体现社会发展规律的社会主义法治理论、法治体系，推进法治实践。推进全面依法治国，必须与时俱进、体现时代精神，借鉴国外法治有益经验。坚持从我国实际出发，不等于关起门来搞法治。法治是人类文明的重要成果之一，法治的精髓和要旨对于各国国家治理和社会治理具有普遍意义，我们要学习借鉴世界上优秀的法治文明成果，但绝不能搞“全盘西化”，不能搞“全面移植”，不能照搬照抄。[②]

四要坚定不移把法治放在党和国家工作大局中来考虑、谋划和推进。全面推进依法治国涉及改革发展稳定、治党治国治军、内政外交国防等各个领域，必须立足全局和长远来统筹谋划，必须着眼于中华民族伟大复兴中国梦、实现党和国家长治久安来长远考虑。必须进一步加强法治体系建设，加快推进国家治理体系和治理能力现代化，用不断完善的法律体系促进和保障党和国家治理体制更加成熟更加定型，为党和国家事业发展、为人民幸福安康、为社会和谐稳定提供一整套更完备、更稳定、更管用的制度体系。

五要坚定不移推进法治领域改革，坚决破除束缚全面推进依法治国的体制机制障碍。全面推进依法治国是国家治理领域一场广泛而深刻的革命，必然涉及各方面的重大利益，甚至触动某些部门和个人的“奶酪”。解决法治领域的突出问题，根本途径在于改革。法治领域改革涉及的主要是公检法司等国家政权机关和强力部门，社会关注度高，改革难度大，更需要自我革新

① 习近平：《加快建设社会主义法治国家》，《求是》2015 年第 1 期。
② 习近平：《加快建设社会主义法治国家》，《求是》2015 年第 1 期。

的胸襟。[①] 如果心中只有自己的“一亩三分地”，拘泥于部门权限和利益，甚至在一些具体问题上讨价还价，必然是磕磕绊绊、难有作为。各部门各方面一定要增强大局意识，自觉在大局下思考、在大局下行动，跳出部门框框，做到相互支持、相互配合。要把解决了多少实际问题、人民群众对问题解决的满意度作为评价法治改革成效的标准。只要有利于提高党的执政能力、巩固党的执政地位，有利于维护宪法和法律的权威，有利于维护人民权益、维护公平正义、维护国家安全稳定，不管遇到什么阻力和干扰，都要坚定不移向前推进。[②] 不仅政法机关各部门要跳出自己的“一亩三分地”，而且全面依法治国关涉的其他各个领域、各系统、各部门、各地方、各单位，也要跳出“部门本位”“地方本位”“系统本位”等窠臼，在中央全面依法治国领导小组的集中统一领导下，从党和国家工作大局和全局出发，用法治思维和法治方式推进政治体制改革，破除一切束缚全面推进依法治国的体制机制障碍。

六、开启中国特色社会主义法治新征程，必须坚持和发展中国特色社会主义法治理论

党的十九大报告明确提出，坚持全面依法治国，必须发展中国特色社会主义法治理论。时代是思想之母，实践是理论之源。实践没有止境，理论创新也没有止境。习近平新时代中国特色社会主义思想，是马克思主义中国化最新成果，是党和人民实践经验和集体智慧的结晶，是中国特色社会主义理论体系的重要组成部分。[③] 习近平新时代中国特色社会主义法治思想，是中国特色社会主义法治理论的重要组成部分。中国特色社会主义法治理论，本

① 习近平：《加快建设社会主义法治国家》，《求是》2015 年第 1 期。

② 习近平：《加快建设社会主义法治国家》，《求是》2015 年第 1 期。

③ 习近平：《决胜全面建成小康社会 夺取新时代中国特色社会主义伟大胜利——在中国共产党第十九次全国代表大会上的报告》，人民出版社 2017 年版，第 20 页。

质上是中国特色社会主义理论体系在法治问题上的理论成果，[①] 是以中国特色社会主义法治道路、中国特色社会主义法治体系和全面推进依法治国的中国实践为基础的科学理论体系，是中国共产党领导核心从当代中国改革开放和社会主义现代化建设的实际出发，深刻总结我国社会主义法治建设的成功经验和沉痛教训，逐步形成的具有中国特色、中国风格、中国气派的社会主义法治理论体系，是全面推进依法治国、加快建设中国特色社会主义法治体系、建设社会主义法治国家的重要理论指导、思想基础和学理支撑。

习近平总书记曾经指出：社会主义法治理念，是我们党从社会主义现代化事业全局出发，坚持以马克思主义法学理论为指导，在总结我国社会主义民主法治建设的实践经验，吸收世界上其他社会主义国家兴衰成败的经验教训，借鉴世界法治文明成果的基础上形成的科学理念。这是对马克思主义法学理论的继承、发展和创新，是推进社会主义法治国家建设必须长期坚持的重要指针。[②] 中国特色社会主义法治理论，是以马克思列宁主义、毛泽东思想、邓小平理论、“三个代表”重要思想、科学发展观和习近平新时代中国特色社会主义思想为指导，坚持党的领导、人民当家作主、依法治国有机统一，坚定不移走中国特色社会主义法治道路，坚决维护宪法法律权威，依法维护人民权益、维护社会公平正义、维护国家安全稳定，为实现“两个一百年”奋斗目标、实现中华民族伟大复兴中国梦提供有力法治保障的理论体系。中国特色社会主义法治理论，是以习近平新时代中国特色社会主义法治思想为核心内涵和根本标志的科学理论体系，深刻阐释了社会主义法治的理论依据、本质特征、价值功能、内在要求、中国特色、基本原则、发展方向等重大问题，系统阐述了什么是社会主义法治，如何依法治国、建设社会主义法治国家和中国特色社会主义法治体系，如何在法治轨道上推进国家治理现代化等一系列根本性问题，对于构建中国特色社会主义法学理论体系、全面

---

① 习近平：《领导干部要做尊法学法守法用法的模范 带动全党全国共同全面推进依法治国》，《人民日报》2015 年 2 月 3 日第 1 版。

② 习近平：《干在实处走在前列——推进浙江新发展的思考与实践》，中共中央党校出版社 2006 年版，第 356 页。

推进依法治国、推进法治中国建设，具有重大的理论意义、历史意义和现实价值。

中国特色社会主义法治理论由四个主要部分构成：其一，中国特色社会主义法治的思想价值理论，涉及政治哲学、法哲学和中国特色社会主义理论体系的有关价值、核心概念、基本范畴和重要内容，主要包括马克思主义国家与法的学说，马克思主义的国家观、政党观、民主观、法律观、法治观、人权观、平等观、正义观和权力观，马克思主义法学思想及其中国化的创新和发展等；社会主义法治精神、社会主义法治意识、社会主义法治观念、社会主义法治价值、社会主义宪制和法治原则、社会主义法治思想、社会主义法治理念、社会主义法治文化、社会主义法治学说，等等。其二，中国特色社会主义法治的制度规范理论，涉及法治的基本制度、法律规范、法律体系、法治体系、法治程序、法治结构等范畴和内容，主要有关于中国特色社会主义法治体系的理论，关于中国特色社会主义法治政府、依法行政和行政执法制度的理论，司法权、司法体制、司法程序、法律监督体制、公正司法制度、司法体制改革的理论，依宪执政、依法执政和依规治党的体制和理论，等等。其三，中国特色社会主义法治的实践运行理论，涉及法治原理原则的应用、法治行为、法治实践、宪法法律实施、法律制度运行等范畴和内容，主要包括科学立法、严格执法、公正司法、全民守法等法治建设各个环节的理论，等等。其四，中国特色社会主义法治的相关关系理论，涉及法治存在和运行发展的外部关系，涉及法治与若干外部因素的相互作用、彼此影响、共同存在等现象及其内容，主要有中国特色社会主义法治与中国特色社会主义、中国特色社会主义道路、中国特色社会主义理论、中国特色社会主义制度、全面深化改革、全面从严治党、全面建成小康社会、实现中华民族伟大复兴中国梦的关系，等等。

坚持和发展中国特色社会主义法治理论，最根本的是要深入学习和自觉坚持习近平新时代中国特色社会主义思想。新时代法治思想是习近平新时代中国特色社会主义思想的重要内容和在法治建设方面的集中体现，是新时代推进全面依法治国的指导思想和行动指南。习近平新时代法治思想是中国特色社会主义法治理论体系的核心和灵魂，是对中国特色社会主义法治建设理论的系统化坚持和与时俱进的创新，是对中国特色社会主义法治实践经验的最新总结和理论升华，是传承中华法文化精华、汲取全球法治精髓的最新理论成果，是中华民族和中国共产党人对当代世界法治文明的原创性贡献。习近平新时代法治思想高屋建瓴，内容丰富，观点鲜明，思想深邃，其中蕴含的基本法治观，即统筹布局的战略观，治国理政的方略观，党法统一的政治观，公平正义的价值观，人民为本的主体观，宪法至上的权威观，全面推进的系统观，法德结合的治理观，于法有据的改革观，依法治权的监督观，是习近平新时代中国特色社会主义法治思想的精髓要义。开启中国特色社会主义法治新征程，深化全面依法治国实践，应当在习近平新时代中国特色社会主义思想指引下，根据十九大报告提出的新思想新判断新精神新要求，坚持和发展中国特色社会主义法治道路、法治理论、法治体系、法治文化“四位一体”的理论，增强中国特色社会主义的民主自信、法治自信、人权自信和政党自信，推进中国特色社会主义法治理论不断创新发展。

七、开启中国特色社会主义法治新征程，必须深化依法治国实践

党的十九大对现阶段法治建设提出的基本任务，是“深化依法治国实践”。这是对改革开放新时期法治建设基本方针的继承和发展，更是对党的十八大以来新时代坚定不移推进全面依法治国战略部署的坚持和深化，是法学研究和法治建设当前和今后一段时间的主要任务和主攻方向。党的十八届四中全会决定指出：党的十一届三中全会以来，我们党和国家积极建设社会主义法治，取得了“中国特色社会主义法律体系已经形成，法治政府建设稳步推进，司法体制不断完善，全社会法治观念明显增强”的历史性成就。党的十八大以来的五年，“我们坚定不移全面推进依法治国，显著增强了我们

党运用法律手段领导和治理国家的能力”，[①] 民主法治建设迈出重大步伐，科学立法、严格执法、公正司法、全民守法深入推进，法治国家、法治政府、法治社会建设相互促进，中国特色社会主义法治体系日益完善，全社会法治观念明显增强；国家监察体制改革试点取得实效，行政体制改革、司法体制改革、权力运行制约和监督体系建设有效实施，[②] 全面推进依法治国取得了前所未有的新成就。但是也应当看到，全面落实依法治国基本方略，深化依法治国实践，加快建设法治中国，还存在一些问题需要研究解决。一方面，全面推进依法治国前的一些法治建设的问题尚未真正解决，即党的十八届四中全会指出的同党和国家事业发展要求相比，同人民群众期待相比，同推进国家治理体系和治理能力现代化目标相比，法治建设还存在许多不适应、不符合的问题，[③] 虽然得到一定程度解决，但离人民的期待和党中央的要求还存在许多不足，与建成法治中国的宏伟目标相比还有相当大的差距；另一方面，进入新时代以来在全面推进依法治国、加强法治建设方面又出现了一些新情况新问题。例如，我们党作出全面推进依法治国的各项战略部署和改革举措，在实践中还存在发展不平衡、推进不协调、改革不深入、实施不到位等新问题；充分发挥法治对于社会主义现代化建设的引领、促进和保障作用有待进一步加强，宪法权威和宪法实施监督保障有待进一步强化；立法质量不高、立法数量不足的老问题未根本解决，又出现了违法立法（违背上位法，

① 习近平在省部级主要领导干部“学习习近平总书记重要讲话精神，迎接党的十九大”专题研讨班开班式上发表重要讲话，http：//www.gov.cn/xinwen/2017-07/27/content_5213859.htm，最近访问时间 [2017-11-05]。

② 习近平：《决胜全面建成小康社会 夺取新时代中国特色社会主义伟大胜利——在中国共产党第十九次全国代表大会上的报告》，人民出版社 2017 年版，第 4 页。

③ 主要表现为：有的法律法规未能全面反映客观规律和人民意愿，针对性、可操作性不强，立法工作中部门化倾向、争权诿责现象较为突出；有法不依、执法不严、违法不究现象比较严重，执法体制权责脱节、多头执法、选择性执法现象仍然存在，执法司法不规范、不严格、不透明、不文明现象较为突出，群众对执法司法不公和腐败问题反映强烈；部分社会成员尊法信法守法用法、依法维权意识不强，一些国家工作人员特别是领导干部依法办事观念不强、能力不足，知法犯法、以言代法、以权压法、徇私枉法现象依然存在——《中共中央关于全面推进依法治国若干重大问题的决定》。

与上位法相抵触，违背立法程序规范等）、立法不作为等新问题；法治政府建设相对滞后，到2020年难以如期达成基本建成法治政府的目标；[①] 司法体制改革有待进一步巩固扩大成果、深入细致推进、深化综合配套改革；社会主义核心价值观融入法治建设刚刚起步，有待加快推进和拓展；法治文化建设进展缓慢，全民守法格局尚未形成，国家宪法和社会主义法治缺乏应有权威，等等。2017年10月26日，国务院法制办公室党组书记、副主任袁曙宏在回答记者提问时说：我们的法治建设还存在很多问题，相对于“四个全面”战略布局的其他三个全面——全面建成小康社会、全面深化改革、全面从严治党来说，全面依法治国相对比较薄弱。十九大报告当中有一句话：全面依法治国任务依然繁重，我认为这就留下了伏笔，要对全面依法治国更加重视。[②] 相对于深化司法体制改革、完善法律体系、加快党内法规体系建设而言，建设法治政府的力度和深度还有待加强；相对于整个司法体制改革而言，司法行政体制改革相对比较薄弱；相对于法治经济和法治社会建设而言，法治文化建设还是短板弱项，等等。

习近平总书记在《关于〈中共中央关于全面推进依法治国若干重大问题的决定〉的说明》中指出：作出全面依法治国的顶层设计，要“坚持改革方向、问题导向，适应推进国家治理体系和治理能力现代化要求，直面法治建设领域突出问题，回应人民群众期待，力争提出对依法治国具有重要意义的改革举措”，要“直面我国法治建设领域的突出问题……有针对性地回应了人民群众呼声和社会关切”。全面推进依法治国，是解决党和国家事业发展面临的一系列重大问题，解放和增强社会活力、促进社会公平正义、维护社

① 党的十八大报告、党的十八届五中全会报告、国家“十三五”规划纲要、国务院《法治政府建设实施纲要（2015—2020年）》，都明确要求（提出）到2020年全面建成小康社会时要“基本建成法治政府”。这一重要目标的实现在十九大报告中被表述为到2035年“法治国家、法治政府、法治社会基本建成”。2004年国务院颁布的《全面推进依法行政实施纲要》曾经明确提出“经过十年左右坚持不懈的努力，基本实现建设法治政府的目标”，然而这一承诺没有得到实现。

② 袁曙宏：《成立中央全面依法治国领导小组十分必要》，2017年10月26日答记者问，https://finance.chinanews.com/gn/2017/10-26/8360936.shtml，最近访问时间[2017-11-05]。

会和谐稳定、确保党和国家长治久安的根本要求。要推动我国经济社会持续健康发展，不断开拓中国特色社会主义事业更加广阔的发展前景，就必须全面推进社会主义法治国家建设，从法治上为解决这些问题提供制度化方案。[①]党的十九大报告在讲到“我们的工作还存在许多不足，也面临不少困难和挑战”时，对依法治国方面的不足和挑战表述为：社会矛盾和问题交织叠加，全面依法治国任务依然繁重，国家治理体系和治理能力有待加强。虽然寥寥数语，但却对全面依法治国进入新时代、开启中国特色社会主义法治新征程提出了更高的要求，对推进全面依法治国、建设社会主义法治国家提出了八个方面的“深化依法治国实践”新要求新任务。[②]

我们从党中央确立和推进依法治国20年的历史进程，可以更好理解党的十九大把“深化依法治国实践”作为法治建设领域新要求新任务的重大意义。习近平总书记指出，党的十五大提出依法治国、建设社会主义法治国家，强调依法治国是党领导人民治理国家的基本方略，是发展社会主义市场经济的客观需要，是社会文明进步的重要标志，是国家长治久安的重要保障。党的十六大提出，发展社会主义民主政治，最根本的是要把坚持党的领导、人民当家作主和依法治国有机统一起来。党的十七大提出，依法治国是社会主义民主政治的基本要求，强调要全面落实依法治国基本方略，加快建

① 中共中央文献研究室编：《十八大以来重要文献选编（中）》，中央文献出版社2016年版，第147页。

② 党的十九大报告指出，全面依法治国是国家治理的一场深刻革命，必须坚持厉行法治，推进科学立法、严格执法、公正司法、全民守法。成立中央全面依法治国领导小组，加强对法治中国建设的统一领导。加强宪法实施和监督，推进合宪性审查工作，维护宪法权威。推进科学立法、民主立法、依法立法，以良法促进发展、保障善治。建设法治政府，推进依法行政，严格规范公正文明执法。深化司法体制综合配套改革，全面落实司法责任制，努力让人民群众在每一个司法案件中感受到公平正义。加大全民普法力度，建设社会主义法治文化，树立宪法法律至上、法律面前人人平等的法治理念。各级党组织和全体党员要带头尊法学法守法用法，任何组织和个人都不得有超越宪法法律的特权，绝不允许以言代法、以权压法、逐利违法、徇私枉法。习近平：《决胜全面建成小康社会 夺取新时代中国特色社会主义伟大胜利——在中国共产党第十九次全国代表大会上的报告》，人民出版社2017年版，第38—39页。

设社会主义法治国家。[①] 党的十八大强调，要更加注重发挥法治在国家治理和社会管理中的重要作用，全面推进依法治国，加快建设社会主义法治国家；党的十八届四中全会对全面推进依法治国若干重大问题作出史无前例的专门部署。党的十九大提出，坚定不移推进全面依法治国，深化依法治国实践。依法治国 20 年的历史，从 1997 年党的十五大确立依法治国基本方略，到 2002 年党的十六大提出“三者有机统一”基本方针，2007 年党的十七大提出全面落实依法治国基本方略，2012 年党的十八大提出全面推进依法治国，再到 2017 年党的十九大提出深化依法治国实践，不仅表明了我们党坚定不移走中国特色社会主义法治道路、始终不渝坚持和推进全面依法治国的决心信心、勇气能力，而且表明党的十九大以后全面依法治国的工作重点，不是要提出更多的新战略、作出更多的新部署、设计更多的新举措，而是要全面深入具体扎实地贯彻落实党的十八大以来关于全面依法治国的各项决策部署，尤其要深入贯彻落实《中共中央关于全面推进依法治国若干重大问题的决定》(《决定》明确了全面依法治国的总目标、总蓝图、路线图和施工图，按下了法治中国的“快进键”)，把全面依法治国的总蓝图付诸实践，把法治建设的施工图付诸实施，把我们党对人民的法治承诺变成现实，这就是党的十九大对全面依法治国的根本期待、基本要求和主要部署。

深化依法治国实践，最有新意的顶层制度安排，是成立中央全面依法治国领导小组。党的十九大报告提出：全面依法治国是国家治理的一场深刻革命，必须坚持厉行法治……成立中央全面依法治国领导小组，加强对法治中国建设的统一领导。[②] 成立中央全面依法治国领导小组，是以习近平同志为核心的党中央适应把党的领导贯彻到全面推进依法治国全过程各方面新形势作出的顶层制度设计和重大战略安排，是全面推进党和国家治理体系和治理能力现代化的又一大动作和大手笔，具有重大意义。

---

① 中共中央文献研究室编：《十八大以来重要文献选编（中）》，中央文献出版社 2016 年版，第 147 页。

② 习近平：《决胜全面建成小康社会 夺取新时代中国特色社会主义伟大胜利——在中国共产党第十九次全国代表大会上的报告》，人民出版社 2017 年版，第 38 页。

其一，成立中央全面依法治国领导小组是坚持习近平新时代中国特色社会主义思想的重要体现。党的十九大报告在新时代中国特色社会主义思想的科学内涵中，明确了中国特色社会主义事业总体布局是“五位一体”、战略布局是“四个全面”。全面依法治国作为“四个全面”战略布局的重要内容和战略地位得到充分肯定，依法治国作为党领导人民治国理政的基本方略得到充分肯定；明确了全面推进依法治国总目标是建设中国特色社会主义法治体系、建设社会主义法治国家。把坚持习近平新时代中国特色社会主义思想对全面依法治国的指导落实到制度上和行动中，就必须从党和国家工作大局和战略全局出发，加强党对全面推进依法治国的集中统一领导，从最顶层的制度设计上克服地方保护主义的障碍，冲破部门利益的藩篱，保证国家法治统一，维护党和国家集中统一的崇高法治权威。

其二，成立中央全面依法治国领导小组是适应中国特色社会主义新时代法治建设作出的重大战略安排。党的十九大报告从深入分析中国和世界的历史方位和历史逻辑出发，基于党的十八大以来党领导人民取得改革开放和社会主义现代化建设的历史性成就的现实逻辑，着眼“两个一百年”的奋斗目标，作出了“经过长期努力，中国特色社会主义进入了新时代，这是我国发展新的历史方位”的重大判断。中国特色社会主义进入新时代，我国社会主要矛盾已经转化为人民日益增长的美好生活需要和不平衡不充分的发展之间的矛盾。我国稳定解决了十几亿人的温饱问题，总体上实现小康，不久将全面建成小康社会，人民美好生活需要日益广泛，在民主、法治、公平、正义、安全、环境等方面的要求日益增长。人民群众日益增长的美好生活七个方面的新诉求，都直接或间接关涉法治及其涵盖的民主自由、公平正义、安全环保等内容，实质上都是全面依法治国要关注、保障和解决的重大问题。成立中央全面依法治国领导小组，统筹推进全面依法治国，不仅更加凸显了法治在治国理政中的重要地位，体现了党中央将全面依法治国向纵深推进的决心和勇气，而且更加体现新时代以人民为中心，更加关注人民福祉维护人民权利，针对人民群众对中国特色社会主义法治社会、法治秩序、法治公正等日益增长和不断丰富的新需求，超越部门和地方的局限，由党中央统一领导，统一规划，统筹安排，统一应对，有组织有领导循序渐进地加以满足和解决。

其三，成立中央全面依法治国领导小组是全面推进依法治国政治体制改革性质的必然要求。全面推进依法治国是一个系统工程，是国家治理领域一场广泛而深刻的革命。[①] 全面推进依法治国，是关系党执政兴国、关系人民幸福安康、关系国家长治久安的重大战略问题，是完善和发展中国特色社会主义制度、推进国家治理体系和治理能力现代化的重要方面。全面依法治国归根结底是法律上层建筑的重大变革，是一场“法律的革命”，具有十分明显的政治体制改革的特征和性质。党的十八届三中全会在作出全面深化改革战略部署时，明确提出要紧紧围绕坚持党的领导、人民当家作主、依法治国有机统一深化政治体制改革，加快推进社会主义民主政治制度化、规范化、程序化，建设社会主义法治国家，发展更加广泛、更加充分、更加健全的人民民主。在全面深化改革覆盖的经济、政治、文化、社会、生态文明、党的建设等“六个紧紧围绕”的改革领域中，依法治国是与政治体制改革紧密联系在一起的，本质上属于政治体制改革的范畴。2014 年 1 月习近平总书记在中央政法工作会议的讲话中明确指出：司法体制改革是政治体制改革的重要组成部分，对推进国家治理体系和治理能力现代化具有十分重要的意义。要加强领导、协力推动、务求实效，加快建设公正高效权威的社会主义司法制度，更好坚持党的领导、更好发挥我国司法制度的特色、更好促进社会公平正义。[②] 司法体制改革属于我国政治体制改革的重要组成部分，立法体制改革、行政执法体制改革、法律监督体制改革、全民守法体制改革、党领导法治建设的体制改革等，同样属于政治体制改革的性质。成立中央全面依法治国领导小组，有助于确保我们党在宪法框架下和法治轨道上，通过法律上层建筑的立、改、废、释、授权等途径，有组织有领导积极稳妥循序渐进地推进中国政治体制的自我完善和改革发展。

---

① 中共中央文献研究室编：《十八大以来重要文献选编（中）》，中央文献出版社 2016 年版，第 154 页。

②《习近平出席中央政法工作会议：坚持严格执法公正司法》，2014 年 1 月 8 日，http：//politics.people.com.cn/n/2014/0108/c1024-24063365.html，最近访问时间 [2017-11-05]。

其四，成立中央全面依法治国领导小组是加强和深化党对法治中国建设领导的必然要求。党的领导是中国特色社会主义最本质的特征，是社会主义法治最根本的保证。坚持党对社会主义法治建设的领导，必须把党的领导贯彻到全面依法治国的全过程各方面，必须具体体现在党领导立法、保证执法、支持司法、带头守法上。[①] 党既要坚持依法治国、依法执政，自觉在宪法法律范围内活动，又要发挥好党组织和广大党员、干部在依法治国中的政治核心作用和先锋模范作用。全面依法治国必须加强和改善党的领导，充分发挥党总揽全局、协调各方的领导核心作用，提高党的领导水平和执政能力，才能确保全面依法治国的顺利推进，确保顺利建成法治中国。根据十九大报告的新部署，成立中央全面依法治国领导小组，负责全面推进依法治国的总体设计、统筹协调、整体推进、督促落实，有利于从党领导依法治国事业的体制上机制上进行改革创新，把党领导一切工作的原则贯彻落实到全面依法治国的全过程和各方面；有利于强化以习近平同志为核心的党中央的宪法和法治权威；有利于保证党和国家宪法法律的令行禁止，保证全面依法治国各项改革措施得以贯彻落实。

---

① 国务院法制办袁曙宏副主任在答记者问时说道：我个人理解，党的十九大报告之所以提出成立中央全面依法治国领导小组，主要有这样几个方面的考虑：第一，中国共产党作为执政党，对全面依法治国至关重要。党的领导是中国特色社会主义最本质的特征，是中国特色社会主义法治最根本的保证。我们要把党的领导贯彻到全面依法治国的全过程和各方面，坚持党领导立法、保证执法、支持司法、带头守法。要做到这些，迫切需要成立中央全面依法治国领导小组，来加强对法治中国建设的统一领导。第二，全面依法治国是一项涉及面十分广泛的系统工程，涉及经济建设、政治建设、文化建设、社会建设、生态文明建设和国防军队建设、党的建设等各个领域，涉及改革发展稳定、内政外交国防、治党治国治军等各个方面。这么大一个范围，这么宽的面，需要充分发挥党总揽全局、协调各方的领导核心作用。第三，全面依法治国是一项长期艰巨复杂的任务，它改变的是人们的观念、改变的是人们的行为……。第四，党的十九大报告在调研起草过程中……很多地方和部门都提出，建议中央成立全面依法治国领导小组，加强对全面依法治国的集中统一领导。这四个方面可能是党的十九大报告提出成立中央全面依法治国领导小组的主要原因。袁曙宏：《成立中央全面依法治国领导小组十分必要》，2017 年 10 月 26 日答记者问，https：//finance.chinanews.com/gn/2017/10-26/8360936.shtml，最近访问时间 [2017-11-05]。

其五，成立中央全面依法治国领导小组是推进全面依法治国基本方略、深化依法治国实践的重大举措。党的十八大以来全面依法治国的力度明显加大、范围明显拓展、内容明显增加。但在依法治国的具体实践中，中央层面的法治建设实际上被分为四个板块：一是全国人大及其常委会板块，主要负责推进民主科学立法、完善法律体系、履行宪法实施解释监督职能；二是国务院板块，主要负责推进依法行政、建设法治政府；三是政法系统板块（包括公安机关、检察院、法院、司法行政机关和国家安全机关），在中央政法委员会领导下主要负责推进司法体制改革、保证公正司法、建立公正高效权威的中国特色社会主义司法制度，让人民群众在每一个司法案件中感受到公平正义；四是党建系统板块，主要在中纪委和中央办公厅主导下负责推进依宪依法执政、全面从严治党、依规治党、加强党内法规体系建设。应当说，中央层面法治建设这种中央统一顶层设计、各板块分别负责实施推进的依法治国模式，能够把推进法治建设的权责统一起来，充分调动各板块积极性主动性。但是，这种推进模式也容易产生各板块的具体举措不协调、力度进度不统一、发展不平衡等弊端。成立中央全面依法治国领导小组，有利于从领导体制和机制上防杜上述弊端，确保中央层面的法治统一。依法治国的根基在基层。[①] 在全面推进依法治国历史新起点上，各个地方进一步加强了党委对法治建设的领导，整合了地方法治建设的资源和力量，有力地领导和推动了地方法治建设和依法治理工作。然而，以各个地方党委为主导的地方层面法治建设，由于各个地方经济社会发展不平衡、面临的阶段性主要任务不一致、各个地方主要领导对法治建设认识安排不统一等原因，导致地方层面法治建设推进不统一、发展不平衡、成效不一致；更为突出的问题是，各个地方党委集中统一领导推进本地方法治建设的领导体制，与中央层面依法治国“板块状”实施形成不对称不衔接状况，地方法治建设遇到重大问题需要中央出面协调解决，往往是各个板块分别作出回应，中央缺少统筹中央与地方、

① 习近平同中央党校县委书记研修班学员座谈并发表重要讲话，http：//news.xinhuanet.com/photo/2015-01/12/c_127380367.htm，最近访问时间 [2017-11-05]。

地方与地方等方面的集中统一的领导体制和实施机制。国务院法制办袁曙宏副主任介绍说：党的十九大报告在调研起草过程中，征求了全国各省市自治区、中央国家机关各部门的意见，很多地方和部门都提出，建议中央成立全面依法治国领导小组，加强对全面依法治国的集中统一领导。[①] 成立中央全面依法治国领导小组，有利于加强以习近平同志为核心的党中央对全国各个系统、各个部门、各个地方、各个领域、各个环节的法治建设的集中统一领导，有利于从党和国家工作大局和战略全局角度加强对法治中国建设的坚强有力集中统一的规划、协调、推进、保障和监督，有利于统筹推进依法治国与从严治党、依规治党、制度治党，实现党内法规体系与国家法律体系的有机统一，有利于从体制上机制上解决科学立法、严格执法、公正司法以及法治国家、法治政府、法治社会建设中的某些部门保护主义和地方保护主义等问题。

我们坚信，按照党的十九大提出的战略目标和绘就的宏伟蓝图，坚持以习近平新时代中国特色社会主义思想为指导，开启全面建设社会主义现代化国家新征程，在中央全面依法治国领导小组的统一领导下，坚定不移推进全面依法治国，矢志不渝深化依法治国实践，加快建设社会主义法治体系和法治国家，一定能够全面开启中国特色社会主义法治新征程，赢得法治中国建设的新胜利。

本文系北京政治文明建设研究基地课题“树立和维护宪法权威研究”（2018zzwm010）的阶段性成果。

---

① 袁曙宏：《成立中央全面依法治国领导小组十分必要》，2017 年 10 月 26 日答记者问，https://finance.chinanews.com/gn/2017/10-26/8360936.shtml，最近访问时间 [2017-11-05]。

从监察委员会的设立看人民代表大会制度的健全和完善

——兼论宪法“总纲”中政体条文的修改

马　岭*

根据2016年11月7日中共中央办公厅印发的《关于在北京市、山西省、浙江省开展国家监察体制改革试点方案》，第十二届全国人大常委会第二十五次会议于2016年12月25日通过了在北京市、山西省、浙江省及所辖县、市、市辖区设立监察委员会的决定，“监察委员会对本级人民代表大会及其常务委员会和上一级监察委员会负责，并接受监督。”监察委员会“对本级人大及其常委会负责并接受监督”，说明它与人民政府、人民法院、人民检察院处于同等地位，这涉及人民代表大会制度内部关系的调整，其构成要件增加了新的元素，由原来的“一府两院一委”变成“一府两院两委”，这是我国政治体制改革的重大步骤，需要宪法作出相应的修改——将监察委员会纳入人民代表大会制度之中。这首先要将监察委员会纳入宪法“总纲”关于我国政体的条文规范，其次要在“国家机构”一章中增加“监察委员会”一节，并对其他章节中的有关条文作出相应修正。

宪法“总纲”第3条第3款规定：“国家行政机关、审判机关、检察机关都由人民代表大会产生，对它负责，受它监督。”人们一般认为，若设立监察委员会，在该款规定的“国家行政机关、审判机关、检察机关”之后增

* 马岭：中国社会科学院大学政法学院教授，中国宪法学会副会长。

加“监察机关”即可。但如果我们希望借这次修宪之机把宪法的政体规范顺便做一次梳理，对 1982 年宪法 30 多年来的实践经验和教训做一个总结，使我国宪法规定的人民代表大会制度进一步完善，则其中的许多问题都还需要做深入探讨。

一、现行宪法关于人民代表大会制度的主体及其内部关系的规定

人民代表大会制度的主体包括人大和一府两院，这毋庸置疑。但是否仅仅包括人大和一府两院？国家主席不在人民代表大会制度之中吗？中央军委在人民代表大会制度之外吗？如果通过修宪把监察机关纳入人民代表大会制度，是否同时也应该把国家主席和中央军委纳入其中呢？

根据现行宪法，人民代表大会制度的内部关系大体有两个层次，一是人大与其他国家机关的上下关系，二是除人大以外的其他国家机关之间的平行关系（如政府和两院的关系、两院之间的关系等）。前者涉及人民代表大会制度的基本格局，因此应在宪法“总纲”关于政体的条文中予以规定，后者在层次上略低一层，且内容庞杂，可放在“国家机构”一章中展开。

人大与其他国家机关的上下结构关系，即人大在上，其他国家机关在下，根据宪法“总纲”第 3 条第 3 款的规定，具体表现为国家行政机关、审判机关、检察机关“都由人大产生，对它负责，受它监督”。但根据宪法“国家机构”一章的有关规定，有的国家机关还需要向人大报告工作、接受其质询、人大有权撤销其规范性法律文件，有的国家机关则没有这些规定。也就是说，所有国家机关虽然“都由人大产生，对它负责，受它监督”，但人大产生这些机关的方式是不同的，这些机关对人大负责的方式也有差异，人大对它们的监督有强有弱。

人大与其他国家机关的上下关系，根据宪法大致有两类，一是人大与政府的关系，二是人大与两院的关系。

（一）人大与政府的关系

人大与政府的关系是最紧密的一种关系，表现在三个方面。

首先，宪法明确规定人大不仅产生政府，政府不仅要对人大负责，受人大监督，而且要“向人大报告工作”。如宪法第 92 条规定：“国务院对全国人民代表大会负责并报告工作；在全国人民代表大会闭会期间，对全国人民代表大会常务委员会负责并报告工作。”第 110 条第 1 款规定：“地方各级人民政府对本级人民代表大会负责并报告工作。县级以上的地方各级人民政府在本级人民代表大会闭会期间，对本级人民代表大会常务委员会负责并报告工作。”

其次，宪法明确规定人大对政府的有关规范性法律文件有“撤销权”。如宪法第 67 条规定全国人大常委会有权“撤销国务院制定的同宪法、法律相抵触的行政法规、决定和命令”；第 104 条规定县级以上的地方各级人民代表大会常务委员会有权“撤销本级人民政府的不适当的决定和命令”。

最后，宪法明确规定人大对政府及其有关部门有“质询权”。如宪法第 73 条规定：“全国人民代表大会代表在全国人民代表大会开会期间，全国人民代表大会常务委员会组成人员在常务委员会开会期间，有权依照法律规定的程序提出对国务院或者国务院各部、各委员会的质询案。受质询的机关必须负责答复。”

（二）人大与两院的关系

法院、检察院与政府一样，“都由人大产生，对它负责，受它监督”，但宪法没有规定两院向人大“报告工作”。如宪法第 128 条规定：“最高人民法院对全国人民代表大会和全国人民代表大会常务委员会负责。地方各级人民法院对产生它的国家权力机关负责。”第 133 条规定：“最高人民检察院对全国人民代表大会和全国人民代表大会常务委员会负责。地方各级人民检察院对产生它的国家权力机关和上级人民检察院负责。”规定两院对全国人大及其常委会“负责并报告工作”的是两院的组织法，如法院组织法第 17 条规定：

“最高人民法院对全国人民代表大会和全国人民代表大会常务委员会负责并报告工作。地方各级人民法院对本级人民代表大会及其常务委员会负责并报告工作。”检察院组织法第10条规定：“最高人民检察院对全国人民代表大会和全国人民代表大会常务委员会负责并报告工作。地方各级人民检察院对本级人民代表大会和本级人民代表大会常务委员会负责并报告工作。”即两院对全国人大及其常委会“报告工作”不是宪法规范，而仅仅是法律规范。

此外，依据宪法，人大对两院的有关法律文件没有“撤销权”，对两院的有关人员也没有“质询权”。人大对两院的“质询权”也是规定在有关法律中的，如《中华人民共和国全国人民代表大会和地方各级人民代表大会代表法》第14条规定：“全国人民代表大会会议期间，一个代表团或者三十名以上的代表联名，有权书面提出对国务院和国务院各部、各委员会，最高人民法院，最高人民检察院的质询案。”县级以上的地方各级人民代表大会代表有权依照法律规定的程序提出对本级人民政府及其所属各部门，人民法院，人民检察院的质询案。即两院对全国人大及其常委会“报告工作”、接受人大“质询”都是法律授权，而不是宪法授权，它是合法的，但是否合宪则令人怀疑。

在法律实施阶段，我们应尊重立法者的立法，认可其合宪性，但在修改宪法、修改法律、违宪审查等特殊情况下，法律的合宪性问题就应该提上议事日程，而法律是否合宪其标准应该是宪法的有关规则和原则。笔者认为，鉴于“司法独立”是一个基本的宪法原则，而两院（尤其是法院）对议会“报告工作”、接受“质询”则有损于司法的独立性，即便是议会，即便是人民代表大会制度下居于上位的议会，也需要对司法独立表示应有的尊敬。因此宪法规定政府不仅“由人大产生，对它负责，受它监督”，而且要向人大“报告工作”、接受“质询”，而对两院却只是笼统规定其“由人大产生，对它负责，受它监督”，没有具体规定对人大“报告工作”、接受“质询”，这种区别对待是符合宪法基本精神的。有关组织法等法律忽略行政权和司法权的差别，一视同仁地将两院和政府同等对待，是立法者对宪法精神的误读。

二、人民代表大会制度的主体及其内部关系的改进

宪法“总纲”第3条对人大与政府的关系、人大与两院的关系有较为明确的规定，但回避了人大与国家主席的关系、人大与中央军委的关系。笔者认为，在宪法有关政体的条文中，应增加监察委员会这一主体，明确规定人大与监察委员会的关系，同时还应将国家主席、中央军委纳入其中，明确人大与国家主席的关系、人大与中央军委的关系。

（一）将监察委员会纳入人民代表大会制度

将监察委员会纳入宪法关于政体的概括性条文中，是可以的、应当的，[①] 吏治腐败是中国几千年政治体制中的一大顽疾，君主专制政体结束已经一百多年，但这一问题始终未能真正解决。因此，设置高规格的监察机构，提高监察机关的地位，强化监察权的独立性，把原来分散在监察部、国家预防腐败局以及检察机关的反贪污贿赂等职能集中在一起，“整合反腐败资源力量，扩大监察范围，丰富监察手段，实现对行使公权力的公职人员监察全面覆盖，建立集中统一、权威高效的监察体系”，[②] 有利于国家的廉政建设。过去的行政监察主要是对本级政府和上一级监察机关负责并报告工作，监察机关的人财物由同级政府控制，导致监察机关缺乏独立性，监察委员会独立于政府之后，在一定程度上破解了“同体监督”的难题，有利于“深化国家监察体制改革的目标”，也有利于深化国家政治体制的改革。[③]

监察委员会纳入国家政体后，应当“由人大产生，对它负责，受它监督”，

① 据有关学者介绍，有77个国家将监察专员机构纳入宪法规范中。沈跃东：《宪法上的监察专员研究》，法律出版社2014年版，第37—44页。

② 中央办公厅印发的《关于在北京市、山西省、浙江省开展国家监察体制改革试点方案》，新华社2016年11月8日。

③ 但党的纪律检查委员会与政府的监察委员会合署办公，党政一体，“同体监督”的问题并未完全解决，这一模式给人大的监督带来相当的困难。

这应该没有争议。问题是，它是否需要向人大报告工作、接受其质询？笔者认为，这取决于对监察委员会性质的理解，即监察委员会在性质上更像政府还是更像法院、检察院？

首先，从监察委员会的组成来看，它由原来的党纪部门、政府的监察部门和预防腐败局、检察机关的查处贪污贿赂和失职渎职以及预防职务犯罪等部门组成，其中有政府的部分属性，也有检察机关的部分属性。政府属性是行政性，检察机关上述职能的属性是刑事司法性——它更接近公安机关的性质。也就是说，监察委员会的某些部门在性质上近似政府机关，某些部门近似检察机关，但这些接近检察机关的部门接近的也是检察院的刑事司法职能，而不是批捕、公诉等检察职能（这些才是真正的检察权）。这些刑事司法性质的部门与政府内部的公安机关以及香港的廉政公署相似，其侦破案件的工作有一定的司法性、案件性，但与诉讼没有直接关系，起诉权仍然属于检察院。

其次，从监察委员会行使的职权来看，其拥有的是监督权、调查权、处置权。监督权包括被动地受理举报与主动地组织检查，如进行作风检查，对公职人员进行廉洁教育，对社会公众做法律教育宣传工作，等等，这些工作基本上都是政府性质的。处置权包括两类，一是对涉嫌刑事犯的案件“移送”检察机关；二是警告、记过、记大过、降级、免职、开除公职等，这些基本上也都属于行政处分的性质。而其中的“调查权是基本职权，具体还要分一般调查和特殊调查。特殊调查，就是刑事侦查”。“扣押、搜查、留置这些措施，也是立案侦查后才能采取的行动。所以说，侦查权是监察委员会履行调查职责的重要权能”。[①] 我国监察委员会将要行使的职权已经溢出了对“调查权”内涵的通常理解，而实质性地成为一种“侦查权”。[②] 侦查权本应属于刑事警察系统，即使对特定人员（公职人员）的侦查权划归给检察院，在

① 2016 年 12 月澎湃新闻专访湘潭大学法学教授吴建雄时，吴教授的观点。《全国约有 5 万检察官转隶到监察委，检察院有补充侦查权》，110 法律咨询网 2017-1-5。

② 熊秋红：《监察体制改革中职务犯罪侦查权比较研究》，《环球法律评论》2017 年第 2 期。

权力属性上它也仍然属于行政性质。[①] 如在调查中采取的讯问、查询、冻结、调取、查封、扣押、搜查、勘验检查、鉴定、留置等措施，其中“讯问、调取、查封、扣押、勘验检查、鉴定”等措施属于行政和刑事程序均可设定和实施的措施；“讯问、搜查”属于刑事侦查措施，[②] 即使其中的刑事侦查权在性质上也应划归于行政性质的警察权。

再次，从监察委员会的内部体制来看，它实行的是双向负责，全国人大常委会在三省市设立监察委员会的决定中指出，“监察委员会对本级人民代表大会及其常务委员会和上一级监察委员会负责，并接受监督”。但以上级领导为主，《中国共产党第十八届中央纪律检查委员会第七次全体会议公报》要求“构建集中统一、权威高效的监察体系”，说明监察委员会内部的上下级之间是较为紧密的领导与被领导的关系，而非相对松散的监督与被监督的关系。可见监察委员会的独立性是有限的，主要是针对外部（独立于政府），而内部应当是垂直的领导体制，其独立性明显不同于法院（法院内部上下级之间也应具有独立性），这种内部上下级之间的服从关系不仅比检察院强，还可能比政府都强，而接近于军事机关。因此，从总体上看，监察机关的行政性多于司法性，是行政权中具有部分司法权特点的权力，“国家监察委员

① 吴建雄教授指出：查处职务犯罪并不是检察院与生俱来的职能。1978 年，我国检察机关恢复重建，最高人民检察院设立了经济检察厅，地方检察院陆续设置经济检察处或经济检察科，这个机构就是反贪局的前身。当时，它的主要任务是打击经济犯罪，其中涉及贪污贿赂、投机倒把、偷税漏税、假冒伪劣等等。直到 1988 年，全国人大常委会通过了《关于惩治贪污罪贿赂罪的补充规定》，首次在单行刑法中将贪污贿赂犯罪规定为一类犯罪。最高检根据中央关于反腐败的精神，把打击贪污贿赂犯罪列为工作重点，经济检察厅也因此更名为贪污贿赂检察厅。此后，广东作为试点成立全国第一个反贪局，检察院才逐步把查处职务犯罪作为一项工作重点。随着反腐败斗争的推进，刑事诉讼法的修改，明确贪污贿赂、渎职等国家工作人员职务犯罪由检察院管辖，偷税漏税、假冒伪劣等其他经济犯罪划归公安管辖。由此，职务犯罪侦查权成为检察权派生的权力。他认为现在把侦查权划给监察委员会具有一定的合理性，“侦查权的配置与检察权设置的初衷存在紧张关系，因为侦查起诉同体不符合刑事诉讼的现代法治精神，有悖于侦、诉、审相互制约的宪法原则。”《全国约有 5 万检察官转隶到监察委，检察院有补充侦查权》，110 法律咨询网 2017-1-5。

② 陈越峰：《监察措施的合法性研究》，《环球法律评论》2017 年第 2 期。

会应当定位为执法监督机关，而非司法机关”。[①]

既然监察委员会在性质上更接近政府而不是检察院，更不是法院，因此，监察委员会应该和行政机关一样，不仅“由人大产生，对它负责，受它监督”，而且要向人大“报告工作”，接受其质询，人大对监察委员会的有关法律文件也应有“撤销权”。在香港，权力极大的廉政公署也要受立法会监督，受其制约，“廉政专员及处长级人员须出席立法会会议，就廉署的政策大纲及申请拨款事宜回答议员的提问，……就议员关注的问题作出解释。此外，根据《廉政公署条例》第 17 条，廉署须通过行政长官向立法会呈交年报，交待廉署过去一年的工作”。[②] 许多国家的监察专员虽然具有“很强的独立性，但也受到议会不同程度的监督”，“监督的方式主要有：对监察专员任职资格的监督；监察专员向议会提交工作报告。”向议会提交的工作报告包括“年度报告和特别报告”，这些报告“不仅提交给议会，而且向公众开放”。[③]

但是，监察委员会“由人大产生，对它负责，受它监督”应规定在宪法“总纲”有关政体的条文中，而向人大“报告工作”，接受其质询，人大对监察委员会的有关法律文件有“撤销权”等，还是规定在其后的“国家机构”一章中较为合适（虽然其中“报告工作”是人大最基本的监督形式）。因为前者原则，后者具体，同时也符合我国宪法文本长期以来形成的格局。

（二）将国家主席纳入人民代表大会制度

根据 1982 年宪法，国家主席是虚权元首，但也是由人民代表大会选举产生的，宪法第 62 条第 4 项和第 79 条都规定国家主席、副主席由全国人大选举产生；第 63 条规定全国人大有权罢免国家主席、副主席。虽然宪法没有明确规定国家主席“对人大负责，受人大监督”，但从人大有对国家主席的“罢免权”中可以推论出人大对国家主席也有“监督权”，因为监督是罢

① 马怀德：《国家监察体制改革的重要意义和主要任务》，《国家行政学院学报》2017 年第 1 期。
② 程景民：《香港廉政公署》，中国书籍出版社 2000 年版，第 40 页。
③ 沈跃东：《宪法上的监察专员研究》，法律出版社 2014 年版，第 111—112 页。

免的前提，没有监督就进行罢免是不合常理的。如果通过修宪将国家主席实权化，[①] 那国家主席就不仅应该“对人大负责，受人大监督”，而且要向它“报告工作”，接受其质询。因为实权元首位高权重，不能脱离人大的监督和制约。即便国家主席是虚权的，也需要“对人大负责，受人大监督”，“向人大报告工作”，以防止虚权演变为实权，但在监督的形式上不一定接受质询。[②]

国家主席作为国家元首不论是虚权还是实权，都应排在“一府两院两委”之前，这应该没有问题。但国家主席不能排在人大之前或之上或与之平行，如果那样的话就不是健全和完善人民代表大会制度，而是改变或废弃人民代表大会制度，也就谈不上“对人大负责，受人大监督”了。

（三）将中央军事委员会纳入人民代表大会制度

1982 年宪法首次在“国家机构”一章中设置了“中央军事委员会”（第 4 节），第 62 条规定全国人大有权“选举中央军事委员会主席；根据中央军事委员会主席的提名，决定中央军事委员会其他组成人员的人选”；第 67 条第 6 项规定全国人大常委会有权“监督国务院、中央军事委员会、最高人民法院和最高人民检察院的工作”；第 10 项规定“在全国人民代表大会闭会期间，根据中央军事委员会主席的提名，决定中央军事委员会其他组成人员的人选”；第 94 条规定：“中央军事委员会主席对全国人民代表大会和全国人民代表大会常务委员会负责。”

依据宪法的上述规范，中央军委也是由人大产生（第 62 条、第 67 条第 10 项），对人大负责（第 94 条），受人大监督（第 67 条第 6 项）的，因此也应列入宪法“总纲”关于政体的概括性表述。问题是怎么列入？如果将“国家行政机关、军事机关、审判机关、检察机关、监察机关”并列是不太合适的，因为其中的“军事机关”显然不仅仅是“中央军事委员会”，而是还包

① 2004 年的宪法修正案增加了国家主席“进行国事活动”的权力，已经赋予国家主席部分外交实权。

② 是否向人大报告工作、接受质询，由“国家机构”的有关章节规定。

括中央军事委员会以下的大量军事机关，[①] 它们并非与地方各级人大相对应，不存在对地方人大负责，受地方人大监督的问题，这是军事机关与行政机关、审判机关、检察机关的差别，即在军事机关体系中，只有中央军委受制于最高权力机关，中央军委以下的军事机关与人大则没有直接关系，其体制自成系统，其成员的任免主要受制于其军事机关内部的上下级领导关系。如果规定成“国家行政机关、中央军事委员会、审判机关、检察机关、监察机关”呢？这也不太妥当，因为其中的“行政机关、审判机关、检察机关、监察机关”均包括从中央到地方的各自体系，其中的“人民代表大会”也是指与之相对应的各级人大，而中央军委只是由“全国人民代表大会”产生，对它负责，受它监督。那么维持现行宪法的格局，即在政体条文中只规定“行政机关、审判机关、检察机关”，再增加一个“监察机关”，将中央军委仍然放在“国家机构”中，是否合适呢？这显然也不妥当，因为“总纲”中的这一条是关于国家政体的概括性表述，军事机关不能缺位。[②] 为此笔者建议在这一条中增加一款，专门对“中央军事委员会”作出规定。

关于人大与中央军委的关系，依据现行宪法规定，中央军委主席对人大只是“负责”，受其“监督”，没有规定向人大“报告工作”。在法律层面上，也没有哪部法律规定军委主席应向全国人大报告工作，人大对中央军委的有关法律文件有“撤销权”、对中央军委相关人员有“质询权”。那么，在启动修宪机制时，是否需要增加中央军委对全国人大及其常委会“报告工作”的规定？人大对中央军委的有关法律文件是否应该有“撤销权”？对中央军委

① 根据中央军委 2016 年 1 月 1 日印发并实施的《中央军委关于深化国防和军队改革的意见》，军委机关由原来的总参谋部、总政治部、总后勤部、总装备部等 4 个总部，改为 7 个部（厅）、3 个委员会、5 个直属机构共 15 个职能部门，即：军委办公厅、军委联合参谋部、军委政治工作部、军委后勤保障部、军委装备发展部、军委训练管理部、军委国防动员部、军委纪委、军委政法委、军委科技委、军委战略规划办公室、军委改革和编制办公室、军委国际军事合作办公室、军委审计署、军委机关事务管理总局。笔者认为，国家军事体制如此重大的变革，应属于全国人大或其常委会的重大问题决定权之范畴，而不宜由中央军委自行决定。

② 除非中央军委成为一个虚设机构，军事权主要放在国防部。

相关人员是否应该有“质询权”？笔者认为，这也取决于对中央军委性质的判断，即中央军委在性质上更像政府还是更像两院？显然军事机关与行政机关较为类似，许多国家的军事权基本上都隶属行政权（如政府内部的国防部），而与司法权相去甚远；各国宪法基本都确认了“司法独立”的原则，但几乎没有哪个国家确认“军事独立”的原则。因此1982年宪法仅仅在第三章“国家机构”的有关条文中规定中央军委“由人大产生”“对人大负责”“受人大监督”是不够的，还应将其纳入第一章“总纲”有关政体的规范中。

三、关于宪法“总纲”中政体条文的修改建议

现行宪法“总纲”的第1、2、3条交织规定了我国的国体和政体，其中第1条第1款规定：“中华人民共和国是工人阶级领导的、以工农联盟为基础的人民民主专政的社会主义国家。”第2款规定：“社会主义制度是中华人民共和国的根本制度。禁止任何组织或者个人破坏社会主义制度。”第2条第1款规定：“中华人民共和国的一切权力属于人民。”笔者认为这些条款都是关于我国国体的规定。

“总纲”第2条第2款规定了我国的政体：“人民行使国家权力的机关是全国人民代表大会和地方各级人民代表大会。”第3条对政体做了进一步的规范，其第1款规定：“中华人民共和国的国家机构实行民主集中制的原则。”第2款规定：“全国人民代表大会和地方各级人民代表大会都由民主选举产生，对人民负责，受人民监督。”第3款规定：“国家行政机关、审判机关、检察机关都由人民代表大会产生，对它负责，受它监督。”

笔者认为，国体与政体应分别用专门条文加以规定。

（一）“总纲”第1条专门规定国体

即将现行宪法的第1条和第2条第1款合并为一条，第2条第1款的规定“中华人民共和国的一切权力属于人民”实际上属于国体的范畴——人民在国家中的地位以及国家权力的所有权问题，应统一放在第1条中，使第1

条集中规定国体问题。

（二）“总纲”第 2 条专门规定政体

现行宪法关于政体的规定散见于第 2、3 条的有关款项中，建议将其集中规定在一个条文中，作为“总纲”的第 2 条，具体包括 7 款。

第 1 款：“中华人民共和国的国家机构实行民主集中制的原则。”即保留现行宪法第 3 条第 1 款的规定。

第 2 款：“人民行使国家权力的机关是全国人民代表大会和地方各级人民代表大会。”“全国人民代表大会和地方各级人民代表大会都由民主选举产生，对人民负责，受人民监督。”即保留现行宪法第 2 条第 2 款、第 3 条第 2 款的规定，并将这两款合并为一款。

合并是因为它们规定的都是全国人民代表大会和地方各级人民代表大会与人民的关系，属于政体第一层次的内容。但该款应作为该条第 1 款还是第 2 款，还可以讨论，将其作为第 1 款，与第 1 条规定的国体有较为顺畅的连接，在国体确定了国家权力的所有权（属于人民）之后，紧接着确定国家权力的使用权（属于人大），也较为符合我国政体以人大为中心的格局；放在第 2 款，将国家机构的基本原则放在其前面，之后再依次对各国家机关加以规定，在逻辑上似乎更站得住，表明人大作为国家政体的一部分，也受“民主集中制”这一基本原则的约束。

第 3 款：“国家主席由全国人民代表大会产生，对它负责，受它监督。”这是新增加的一款。鉴于国家主席在我国政体中不可或缺的重要地位，应将其纳入“总纲”有关政体的条文中，并明确其与全国人民代表大会的关系。

第 4 款：“国家行政机关由同级人民代表大会产生，对它负责，受它监督。”这里将第 3 条第 3 款规定的“国家行政机关、审判机关、检察机关”分为 2 款规定，行政机关单独列为一款，审判机关、检察机关另列一款。

第 5 款：“中央军事委员会由全国人民代表大会产生，对它负责，受它监督。”这也是新增加的一款，虽然中央军事委员会在性质上也可归类于行政机关，但并非所有军事机关、而是只有中央军事委员会才受制于人大，因此很难并入第 4 款，而是需要单列一款。

第 6 款：“国家审判机关、检察机关由同级人民代表大会产生。”鉴于“司法独立”之原则，国家审判机关、检察机关不宜向人大“报告工作”（也不必接受其质询）；既然不向人大“报告工作”，那么“对人大负责，受人大监督”也就没有意义，因此可以略去。至于对法官、检察官个人违法犯罪行为的追究，不涉及国家政体问题，可以通过弹劾制度等途径加以解决。

第 7 款：“国家监察机关由同级人民代表大会产生，对它负责，受它监督。”虽然监察机关在性质上可归类为行政机关，本可以将二者规定在同一款中，但考虑到监察机关在地位上不宜放在司法机关之前，因此还是单列一款，放在法院、检察院之后，较为妥当。

（三）现行宪法“总纲”第 2、3 条其他内容的安排

现行宪法“总纲”第 2 条第 2 款规定：“人民依照法律规定，通过各种途径和形式，管理国家事务，管理经济和文化事业，管理社会事务。”这是“社会民主”问题，建议放在“总纲”有关国家政治制度的条文之后。

现行宪法“总纲”第 3 条第 4 款规定：“中央和地方的国家机构职权的划分，遵循在中央的统一领导下，充分发挥地方的主动性、积极性的原则。”这属于国家结构形式所调整的纵向权力关系，应排在规定国家政权组织形式（横向权力关系）的条款之后。建议用第 3 条专门规定国家结构形式，该款应作为该条的第几款，与现行宪法第 4 条的第 4 款如何衔接，还有待进一步的研究。

本文为国家社科基金一般项目“国家监察委员会体制与机制研究”（编号 17BFX002）、北京政治文明建设研究基地课题“国家监察委员会体制研究”（17zzwm006）的部分研究成果。

国家机构“报告工作”的宪法分析

——兼论监察委员会“报告工作”问题

曲相霏[*]

一、问题的提出

根据中共中央确定的《关于在北京市、山西省、浙江省开展国家监察体制改革试点方案》，2016年12月25日，第十二届全国人民代表大会常务委员会第二十五次会议通过了《关于在北京市、山西省、浙江省开展国家监察体制改革试点工作的决定》(下文简称《决定》)，并于次日起施行。“实行监察体制改革，设立监察委员会，建立集中统一、权威高效的监察体系，是事关全局的重大政治体制改革”，[①] 是国家机构的顶层制度设计，是规范权力运行、反腐败和建立良好政治生态的重要举措，与公民权利的保障和国家的长治久安关系密切，因而引发了全社会的高度关注。

《决定》规定了监察委员会的产生方式及基本法律地位。“试点地区监察委员会由本级人民代表大会产生。监察委员会主任由本级人民代表大会选举产生；监察委员会副主任、委员，由监察委员会主任提请本级人民代表大会常务委员会任免。”根据《决定》，监察委员会包括了原行政监察、行政审计、预防腐败和检察系统的查处贪污贿赂、失职渎职以及预防职务犯罪等相关职

* 曲相霏：中国社会科学院国际法研究所副研究员，法学博士。

① 《全国人民代表大会常务委员会关于在北京市、山西省、浙江省开展国家监察体制改革试点工作的决定》，http：//www.npc.gov.cn/npc/xinwen/2016-12/25/content_2004968.htm。

能。从中央层面来看，就是国务院的监察部、审计署、国家预防腐败局以及最高人民检察院的反贪污贿赂总局、渎职侵权检察厅、职务犯罪预防厅等部门的职能和机构、人员都将整合在国家监察委员会这一个机构。这意味着，中央此次成立监察委员会的重大政治改革将改变目前《中华人民共和国宪法》（下文简称《宪法》）所确立的国家机构制度，人民代表大会之下的“一府两院”将变为“一府两院一委”。监察体制改革之后，监察委员会将与党的纪律检查委员会合署办公，[①] 原来党和国家体制之内所有反腐败的力量和资源都将整合在一起，被赋予丰富的监察手段和采取强制措施和强制执行的权力，对行使国家公权力的公职人员实行全覆盖式监察，并可以通过监察公职人员而对整个公权力组织进行监察。

监察委员会如此位高权重，对它自身的监督制约力度必须与它的地位与权力相匹配，权力越大、地位越高则监督制约的力度也需越强，如果缺乏监督或监督不力则将产生新的权力腐败。

对此，《决定》也作了明确规定：“监察委员会对本级人民代表大会及其常务委员会和上一级监察委员会负责，并接受监督。”这种“对……负责并接受监督”的方式，是《宪法》所规定的监督和制约国家机构权力运行的一种基本方式。但是，国家机构究竟以何种方式来“对……负责并接受监督”，《宪法》的规定却并不统一。一个核心的问题是，按照《宪法》规定，有的国家机构需要报告工作，有的不需要报告工作。而《决定》也没有明确提及监察委员会如何“对……负责并接受监督”，特别是没有明确规定监察委员会是否需要对产生它的人大及其常委会和上一级监察委员会报告工作。那么，未来为设立监察委员会而修改《宪法》时，对监察委员会的监督制约究竟应该采取哪种方式呢？监察委员会是否需要对产生它的人大及其常委会和上一级监察委员会报告工作呢？

---

① 马怀德：《国家监察体制改革的重要意义和主要任务》，《国家行政学院学报》2017 年第 1 期。

二、不同国家机构“报告工作”制度的具体分析

《宪法》第 2 条规定：“中华人民共和国的一切权力属于人民。人民行使国家权力的机关是全国人民代表大会和地方各级人民代表大会。”第 3 条规定：“国家行政机关、审判机关、检察机关都由人民代表大会产生，对它负责，受它监督。”对人大及其常委会报告工作是国家机关对人大负责和受它监督的基本方式，能够充分体现“一切权力属于人民”和人民通过人大行使国家权力的宪法规定，是权力来源正当性和民主性的要求。但是，并不是所有国家机构都以同样的方式对人大负责和受人大监督。是否采取报告工作的方式和采取何种报告工作的方式，需要根据不同国家机构所行使职权的性质和具体情况来确定。

（一）国家主席

根据《宪法》规定，国家主席由全国人民代表大会选举产生，但是《宪法》既未规定国家主席对全国人大及其常委会负责，也未规定国家主席报告工作制度，更未规定国家主席接受全国人大及其常委会的监督。

国家主席这一国家机构首次设立于 1954 年《宪法》中，后被 1975 年《宪法》和 1978 年《宪法》撤销，又被 1982 年《宪法》恢复。国家主席的职权在《宪法》文本中和实践中都有一个演变的过程。“1954 年《宪法》所规定的国家主席职权是虚实结合的，1982 年《宪法》规定国家主席的职权也是有实有虚，但虚权是主色调。在实践中，80 年代国家主席基本上是虚权的，90 年代后转向实权；2004 年通过的《宪法修正案》第 28 条对国家主席在外交方面拥有实权的现实予以了肯定。”①

1954 年《宪法》所规定的国家主席的实权包括“统率全国武装力量，担任国防委员会主席”（第 42 条）、“在必要的时候召开最高国务会议，并担

① 马岭：《论我国国家主席的性质》，《法学评论》2014 年第 3 期。

任最高国务会议主席”（第43条）等。但它同时又规定：“最高国务会议对于国家重大事务的意见，由中华人民共和国主席提交全国人民代表大会、全国人民代表大会常务委员会、国务院或者其他有关部门讨论并作出决定。”（第43条）国家主席的“这种职权安排具有高度的原则性和灵活性，表明中国宪政体制形成过程的特殊性与基本特点”。[①] 在1954年《宪法》制定的过程中，也曾有人提出“主席对谁负责”“从法律上看，主席对常务委员会和国务院不要负责任，事实上是否还要负责任”等问题。[②] 但1954年宪法没有规定国家主席对谁负责和报告工作制度。

1982年通过的《宪法》和1954年《宪法》相比较，国家主席的实权显著减少了，表现为国家主席不再领导全国武装力量，也没有了召开最高国务会议的权力。1982年《宪法》的制定者对国家主席职权的基本定位是虚权，即“接受外国使节”等仪式性事务和根据全国人民代表大会及其常务委员会的决定而工作。胡乔木在《宪法》修改委员会会议上曾经这样说过：“主席不决定实质性问题，因此主席不负任何的政治责任。”[③] 由于国家主席的地位比较超脱，所以《宪法》才没有像规定行政机关那样要求国家主席对全国人大负责和报告工作。

但实际上，1982年《宪法》所规定的国家主席也是有实权的，并不是“不决定实质性问题”。例如，《宪法》第62条第（五）项规定，全国人民代表大会“根据中华人民共和国主席的提名，决定国务院总理的人选”。国家主席的“总理提名权”就是一项实实在在的职权，通过对总理的提名，“国家主席在很大的程度上参与着国务院的运行”。[④] 其实，在《宪法》制定的过程中，有人建议删除关于国家主席“不得干涉政府工作，不承担行政责任”的规定，就是考虑到国家主席实际上承担着行政责任。例如，荣毅仁提出，草案规定根据国家主席的提名任命国务院总理与国家主席“不承担行政责任”

---

① 韩大元：《1954年宪法制定过程》，法律出版社2014年版，第400页。
② 韩大元：《1954年宪法制定过程》，法律出版社2014年版，第140页、第142页等。
③ 许崇德：《中华人民共和国宪法史》，福建人民出版社2003年版，第826页。
④ 许崇德、韩大元主编：《中国宪法年刊2010》，法律出版社2011年版，第45—50页。

相矛盾。[①]

《宪法》尽管没有对国家主席作出文字上的定性，而事实上，主席在政治生活中无疑地处于元首的地位。他在国际交往中，与世界各国的国家元首并列。[②] 自20世纪90年代以来，国家主席的实权在现实政治生活中又有了显著增加，2004年《宪法修正案》也明确了国家主席“进行国事活动”的实权。[③] 国家主席的实权已经超越了1982年《宪法》通过之时的规定，尤其是随着全球化的发展和中国的经济实力与国际地位的提升，国家主席“进行国事活动”越来越频繁，其间可能涉及一些复杂的情况，因此，要求国家主席对全国人大及其常委会负责并报告工作从而使全国人大及其常委会能够有效地监督和制约国家主席行使职权的情况就具有了必要性。

《宪法》规定，全国人民代表大会有权罢免国家主席、副主席（第63条），这已经说明罢免是国家主席承担政治责任的最后方式。将来如果修改《宪法》，可以规定对国家主席的工作报告全国人大不必进行投票表决；如果全国人大对国家主席的工作不满意，可以规定全国人大以专门程序向国家主席提出要求，情况严重的话，国家主席应该辞职，全国人大也可以提出罢免案。

（二）中央军事委员会

中央军事委员会是1982年修改《宪法》时增设的，反映了当时特殊的历史情况。[④] 根据《宪法》规定，中央军事委员会和国家主席一样，也是由全国人民代表大会产生，但是既不向全国人大及其常委会负责，也不报告工

---

① 许崇德：《中华人民共和国宪法史》，福建人民出版社2003年版，第652页。

② 许崇德：《中华人民共和国宪法史》，福建人民出版社2003年版，第825页。

③ 见《宪法》第28条修正案。宪法第81条：“中华人民共和国主席代表中华人民共和国，接受外国使节；根据全国人民代表大会常务委员会的决定，派遣和召回驻外全权代表，批准和废除同外国缔结的条约和重要协定。”修改为：“中华人民共和国主席代表中华人民共和国，进行国事活动，接受外国使节；根据全国人民代表大会常务委员会的决定，派遣和召回驻外全权代表，批准和废除同外国缔结的条约和重要协定。”

④ 蔡定剑：《宪法精解》，法律出版社2006年版，第314页。

作，还不用接受其监督。与国家主席不同的是，中央军事委员会主席依据《宪法》要求对全国人大及其常委会负责。但是，中央军事委员会主席如何对全国人大及其常委会负责并没有具体法律规定，在实践中也没有形成《宪法》惯例。

《宪法》不要求中央军事委员会负责和报告工作，应当主要是基于“军事”的特殊性。不过，中央军事委员会指挥全国的武装力量，其权力非常重大，全国人大对中央军事委员会就不能没有监督和制约，否则不符合《宪法》所确立的“一切权力属于人民”。在《宪法》制定的过程中，刘澜涛曾指出，设立中央军事委员会是完备人民民主制度的一种表现。军队一直由党领导是有历史原因的，反映了一段曲折的历史过程，而在全国人大之下设立中央军事委员会则完备了民主建设。[①] 因此，要求中央军事委员会报告工作是符合《宪法》精神的。

基于军事的特殊性和保守秘密的需要，全国人大可以采取与之相适应的特殊的监督和制约方式。例如，可以要求中央军事委员会主席向全国人大常委会秘密报告工作，或者向全国人大常委会特设的专门委员会秘密报告工作，以此实现全国人大对军事权的监督制约。《宪法》规定全国人民代表大会有权罢免中央军事委员会主席和中央军事委员会其他组成人员（第63条），这也是中央军事委员会对人大承担的最后政治责任。将来如果修改《宪法》，对中央军事委员会的工作报告，全国人大也可以不采取投票表决的方式，而是通过专门程序处理，直至最后提出罢免案。

（三）各级人民法院

法院对人大报告工作在理论上和现实中都是一个十分重要的问题。其实，1954年《宪法》、1975年《宪法》、1978年《宪法》都规定了各级法院

---

① 许崇德：《中华人民共和国宪法史》，福建人民出版社2003年版，第687页。

对人大负责和报告工作的制度，[①] 而现行《宪法》虽然要求法院对人大及其常委会负责和接受监督，但明确删除了要求法院“报告工作”的制度。《宪法》规定，法院“独立行使审判权，不受行政机关、社会团体和个人的干涉”。在法院系统内部，下级法院也只接受上级法院的监督，而并不接受上级法院的领导，也不向上级法院负责。

《宪法》删除法院“报告工作”的制度并不是一种疏漏，而是有意将审判机关与行政机关相区别。在修改《宪法》时，针对报告工作问题，张友渔教授指出：“人大和人大常委会对行政机关的监督要比审判机关、检察机关的监督更多，更直接一些。……国务院是最高国家权力机关的执行机关，它是具体执行人大、人大常委会原则上决定的东西，所以执行情况必须报告。法院、检察院的工作、性质不同，可以作工作报告，也可以不作工作报告，根据实际需要决定。不宜硬性规定作工作报告，但也不能硬性规定不作工作报告。”[②] 可见，《宪法》不要求法院作工作报告是有理由的。

法院所行使的权力是司法权，司法权具有被动性、程序性、中立性、判断性、审查性、终极性等一系列特征，从根本上区别于行政权力的主动性、官方性、应变性、可转授性、先定性等特征。[③] 法官是判断者，在每一项审判活动中，法官都是基于自己的职权要求和自己对《宪法》和法律的理解而行使审判权，与行政机关执行人大及其常委会的决定不同。基于司法权的性质和法院的工作实际，为维护法院的权威、确保各级人民法院独立行使审判

---

① 《中华人民共和国宪法（1954 年）》第 80 条规定：“最高人民法院对全国人民代表大会负责并报告工作；在全国人民代表大会闭会期间，对全国人民代表大会常务委员会负责并报告工作。地方各级人民法院对本级人民代表大会负责并报告工作。”《中华人民共和国宪法（1975 年）》第 25 条规定：“各级人民法院对本级人民代表大会和它的常设机关负责并报告工作。”《中华人民共和国宪法（1978 年）》第 42 条规定：“最高人民法院对全国人民代表大会和全国人民代表大会常务委员会负责并报告工作。地方各级人民法院对本级人民代表大会负责并报告工作。”

② 张友渔：《宪政论丛（下）》，群众出版社 1986 年版，第 359—360 页。

③ 徐显明：《司法改革二十题》，《法学》1999 年第 9 期。徐显明：《司法权的性质》，《人民法院报》2003 年 6 月 23 日。孙笑侠：《司法权的本质是判断权——司法权与行政权的十大区别》，《法学》1998 年第 8 期，第 34—36 页。

权，《宪法》不强制要求各级法院向人大及其常委会报告工作，也不强制各级法院接受质询。1982年通过的全国人大组织法就准确体现了《宪法》的这一精神，只规定全国人大质询国务院及其下属机构，而没有规定全国人大对最高人民法院等司法机关进行质询。[①]

目前，各级法院依据法院组织法对同级人大及其常委会报告工作已经成为一项《宪法》惯例，各级人大对法院的工作报告进行投票表决。当法院的工作报告不被人大通过时，虽然法律没有规定报告不通过的法律责任，但是政治责任是不能避免的。不过，如果要求法院院长承担报告通不过的政治责任，就必须强化法院院长的领导权而在法院系统实行院长负责制，但院长负责制明显违背司法权的性质；如果追究法院整体的责任，就必须实行法官集体责任制，这也明显违背司法权的性质。[②] 在实践中，一方面，司法腐败使得法院向人大报告工作和接受质询似乎具有了正当性和必要性；而另一方面，法院报告工作的制度又衍生出了许多新的腐败问题，例如有些人大代表通过“个案监督”和行使投票权等方式对法院施加压力，[③] 从而影响了法院独立行使审判权。法院报告工作的制度允许民主的缺陷侵蚀司法公正，不仅有违法治原则，也有违《宪法》的精神。[④]

《宪法》不硬性要求法院向人大报告工作并不意味着人大及其常委会对法院的监督和制约弱于其对行政机关的监督和制约，只是监督和制约的方式不同。人大可以通过行使立法权、任命权和罢免权等方式来监督和制约法院和法官，[⑤] 司法公开也是司法公正的有力保障。要求法院审判公开、裁判文书公开以及其他相关信息公开，能够有效地避免暗箱操作、有力地监督司法行为。因此，应当修改各级法院组织法，删除法院对人大报告工作的制度，以

---

① 童之伟：《人大代表如何依法监督法院》，《南方周末》2013年3月14日。

② 徐显明：《司法改革二十题》，《法学》1999年第9期。

③ 童之伟：《人大代表如何依法监督法院》，《南方周末》2013年3月14日。

④ 焦洪昌、姚国建：《对法院向人大会议报告工作的质疑》，《岳麓法学评论》2001年11月。

⑤ 钱宁峰：《宪法文本上的“报告工作”问题论析——兼评法院工作报告通不过事件》，《甘肃政法学院学报》2009年第3期。

符合《宪法》的精神和司法权的性质。在目前要求法院报告工作的情况下，在报告不通过时，只能要求人大选举产生的法院院长承担政治责任，辞职或罢免。

（四）各级人民检察院

检察院常常被与法院相提并论。虽然1982年《宪法》明确了检察院既是“检察机关”（第3条）又是“法律监督机关”（第129条），但检察权的性质仍然是一个分歧较多、争议较大的问题。学术界比较有影响的学术观点包括“行政权说”“司法权说”“行政权与司法权双重属性说”和“法律监督性质说”。[①] 本文认为检察权不属于司法权的判断是有道理的，因为尽管检察权具有许多方面的司法属性，但是它不具备司法权最根本、最本质的属性，即中立性和终极性。[②] 检察权回归行政权的法理根据在于：与司法权的被动性不同，检察权是主动性权力，检察机关要主动行使职权侦查、控诉违法犯罪行为；与司法权的中立性不同，检察机关是站在国家的立场上行使权力的；与司法权的判断性不同，检察权具有命令执行性，上下级检察机关之间、检察机关与其组成人员之间均是命令与服从关系；与司法权的终极性不同，检察权属执行性权力，最终要接受司法权的裁判。因此在西方国家，行使检察职能的机关往往附设于行政机关甚至法院系统之内，或与行政机构合署。总之，检察权就性质而言实质上是行政权的一部分。[③]

1949年之后，检察机关的领导体制经历了几次变化。根据1949年的组织条例，全国各级检察机关只受最高检察机关和上级检察机关的指挥，其工作不受地方国家机关干涉。但由于地方各级检察机关没有马上普遍建立，无法依靠单一的垂直领导体制，故1951年的组织条例将单一垂直领导体制修改为双重领导体制。[④] 1954年《宪法》又将检察体制恢复为单一垂直领导，

---

① 龙宗智：《论检察权的性质与检察机关的改革》，《法学》1999年第10期。
② 谢鹏程：《论检察权的性质》，《法学》2000年第2期。
③ 徐显明：《司法改革二十题》，《法学》1999年第9期。
④ 许崇德：《中华人民共和国宪法史》，福建人民出版社2003年版，第840页。

规定地方各级检察院和专门检察院要“在上级人民检察院的领导下，并且一律在最高人民检察院的统一领导下，进行工作”（第81条）。1954年《宪法》规定最高人民检察院对全国人大及其常委会负责并报告工作（第84条）。在1954年《宪法》草稿讨论过程中，曾有人提出“地方各级检察长是否对本级人民代表大会负责并报告工作”的问题。[①] 但是，1954年《宪法》并没有规定各级地方检察院和专门人民检察院向人大及其常委会负责和报告工作的制度，反而规定“地方各级人民检察院独立行使职权，不受地方国家机关的干涉”（第83条）。“地方国家机关”中显然包括地方权力机关即地方各级人大。这一《宪法》规定强化了检察机关的垂直领导体制，使地方各级检察院完全不对地方负责、不受地方领导，同时这种规定也使检察权的行政权特征更为显著。

1975年《宪法》撤销了独立的检察机关而规定“检察机关的职权由各级公安机关行使”（第25条），这一机构安排虽然不利于检察职权的行使，但是就权力的性质而言，却使检察权回归了行政权。1978年《宪法》恢复了检察机关，但改变了检察院只受内部垂直领导、不向地方负责的工作体制，上级检察院对下级检察院的垂直领导关系变为监督关系，反过来强调了地方的领导作用，要求“最高人民检察院对全国人民代表大会和全国人民代表大会常务委员会负责并报告工作。地方各级人民检察院对本级人民代表大会负责并报告工作”（第43条）。这种强调地方领导的工作体制不利于地方检察院得到上级检察院的支持、指示和帮助，不利于上级检察院在必要的时候派员协助或将案件上调处理，所以1979年修改《宪法》的决议和人民检察院组织法又把上级检察院对下级检察院的监督关系修改为领导关系。

在制定1982年《宪法》时，也曾有人提出像美国那样将检察权合并到司法部并由司法部长担任总检察长的方案，不再设立独立于行政部门之外的检察院。由于彭真坚决抵制，经中央决定，《宪法》保留了独立的检察机关。[②] 1982年《宪法》延续了1978年《宪法》的部分规定，要求“最高人

---

① 韩大元:《1954年宪法制定过程》，法律出版社2014年版，第154页。
② 许崇德:《中华人民共和国宪法史》，福建人民出版社2003年版，第842页。

民检察院对全国人民代表大会和全国人民代表大会常务委员会负责”，“地方各级人民检察院对产生它的国家权力机关”负责，同时又强调了地方各级人民检察院对“上级人民检察院负责”，即垂直领导与地方领导并重。但是，《宪法》明确删除了检察院报告工作制度（第133条）。这一情况反映了1982年《宪法》的制定者将检察机关的工作与法院的工作同等对待、将检察权与司法权同等对待的思想。检察院对同级人大及其常委会报告工作并不是基于《宪法》的要求，而是基于人民检察院组织法的规定。其实基于检察权的行政权性质，要求检察权向人大及其常委会报告工作、接受监督和质询是没有问题的。

（五）各级国家行政机关和人大常委会

在各国家机构中，行政机关对人大及其常委会负责和报告工作并接受质询和人大常委会对人大报告工作和接受质询是最没有异议的。《宪法》规定，国务院对全国人大及其常委会负责和报告工作（第92条），各级地方行政机关都对本级人大和上一级行政机关负责并报告工作，各级行政机关也都接受国务院的领导（第110条）；全国人民代表大会常务委员会对全国人民代表大会负责并报告工作，县级以上的地方各级人民代表大会常务委员会对本级人民代表大会负责并报告工作（第103条）。由于行政权的性质，行政机关的报告工作制度没有问题，而人大常委会作为人大的常设机关向人大报告工作接受监督和制约也是理所应当。

三、监察委员会应当报告工作的主要理由

有学者主张，监察委员会“由人大产生，对人大负责，接受人大监督，但不一定要报告工作”。[①] 也有学者主张，人大“可以采取听取工作报告、质

① 马怀德：《国家监察体制改革的重要意义和主要任务》，《国家行政学院学报》2017年第1期。

询、特定问题调查委员会等形式对监察委的工作进行监督”，“基于监察委员会的民主正当性与受人大监督的必要性”，“监察委员会与‘一府两院’一样，向人大报告工作”。[①] 本文认为，应当规定监察委员会对人大及其常委会和上一级监察委员会负责，接受监督，并报告工作。作这样的规定，主要是因为监察委员会是行使行政性权力的行政机构，应当按照《宪法》关于行政机构的规定接受监督和制约。

（一）监察权是行政性权力

《决定》对监察委员会的职权做了如下较详细的列举："履行监督、调查、处置职责，监督检查公职人员依法履职、秉公用权、廉洁从政以及道德操守情况，调查涉嫌贪污贿赂、滥用职权、玩忽职守、权力寻租、利益输送、徇私舞弊以及浪费国家资财等职务违法和职务犯罪行为并作出处置决定”。《决定》还规定："为履行上述职权，监察委员会可以采取谈话、讯问、询问、查询、冻结、调取、查封、扣押、搜查、勘验检查、鉴定、留置等措施。”

根据《决定》，尽管监察委员会将整合政府的行政监察、预防腐败职能和检察机关的查处贪污贿赂、失职渎职以及预防职务犯罪等职能，扩大监察范围和丰富监察手段，但是所有这些权力都是行政性权力。《决定》规定的监察委员会的处置权只是对违纪违法人员进行处分，而对涉嫌职务犯罪的，监察委员会则应将其“移送检察机关依法提起公诉”，监察委员会的职权中也并不包括目前属于检察院的批捕和公诉等权力。

监察委员会的权力既不是国家主席的仪式性权力，也不同于军事委员会的军事指挥权和军事行动权。在已有的各国家机构中，监察委员会的地位最接近于检察机关，而监察权又比检察权更少司法权属性，更多行政权属性。《决定》不仅规定了监察委员会的行政性职权，还明确规定监察委员会要向上一级监察委员会负责并接受其监督，这种垂直领导体制也表现了监察委员会的权力是行政性权力。

---

① 韩大元：《论国家监察体制改革中的若干宪法问题》，《法学评论》2017 年第 3 期。

（二）监察委员会不能享有高于法院和检察院的《宪法》地位

对监察委员会的权力监督和制约不外乎三种手段：一是党的监督和制约；二是以权利来监督和制约权力，尤其是公民表达自由和媒体自由，要通过切实保障公民基本权利来实现；三是权力之间的互相监督和制约。最后一种手段需要通过《宪法》对国家权力的分配及其相互间关系的制度安排来实现。

尽管监察委员会行使的权力是行政性权力，但是它已经从国务院这一中央国家机关中独立出来而非从属于国务院，因此监察委员会与其他国家机构的关系问题也是一个值得讨论的问题，该问题也涉及对监察委员会的监督和制约。

中央监察委员会与全国人大的关系应该是非常清楚的。全国人大是最高国家权力机关，中央监察委员会由全国人大产生，地位当然在全国人大之下，也在全国人大常委会之下。但是，全国人大及其常委会行使国家立法权及其他一些《宪法》规定的职权，而按照《决定》，监察委员会有权对所有行使公权力的主体进行监察，这意味着，中央监察委员会也有权监察地位在它之上、产生它的全国人大及其常委会。为了使中央监察委员会能够行使这一职权，使中央监察委员会与党的中央监察机构“合署办公”就有了必要性。

根据《决定》，监察对象是“本地区所有行使公权力的公职人员”，所有受国家财政供养的机关单位、组织群体及其成员都将纳入监察委员会的监察范围，包括其他行政机关、人民法院、人民检察院、公立医院和学校等，也包括对自身的监察。在中央层面，国家主席（副主席）、国务院、最高人民法院、最高人民检察院都要接受中央监察委员会的监察。监察委员会的监察对象是否包括军事系统，《决定》没有明确规定。军事权力也属于公权力，军事系统也由财政供养，军事人员也属于公职人员，因此军事系统也应该属于监察委员会的监察对象。近年来，军事系统的腐败案件也层出不穷、触目惊心，将军事系统纳入监察委员会的有效监察之下应当也是此次监察制度改革的目标之一。

在全国人大这一最高国家权力机关之下，中央监察委员会与全国人大产生的“一府两院”应当是平级关系。虽然监察委员会要监察其他国家机构，但是监察委员会不能享有高于其他国家机构的《宪法》地位，尤其不能享有高于最高检察院和最高法院的地位。因为在权力的层级中，上一级权力具有否决下一级权力的力量。监察委员会作为行政性机构，其职权中不包括批捕、公诉、审判等权力。对涉嫌职务犯罪的，监察委员会只能将其移送检察机关依法提起公诉，再由法院独立审判。因此，检察机关和法院必须享有否决监察委员会的决定的权力。如果中央监察委员会的地位高于最高检察院和最高法院，最高检察院和最高法院就难以依法正常行使职权。“掌握犯罪调查权或刑事案件侦查权的国家机关的政治地位、法律地位如果高于审判机关，弄不好被调查、被侦查对象的一些最基本的权利就会经常性地处于危险中。……在处理监察机关与法院关系方面，应避免重蹈上述不适当安排的覆辙。”①

检察院对监察委员会移交公诉案件的处理就是一种权力监督和制约。监察委员会采取的各项措施是否合法，是否侵犯公民权利，还要经得起法院的独立审判；监察委员会在行使某些职权之前，可能还必须得到法院的事先许可，这是法院对监察委员会的监督和制约。目前《决定》没有明确规定监察委员会对监察对象实行人身强制的权力，但是监察委员会“采取谈话、讯问、询问”措施时，有可能需要进行人身强制。有学者提出，《国家监察法》可能设置一种暂称为“留置措施”法定的调查措施，对被留置人的留置时间可能超过 48 小时但不超过 3 个月。② 由于人身强制措施与人权的密切关联，对监察委员会行使这一职权必须进行严格的权力制约。在很多国家的反腐败体制中，如果不是紧急情况，逮捕往往须经法官批准。香港廉政公署调查人员在行使包括逮捕权在内的某些权力前，须事先获得法庭的准许；是否提起公诉，则须报律政司审查由律政司司长决定。为了使权力之间能够形成

---

① 童之伟：《对监察委员会自身的监督制约何以强化》，《法学评论》2017 年第 1 期。

② 马怀德：《国家监察体制改革的重要意义和主要任务》，《国家行政学院学报》2017 年第 1 期。

有效制约，对监察委员会提出的案件的批捕权、起诉决定权和案件审理管辖权都可以由上一级检察院和法院行使，也可以将批捕权划入法院职权范围，在法院专门设立羁押审查庭，加强法院对监察委员会羁押性强制措施的制约。

既然目前检察院和法院都依照法律报告工作，监察委员会更没有理由不报告工作，否则无形当中似乎赋予了监察委员会高于法院和检察院的《宪法》地位。人大对监察委员会的监督和制约，一方面可以体现为人大选举、任命和罢免监察委员会委员，另一方面就可以体现为监察委员会向人大及其常委会报告工作、接受询问和质询，报告工作是接受询问和质询的基础。国家机构之间互相制约并共同接受人大的监督，以确保国家权力在法治的轨道内行使。

四、结语——监察委员会报告工作和承担责任的方式

党的十八大以来，中央纪律检查委员会领导的全国范围内自上而下的反腐败的力度和成效都前所未有，而巩固目前的反腐败成果并将国家机构体制内的反腐败常态化、制度化和法治化，则不仅是反腐败工作的需要，也是全面推行依宪治国、依法治国和建设社会主义法治国家的需要，还是保障人权的需要。改革国家监察体制，设立国家监察委员会，吸收古今中外监察制度的有益经验，具有非常重要的意义。权力对应着责任，权力必须接受监督和制约，监察委员会权力重大责任重大，对监察委员会的监督和制约也必须足以匹配其权力和责任。未来修改《宪法》和制定《国家监察法》应当明确规定，监察委员会作为行使行政性权力的行政执法机构，应当对人大及其常委会和上一级监察委员会报告工作，并接受其监督。

监察委员会报告工作和承担责任的具体方式应当在试点工作中逐渐细化和确定，本文在此试着提出几点意见：

第一，监察委员会应当对产生它的人大及其常委会及其上一级监察委员会作年度工作报告。在人大闭会期间，人大常委会可以就某些特殊事项要求

监察委员会作特别工作报告，对其进行监督。

第二，考虑到监察委员会的工作可能具有保密性，可以在人大及其常委会内部设立专门的委员会，负责听取监察委员会的秘密工作报告。

第三，监察委员会的报告应该包括两部分内容，一部分是关于监察委员会作为一个国家行政机构的内部行政事务，包括年度经费支出和重要人事变动等，另一部分即其对内和对外的监察活动。同样为了保密性的需要，工作报告可以侧重于已经完成的工作，对于正在进行的需要保密的工作可以向人大常委会专门委员会作内部秘密工作报告。由于监察委员会与党的监察机构“合署办公”，监察委员会的工作报告中应当包括其所掌握的党的监察机构的工作内容。

第四，对监察委员会工作报告的审查应侧重于程序合法性审查。监察委员会主任对审查结果承担政治责任，如果监察委员会的年度工作报告不获通过，则监察委员会主任应当对监察委员会的工作进行整顿或对某些特定事项进行复查和重新报告或提出辞职，人大则有权罢免监察委员会主任、副主任和委员。

本文系北京政治文明建设研究基地课题“法治视域下党的廉政建设研究”（2018zzwm012）的阶段性成果。

全国人大常委会委员长的角色定位

刘风景 *

在中国的社会主义民主法制建设中，全国人大常委会委员长担负着重要的职责，发挥着极其重要的作用。与此形成明显反差的是，理论界对全国人大常委会委员长的学术研究极为薄弱。不夸张地说，对该问题做深入细致的研究，可以填补理论空白，进而推动实践创新及相关法律制度完善。（1）贯彻实施新立法法。2015 年修改后立法法明确规定，发挥人大和常委会在立法中的主导作用，健全由人大来主导开展立法工作的机制，采用多种方式对此进行了完善和补充。充分发挥全国人大常委会委员长的职能，有助于发挥全国人大及其常委会在国家立法中的主导作用，保证全国性立法准确反映广大人民意志，将新立法法相关规定落到实处。（2）完善中国特色社会主义法律体系。全国人民代表大会和全国人民代表大会常务委员会行使国家立法权。全国人大及其常委会是行使国家立法的主体，全国人大常委会委员长是全国人大常设机关的“掌门人”。“制度本身并不是自足的。是有原则的领导者们设计了、转换了它们并将生命力注入其中，同时是官僚和公民在支撑着它们。是有原则的领导者们以身作则地向精英、职员和人民大众发出信号，喻示着他们所居息的世界的本质以及遵守法制的原因。”① 必须看到，伟大的心智和强劲的性格可以解释法律史上的许多事情。“那种具有强劲性格的

---

* 刘风景：华东政法大学立法与政治发展研究中心，教授，博士生导师，法学博士。

① [美]詹姆斯·L.赫克曼等编：《全球视野下的法治》，高鸿钧等译，清华大学出版社 2014 年版，第 224 页。

人会从现存的各种可能的法律材料之间作出自己的选择或者从使用这些材料的各种可能的方法之间作出自己的选择，并且把他自己的选择强加给同代人，进而为此后数代人标示出将要处理的法律材料。换言之，具有强劲个性的人对传统的思维模式和裁决技术（亦即此后数代人在处理特定法律材料时所使用的那种技术）进而彻底检验，根据他的观念、成见或气质重新塑造这些传统的思维模式和裁决技术，进而把他的个人态度和个人性格在未来较长的一段时间里强行注入进法律之中。”① 现实中的全国人大常委会委员长是个性鲜明、有名有姓的具体个人。只有承认这一事实，才能正视其个性，关注实际的立法进程。明确界定全国人大常委会委员长的权力界限，保证其依法充分行使职权，有助于提高立法工作的效率和质量。（3）完善人民代表大会制度。习近平指出："人民代表大会制度是中国特色社会主义制度的重要组成部分，也是支撑中国国家治理体系和治理能力的根本政治制度。新形势下，我们要毫不动摇坚持人民代表大会制度，也要与时俱进完善人民代表大会制度。”② 人民代表大会制度是我国的根本政治制度，是符合中国国情和实际、体现社会主义国家性质、保证人民当家作主、保障实现中华民族伟大复兴的好制度。全国人大常委会委员长是最高国家权力机关的主要领导人，对其职权予以准确的把握与界定，有助于完善人民代表大会制度。

一、委员长的真实角色

全国人大常委会是全国人大的常设机关，“委员长”是其负责人，但该名称是经过激烈争论、反复斟酌而形成的。在1954年宪法起草过程中，曾一度考虑在全国人民代表大会设议长和副议长。1954年3月23日，在中华人民共和国宪法起草委员会第一次会议上，中共中央提出了《中华人民共和

① [美]罗斯科·庞德:《法律史解释》，邓正来译，中国法制出版社2003年版，第188—189页。

② 习近平:《在庆祝全国人民代表大会成立60周年大会上的讲话》，人民出版社2014年版，第9页。

国宪法草案（初稿）》，这个初稿用的是“议长”名称。在这次会议上，毛泽东在解释为什么设国家主席时就提到了“议长”。“为了保证国家安全起见，设了个主席。我们中国是一个大国，叠床架屋地设个主席，目的是为着使国家更加安全。有议长，有总理，又有个主席，就更安全些，不至于三个地方同时都出毛病。”① 在对宪法草案初稿的讨论修改中，是用“议长”还是用“委员长”的名称一直有不同看法。关于用“议长”，不赞成的意见说，用“议长”不见得好；赞成的意见提出，用“议长”为什么不可以？关于用“委员长”，不赞成的意见说，叫“委员长”不好，大家都不喜欢；赞成的意见提出，用“委员长”没有什么不好，就是蒋介石用过，所以人们不愿用。另外，还有一种意见提出，用“主席”怎么样？不赞成的意见说，那就和国家主席名称一样，老百姓分不清。在讨论中，宪法起草委员会副秘书长田家英解释说，“议长”这个名称与全国人民代表大会不相称，全国人民代表大会是个权力机关，不只是议事机关。宪法起草委员会秘书长李维汉说，暂时还用“委员长”这个名称吧，将来有了合理化建议再改。这样，修正稿没有用“议长”，也没有用“主席”，用的是“委员长”这个名称。1954 年 6 月 14 日中央人民政府委员会通过、向社会公布全民讨论的《中华人民共和国宪法（草案）》用的正是“委员长”这个名称。1954 年 9 月 20 日一届全国人大一次会议通过的《中华人民共和国宪法》明确规定，全国人大常委会由“委员长、副委员长若干、秘书长、委员若干人”组成。这样，“委员长”这个名称在宪法上确定了下来。1975 年宪法、1978 年宪法、1982 年宪法对此都没作修改，“委员长”名称沿用至今。②

根据宪法以及法律的相关规定，结合我们的政治体制、政治惯例、宪政实践，可概括出全国人大常委会委员长所扮演的多种角色。其中，“委员长”的本职工作主要包括：（1）主持全国人大常委会工作。宪法第 68 条第 1 款规定：“全国人民代表大会常务委员会委员长主持全国人民代表大会常务委员会的工

① 中共中央文献研究室编：《毛泽东传（1949—1976）》（上卷），中央文献出版社 2003 年版，第 324 页。

② 阚珂：《“委员长”名称是怎么来的？》，《法制日报》2014 年 5 月 6 日第 3 版。

作，召集全国人民代表大会常务委员会会议。副委员长、秘书长协助委员长工作。”副委员长受委员长的委托，可以代行委员长的部分职权。（2）提请人事任免。全国人民代表大会组织法第 27 条规定：“常务委员会设立办公厅，在秘书长领导下工作。”“常务委员会设副秘书长若干人，由委员长提请常务委员会任免。”常务委员会可以根据需要设立工作委员会。工作委员会的主任、副主任和委员由委员长提请常务委员会任免。（3）向全国人大报告工作。常务委员会在全国人民代表大会每次会议举行的时候，代表全国人民代表大会常务委员会向全国人民代表大会提出工作报告。按照惯例由常务委员会委员长报告工作。此外，委员长还扮演着其他重要角色，履行着其他重要的职能。

第一，全国人大常委会党组书记。中国共产党是中国特色社会主义事业的领导核心。党的领导是人民当家作主和依法治国的根本保证，也是加强民主法制建设、做好立法工作的根本保证。党章规定，在中央和地方国家机关、人民团体、经济组织、文化组织和其他非党组织的领导机关中，可以成立党组。根据中共十四大党章的规定，从七届全国人大开始，全国人大常委会开始设立党组，由委员长、中共党员副委员长和秘书长组成，其中全国人大常委会委员长担任党组书记。全国人大常委会党组受中共中央领导，主要职责是：就全国人大常委会工作的重大问题进行研究讨论，必要时，就有关重大问题向中共中央请示报告；保证中共中央决策的贯彻落实。党组不定期召开会议，由党组书记召集和主持。党的十八届四中全会审议通过的《中共中央关于全面推进依法治国若干重大问题的决定》提出：“加强党对立法工作的领导，完善党对立法工作中重大问题决策的程序。凡立法涉及重大体制和重大政策调整的，必须报党中央讨论决定。党中央向全国人大提出宪法修改建议，依照宪法规定的程序进行宪法修改。法律制定和修改的重大问题由全国人大常委会党组向党中央报告。”① 例如，对于立法法的修改，党中央高度重视，将其列为需要党中央 2015 年研究的重大立法事项。2015 年 2 月 12 日，

---

①《中国共产党第十八届中央委员会第四次全体会议文件汇编》，人民出版社 2014 年版，第 27—28 页。

习近平总书记主持召开中央政治局常委会会议，听取了全国人大常委会党组《关于〈中华人民共和国立法法修正案（草案）〉几个主要问题的请示》的汇报，原则同意全国人大常委会党组的请示，并就进一步修改完善立法法修正案草案作出重要指示。会后，根据党中央的重要指示精神，对修正案草案又做了进一步修改。在此基础上，形成了提请大会审议的《中华人民共和国立法法修正案（草案）》。[①] 作为全国人大常委会党组书记，委员长与其他党组成员一道研究讨论全国人大常委会工作的重大问题，保证中共中央决策的贯彻落实；同时，他也是最高权力机关与党中央联系的重要中介，必要时就有关重大问题向中共中央请示报告。

第二，全国人大代表。在我国，人大代表是一种职务，扮演着国家权力机关组成人员的角色。人大代表，依法由原选区选民直接选举或原选举单位间接选举产生，是人民派到国家权力机关的使者，是人民在国家权力机关的代表。人大代表是一种职务，执行职务就是执行公务，受宪法和法律保护。人大代表行使权力具有集合性，依照法律规定，会议表决实行法定多数原则，集体行使权力。[②] 选举法第 15 条规定，全国人民代表大会的代表，由省、自治区、直辖市的人民代表大会和人民解放军选举产生。例如，张德江是来自浙江代表团的第十二届全国人大代表，履行着全国人大代表的各项法定职责。

第三，全国人大常委会组成人员。宪法第 65 条第 1 款规定："全国人民代表大会常务委员会由下列人员组成：委员长，副委员长若干人，秘书长，委员若干人。"全国人民代表大会常务委员会每届任期同全国人民代表大会每届任期相同，它的行使职权到下届全国人民代表大会选出新的常务委员会为止。第十二届全国人民代表大会常务委员会由委员长、副委员长、秘书长、委员组成。161 人当选为第十二届全国人民代表大会常务委员会委员。全国人大常委会组成人员的人数，按照民主集中制原则，全国人大常委会委员长

---

① 李建国：《关于〈中华人民共和国立法法修正案（草案）〉的说明》，《人民日报》2015 年 3 月 9 日第 4 版。

② 王清秀：《人大学》，中国政法大学出版社 2014 年版，第 176 页。

作为全国人大常委会组成人员之一，与其他常委会组成人员一道，共同行使宪法第 67 条规定的各种职权。

全国人大常委会委员长也是委员长会议成员。宪法第 68 条第 2 款规定："委员长、副委员长、秘书长组成委员长会议，处理全国人民代表大会常务委员会的重要日常工作。"委员长会议，处理常务委员会的重要日常工作：（一）决定常务委员会每次会议的会期，拟定会议议程草案；（二）对向常务委员会提出的议案和质询案，决定交由有关的专门委员会审议或者提请常务委员会全体会议审议；（三）指导和协调各专门委员会的日常工作；（四）处理常务委员会其他重要日常工作。常务委员会会议由委员长召集，一般两个月举行一次。

第四，全国人大主席团常务主席。宪法第 61 条规定："全国人民代表大会会议每年举行一次，由全国人民代表大会常务委员会召集。如果全国人民代表大会常务委员会认为必要，或者有五分之一以上的全国人民代表大会代表提议，可以临时召集全国人民代表大会会议。""全国人民代表大会举行会议的时候，选举主席团主持会议。"主席团互推若干人轮流担任会议的执行主席。主席团推选常务主席若干人，召集并主持主席团会议。全国人大主席团的职责主要有：（1）提名由全国人民代表大会选举的国家机关领导人的人选，经各代表团酝酿协商后，再根据多数代表的意见确定正式候选人。（2）决定将全国人民代表大会主席团、全国人民代表大会常务委员会、全国人民代表大会各专门委员会、国务院、中央军事委员会、最高人民法院、最高人民检察院向全国人民代表大会提出的属于全国人民代表大会职权范围内的议案，交各代表团审议，或者并交有关的专门委员会审议、提出报告，再由主席团审议决定提请大会全体会议表决，决定一个代表团或者 30 名以上代表联名提出的属于全国人民代表大会职权范围内的议案是否列入大会议程或者先交有关专门委员会审议，提出是否列入大会议程的意见，再决定是否列入大会议程。（3）组织各代表团审议列入大会议程的议案。（4）决定对各代表团和代表在会议期间提出的罢免案、质询案的审议程序。（5）决定会议进行选举和表决议案所采用的方式。（6）由各代表团团长参加的主席团会议，决定代表大会是否有必要秘密举行。（7）在大会期间决定人大代表是否受逮捕和刑事审判。例如，2013 年 3 月 4 日，全国人大代表、中共中央政治局常委张德江在十二届全国人大一次会议主席团第一次会议上，被推选为主席团常务主席。同时被推选为主席团常务主席的还有刘云山、李建国、王胜俊、陈昌智、严隽琪等 5 人。

第五，中央政治局常委会成员。《中国共产党章程》第 22 条第 2 款规定："中央政治局和它的常务委员会在中央委员会全体会议闭会期间，行使中央委员会的职权。"中央政治局常委会成员是党和国家领导人的核心，是党和国家的最高决策层。中共十二大、十三大期间，都是由政治局委员兼任全国人大常委会委员长。从中共十四大开始，八届全国人大一次会议后，全国人大常委会委员长开始由政治局常委担任，是最高核心决策层的关键成员。

第六，暂时代理国家元首。1955 年 12 月 28 日，一届人大常委会第三十次会议作出决定，国家主席和副主席休假或者外出期间，由委员长接见外国使节。1978 年宪法第 26 条规定，全国人大常委会委员长主持全国人大常委会的工作；接受外国使节；根据全国人民代表大会或者全国人民代表大会常务委员会的决定，发布法律和法令，派遣和召回驻外全权代表，批准同外国缔结的条约，授予国家的荣誉称号。全国人大常委会委员长实际行使国家元首的职权。现行宪法第 84 条第 3 款规定：中华人民共和国主席、副主席都缺位的时候，由全国人民代表大会补选；在补选以前，由委员长暂时代理主席职位。

综上，在我国的民主法制建设过程中，全国人大常委会委员长是全国人大代表，全国人大常委会组成人员，全国人大主席团常务主席，全国人大常委会的机关首长，全国人大常委会党组书记，中央政治局常委会成员，暂时代理国家元首。

二、委员长的角色特征

1999 年 1 月 12 日，李鹏在中南海办公室接受《中华英才》总编辑的采访时说：过去我长期在政府工作，到人大工作时间不长。最深的感受有两点：一是职责分工不同。总理是我国政府的首脑，依照宪法履行职责，可以说是在执法。委员长的主要工作是管立法和监督。过去我的工作是受监督，现在是监督别人，这是最大的变化。但是，全国人大、国务院都是在党中央领导下同唱一台戏，分工不分家，都是为了一个共同的目标，即建设中国特色社会主义。所以我认为，无论是担任总理还是担任委员长，只是分工的不同。二是在工作节奏和方式上大不一样。政府工作事关国计民生、内政外交，头绪甚多，时间紧迫，经常有大量的突发事件，所以工作十分紧张，常常是身不由己。相对讲，人大工作程序性强，工作主动性大。人大工作，主要围绕每年 1 次代表大会会议、6 次常委会会议进行。当然还有一些日常的工作。虽然工作量也很大，但突发性的、需要紧急办理的事情少了。[①] 李鹏从几个方面描述了全国人大常委会委员长职责的基本情况，实际上，与国家主席、国务院总理相比较，该角色还有其他方面的特征。

第一，全国人大常委会委员长是一种职务。国家机关是指从事国家管理和行使国家权力的机关，包括国家元首、权力机关、行政机关、审判机关、检察机关和军事机关。国家主席是单独的国家机关。与国家主席相比，委员长并非独立的国家机关，而是在全国人大常委会这一机关内部担任的一种职务。

作为一种职务，多位委员长对自身扮演角色的重要性，都有切身的体认。在 1978 年底召开的中央工作会议闭幕会上，第五届全国人大常委会委员长的叶剑英指出：“人大常委会如果不能尽快担负起制定法律、完善社会主义法制的责任，那人大常委会就是有名无实，有职无权，尸位素餐，那我这个人大常委委员长就没有当好，我就愧对全党和全国人民。”[②] 1983 年 6 月 21 日，彭真在第六届全国人民代表大会第一次会议上的讲话指出：“大家选举我担任全国人大常委会委员长，我对大会和人民给予我的信任，表示衷心感

① 李鹏：《立法与监督：李鹏人大日记》（下），新华出版社 2006 年版，第 852—853 页。
② 叶剑英：《叶剑英选集》，人民出版社 1996 年版，第 500 页。

谢。我一定不辜负各位和全国人民对我的信任和委托，我一定和大家一道，为贯彻执行中国共产党第十二次全国代表大会决议和这次会议的各项决议，为维护宪法在各方面的贯彻执行，为社会主义四个现代化的实现而奋斗。”①

第二，主要是集体行使职权。与实行首长负责制的国务院总理不同，全国人大常委会委员长是与其他人大代表或者常委会组成人员一道集体行使职权的。“全国人大也好，全国人大常委会也好，无论立法，无论决定重大问题，都是尽可能地充分发扬民主，群策群力，集思广益。我在讲话中，在同大家交流意见中，多次说过，我的话又算又不算，对的就算，不对就不算，大家赞成就算，大家不赞成就重来。有人说这是谦虚！这是民主集中制的原则问题。人大常委会是集体行使权力，集体决定问题，不是首长负责制。经过大家充分讨论，意见大体上一致了，才付表决。”② 1988 年 1 月 20 日，彭真在第六届全国人大常委会第二十四次会议联组会上的讲话又强调：许多同志说，这届人大常委会做了相当多工作。这是符合实际的，那么成绩是怎样取得的？“全国人大常委会作为全国人大的常设机关，根据全国人大的委托和宪法赋予的职责进行工作，决定一些有关国家全局的、长远的、重大的问题，根本的一条是按民主集中制的原则办事，靠各位副委员长、各位委员，还有各位列席的同志，靠大家，靠集体。许多同志说，这届人大常委会的民主空气越来越浓厚。我们有委员长会议，常委会的重要日常工作都是经委员长会议酝酿讨论提出的，不是委员长个人决定。”③ 继任的万里也指出：“在常委会内部，所有组成人员，包括我自己在内，都只有一票。在决定问题时，大家拥有的权力是完全平等的。因此，必须严格依照规则、程序办事，善于运用表决的形式，按少数服从多数的原则行使集体的权力。”④

第三，为学界所忽视的重要角色。与行政首长、国家主席相比较，全国人大常委会委员长的形象在理论上较为模糊，角色不够清晰。在少数服从多

① 中共中央文献编辑委员会：《彭真文选》，人民出版社 1991 年版，第 473 页。
② 中共中央文献编辑委员会：《彭真文选》，人民出版社 1991 年版，第 613—614 页。
③ 中共中央文献编辑委员会：《彭真文选》，人民出版社 1991 年版，第 613 页。
④ 万里：《万里文选》，人民出版社 1995 年版，第 586 页。

数的表决机制中，委员长的角色与职能极易为人所忽视。英国思想家密尔指出："任何一个团体，除非组织起来并有人统率，是不适于严格意义上的行动的。甚至由少数成员组成的特别委员会，并且这些人是特别熟悉所从事的业务的，也总是赶不上在一个人统率下那样好，如果可能从他们之中找出一个人，使他成为首脑，其他的人从属于他，这个委员会的性质将会有所改进。"①实际上，立法是一种由多方主体参与、相互博弈的政治活动，政治家在立法过程中扮演着重要的角色。"所有欲改变现有法的立法或多或少都带有专断意志，且具有政治性质。"②对于正在走向法治的中国而言，政治家在立法过程中的作用更加突出。在《民法通则》的起草过程中，彭真因其个人的声望、胆识和素质，也扮演着关键性角色。彭真是伟大的无产阶级革命家、政治家、杰出的国务活动家，坚定的马克思主义者，我国社会主义法制的主要奠基人，党和国家的卓越的领导人。早在1949年10月，彭真即任中央人民政府委员，政务院政治法律委员会副主任、党组书记，后任中央政法小组组长，是新中国法制建设的主持者。十年"文革"结束后，他又回到全国人大担任领导工作。1983年6月18日，彭真在六届全国人大一次会议全体会议上，当选全国人大常委会委员长，成为新时期中国立法的掌门人。例如，从《民法通则》名称形成的实际过程看，彭真个人所发挥的作用是非常明显的。特别是，1985年7月彭真听人汇报民法总则起草的情况时说：叫"民法总则"有问题，可叫"民法通则"。

还有，全国人大常委会委员长角色不太显眼，可能与委员长们行事低调有一定的关系。例如，1954年9月27日，在第一届全国人民代表大会第一次会议上，刘少奇当选为全国人大常委会委员长，那天夜里，他的秘书走进他的办公室，称呼他委员长，没有应答。事后刘少奇郑重地告诫身边工作人员："在我们党内，只有三个人：一个是毛主席，一个是周总理，一个朱总司

① [英] J.S. 密尔：《代议制政府》，汪瑄译，商务印书馆1982年版，第71页。

② [德] 霍尔斯特·海因里希·雅科布斯：《十九世纪德国民法科学与立法》，王娜译，法律出版社2003年版，第33页。

令，大家称主席、总理、总司令，都习惯了，不必改。其他人一律称同志。”[①]

第四，随着社会变化而不断调整。自1954年以来，迄今全国人大常委会共有10任委员长，即刘少奇、朱德、叶剑英、彭真、万里、乔石、李鹏、吴邦国、张德江和栗战书。有学者指出：“在人民代表大会制度中，作为最高国家权力机关主要领导人的全国人大常委会委员长扮演着一个特殊角色。随着新中国的发展进程，全国人大常委会委员长这一角色的作用和职能也在不断发生变化。”[②] 在不同的政治环境、法制条件下，全国人大常委会委员长的职权是有变化的，每位委员长履职的情况也差别很大。1957年反右运动开始，国家政治生活逐渐变得不正常。1959年4月，在第二届全国人大一次会议上，朱德当选为全国人大常委会委员长。1966年，“文化大革命”爆发，整个国家陷入长期动乱状态。全国人大及其常委会停止活动，作为最高国家权力机关和最高立法机关也徒有虚名，作为全国人大常委会委员长的朱德，也基本上“靠边站”，发挥不了法定的职责。党的十一届三中全会之后，随着社会主义民主法制建设的不断发展与完善，叶剑英、彭真、万里、乔石、李鹏、吴邦国和张德江等诸位委员长依法履行自己的法定职责，在立法、监督等方面发挥着越来越重要的作用。

三、各国议长的选任及职权

从比较法学的角度看，西方议会制度与我国的人民代表大会制度有着本质的区别，不能等量齐观。但是，这些国家的议会议长与全国人大常委会委员长在职能上有着诸多相同或类似之处，可以作为法学研究参考、比较的对象。

“议长”这一术语经常被用来称呼主持立法议会的官员。议长职位发源于英格兰，其历史可上溯至14世纪。英国下议院选择其成员中的一人向国

---

① 刘政：《人民代表大会制度的历史足迹》，中国民主法制出版社2008年版，第81页。

② 徐高峰：《全国人大常委会委员长称谓的确立及其职能演变》，《党史博览》2014年第9期。

王陈述他们的不满，由于这名议员代表集体说话，因此他逐渐被称作议长，议会设立议长的惯例由此产生。① 当代世界绝大多数国家都有议会及议长的设置。议长是议会尊严与整体的象征，地位非常崇高。（1）英国众议院议长是从议员之中产生，某一议员一旦当选为议长，其身份立刻成为无党派的中立人士，须退出政党活动，以示对政党不再袒护偏向，也不能有一般议员的政治性言行，所以只有德高望重且无政治野心者，方能被选任为议长。议长的薪俸不是来自国家预算，而是源于议会的“特别基金”，不须经议会审查通过再支付，可见其不具政党色彩的中立角色。（2）美国众议院议长原本是由众议院议员对新议会会期开始时直接由议员选出，但须遵从政党的方针来进行，故由多数党国会党团选出其政党领袖担任议长。一旦被选为议长，只要其所属政党能继续掌握多数，往往可以连任二至三届。美国众议院议长除了主持国会外，还兼多数党党魁，议长的权力受到议长个人力量、政党、国会乃至全国状况的影响。所以，美国众议院议长的角色具有多重性，同时扮演着议员、多数党领袖、总统与议员的经纪人、会议主席以及仲裁者的角色。（3）德国国会议长是在每一立法会期中在大会以秘密投票方式选出。通常是由出身最大派系者当选。为了保障议长的独立性，规定在任期中不得解除其职。由于德国国会党派政治色彩浓厚，所以议长无保持中立态度的义务，可以暂离议长席位参与讨论、表决。（4）法国议会分众议院和参议院，两院议长任期均为5年，都以无记名投票选出，两院都是以第一次投票乃至第二次投票得绝对多数者当选，若如此尚未能决定，则第二次投票时得相对多数者当选。法国众议院议长不只是单纯的会议主席，同时也肩负着众议院的政党协商任务，更是一个政党领袖。（5）日本国会的正副议长依国会法第6条规定，由议员选举产生，正副议长应中立超然于各党派之上，并脱离党籍。但实际上，原由执政党获选者仍难免被政党影响。②

综观有代表性国家国会议长制度，议长的职权性质大致可分为两大类：

---

① [英]韦农·波格丹诺:《布莱克维尔政治制度百科全书》，邓正来等译，中国政法大学出版社2011年版，第630页。

② 罗传贤:《立法程序与技术》，五南图书出版股份有限公司2014年版，第367—368页。

一是采取内阁制的英国、日本议长主要职务为司法性质，以超然中立立场维持议会秩序。议员一旦被选为议长，多退出政党职务，专任议长职务，并避免与社会各界发生密切联系，以树立领导权威，副议长则安排最大在野党议员担任，使其能共同主持国会议事程序，保证国会顺利运转。二是采取总统制的美国，因行政权与立法权分离，身为国会多数党领袖的议长，自然可以运用他的权力，达到推动或阻挠总统政策的作用，美国众议院议长不仅是全院议员的代表，也是所属政党的代表，这种双重地位使议长的影响力不限于国会，而是国家的第二权势人物。① 各国的做法尽管不尽一致，但议长的职权也有诸多的共同之处。由于议长是立法机关的议员，故此其拥有议员所有享有的权力，并且拥有宪法以及议事规则赋予的其他权力。

1. 会议召集权。议长最重要职权为根据宪法以及议事规则赋予的权力召集并主持该立法机关的全院会议。但个别议会议长亦兼任全体委员会主席并主持该立法机关的全体委员会会议，例如香港立法会。主持会议的权力包括批准并听取议员发言、点算并传召法定人数、主持对议案表决以及宣布表决结果、暂停 / 恢复会议以及休会。立法机关依据议事规则规定，有固定的会议时间，例如每周一次或每两周一次等。在固定会议时间外，若需召开会议，议长可行使召集权，指示秘书处通知全体议员于指定时间以及地点开会。通常情况下，只要议长在场，无论是例行的全院会议还是临时召集的特别会议，其必须主持会议。除非其自身与会议议题有直接以及间接金钱等利益关系。在主持会议时，当有议员寻求发言时，议长有权依据议事规则批准该议员发言或者禁止该议员作出发言。一旦议长允许其发言时，议长必须听取其发言直至发言完毕或者发言时间用尽。当有议员提出法定人数不足时，议长必须点算人数并指示秘书鸣钟传召议员至会场开会，以确保会场出席议员人数达到法定人数。若议长自行发现人数不足时，可以自行作出点算并传召议员的决定。在个别议会，议长对议员要求点算人数的要求有酌处权，即忽略该要求或押后点算。当所有议员对一议案已经发言后，或再无议员寻求发言时，

① 罗传贤:《立法程序与技术》，五南图书出版股份有限公司 2014 年版，第 369 页。

议长须主持对该议案进行不记名或者记名表决，并根据点票结果宣布议案获得通过或被否决。会议达到指定休会时间或者由于指定时间内无法达到法定人数，议长当即宣布休会。另外，当会场出现特殊情况时，议长有权宣布短时间暂停会议，且应在当天指定会议结束时间之前恢复会议。例如，《德意志联邦共和国基本法》第 39 条第 3 款："联邦议院自行决定其议事会的结束与重开。联邦议院议长可以提前召开会议。当联邦议院的 1/3、联邦总统提出要求时，联邦议院议长有义务召集会议。"

2. 动议批准权。议长另一职权为批准议员动议的议案以及修正案。议员动议议案或修正案前，议长会审阅该议案或修正案的行文以及内容是否符合议事规则。对于不合规则的议案或修正案，议长可以建议议员对行文作润色后批准其动议，亦可直接禁止其动议，但议长无权禁止动议合规的议案或修正案。例如香港立法会议事规则规定，无聊琐屑、无意义的议案，立法会主席不应批准议员动议。

3. 会场警察权。举行会议时，会议秩序是至关重要的，若会议秩序混乱，议会则无法有效处理事务。故此作为议长权力之一，维持议会秩序是必不可少的。由于议会有代表不同方面利益的议员，在辩论极具争议性议案时，难免会有过激行为，当类似情况发生时，议长为维持会议顺利进行，可裁决该类行为为"行为极度不检点"，进而驱逐该议员离场，维持会议有序进行。另外，在处理争议性议案时，有可能发生阻挠议事的情况，即议员通过马拉松式发言、动议海量修正案、不断利用议事规则打断会议，以达到瘫痪议事而迫使动议方撤回议案的目的。为保证会议秩序，议长可以通过议事规则赋予的权力终止对议案的辩论，并立即付诸表决，除非议事规则另有规定。例如，《德意志联邦共和国基本法》第 40 条第 2 款："议长在联邦议院大厦内行使内务权与警察权。未经议长同意，不得在联邦议院的房间内进行搜查与扣押。"《希腊宪法》第 65 条第 4 款："议长指导议会事务；他致力于确保议程不受阻碍地进行，保证议员的意见和表达自由并维持秩序。他有权利根据议事规则的规定对举止不端的议员采取纪律措施。"

4. 依宪监督权。议长是一个国家或地区立法机关的会议主持人。议长头衔根据各立法机关规定而有差异，一般而言，众议院或下议院会议主持人称为“议长”，参议院或上议院会议主持人称为“主席”。议长对内职能是依照议事规则召集并主持该立法机关的会议、依据议事规则作出裁决的以及行使议事规则赋予的职权以保证立法机关会议秩序。对外职能是代表其所在的立法机关。对于一院制议会，其对外代表该议会。但对两院制议会，议长对外仅代表其所在的该院。例如，《芬兰共和国宪法》第 42 条规定：“议长负责召集全体会议，介绍议案，主持审议并监督全体会议在审议过程中遵守宪法。”“除非认为某一议案或提案违反宪法、其他法律或议会已作出的决定，否则议长不得拒绝将其交付审议或表决。如拒绝，议长应说明原因。若议会不接受议长的决定，应将议案提交宪法委员会，由其立即裁决议长的行为是否正确。”

由于政治制度、历史传统、现实状况之不同，其他国家关于议会议长职权的法律规定及实际做法，不能简单地移植和照搬，但对明确全国人大常委会委员长的职权范围、改进行使方式，都具有重要的借鉴意义。

四、委员长的角色期待

委员长的职能不是一成不变的，应随着时代变迁而不断调整完善。有学者预言：“随着中央集体领导体制的健全和依法治国进程的加快，全国人大常委会委员长作为中央最高核心决策层的一员，在党和国家政治生活中将发挥越来越重要的重要，中国的民主政治建设也必将迎来更加辉煌的明天。”[①]在法治中国建设逐步推进、立法的引领和推动作用越发重要的历史背景下，全国人大常委会委员长的职能将会进一步地调整与完善。

第一，“惯例”向“成文”的过渡。在我国，由于宪法制度的不完善，宪政运行需要大量惯例做补充，但许多惯例不完全符合宪法解释，有的甚至与宪法精神南辕北辙，它们在实际操作中不断地歪曲着本来就不完善的宪法

---

① 徐高峰:《全国人大常委会委员长称谓的确立及其职能演变》,《党史博览》2014 年第 9 期。

规范。在我国的宪政实践中，这些非宪法性的政治惯例影响很大，它们像毛细血管一样布满政治体的全身，因为它们是真正有文化根基的，是中国权力场习惯的办事方式，也符合全社会都习以为常的思维。[①] 必须看到，委员长的职权及其实际行使，有许多来自成文法之外的政治惯例，为使其制度化、法律化，不因领导人的改变而改变，不因领导人的看法和注意力的改变而改变，需要通过宪法法律将政治惯例予以规范和定型。另外，全国人民代表大会制定的香港、澳门特别行政区基本法对各自立法会主席职权都有具体的规定。[②] 虽然这两个特别行政区的政治制度与大陆有角度差异，但这些法律规定，对理解和界定全国人大常委会委员长的职权，特别是将其成文化，具有重要的参考价值。

第二，“隐性”向“显性”的转变。传统法学将法律看作主权者的意志，立法机关无论是一个人还是多人，都被虚构为单一主体。“法哲学可能愿意把立法机关当成一个黑匣子，并不打开给政治学家看。换句话说，代表立法机关的黑匣子在逻辑上是以渊源的身份标示法律渊源的单一性，至少在典型意义上，好像它具有作为法律文本的单一作者的特点。”[③] 法律一旦通过，统一的、无分歧的主权者意志便告形成。人大常委会是集体行使职权，常委会组成人员通过会议来表决法案，委员长的真实作用被淹没在拟制的单一立法机关之中。实际上，委员长的职能既有“明显的”，也有“暗含的”。[④] 明显的职能是容易看得出、以明显的形式表现出来的影响；暗含的职能则是难以

---

① 马岭：《我国国家主席制度的规范与实践》，《法学》2014 年第 4 期。

② 香港特别行政区基本法第 72 条规定：香港特别行政区立法会主席行使下列职权：主持会议；决定议程，政府提出的议案须优先列入议程；决定开会时间；在休会期间可召开特别会议；应行政长官的要求召开紧急会议；立法会议议事规则所规定的其他职权。澳门特别行政区基本法第 74 条规定：澳门特别行政区立法会主席行使下列职权：主持会议；决定议程，应行政长官的要求将政府提出的议案须优先列入议程；决定开会日期；在休会期间可召开特别会议；召开紧急会议或应行政长官的要求召开紧急会议；立法会议议事规则所规定的其他职权。

③ [美]杰里米·沃尔德伦：《法律与分歧》，王柱国译，法律出版社 2009 年版，第 56 页。

④ [荷]亨克·范·马尔塞文、格尔·范·德·唐：《成文宪法》（上册），陈云生译，北京大学出版社 2007 年版，第 307 页。

辨识的、隐藏的影响。为把公正、公平、公开原则贯彻立法全过程，就有必要增加立法过程的透明度，将各类立法主体包括委员长的活动置于阳光之下，使公众能看清其全部活动。

第三，“单一”向“多元”的调适。帕森斯的角色丛理论认为：“每一社会地位包含的并不是一个单一相关的角色，而是一个角色序列。社会结构的这种特征产生了角色丛的概念：社会关系相互交叉，人们只要占有一定的社会地位就必然承担各种角色。”[①] 角色丛的存在，说明了社会角色的复杂性和角色之间的相互关联性。在社会中，角色不是孤立存在的而是与其他角色联系在一起的。任何一个人都不可能仅仅扮演某一种社会角色，而总是扮演着多种社会角色，他所扮演的多种角色又总是与更多的社会角色相联系的，所有这些就构成了角色丛。在西方民主政治之下，“国会议长的角色之所以难以扮演，主因其存在许多内在的冲突性。也即‘他是以某种特定路线之代表人的身份被选入国会，但是之后却应无偏袒与公正地维护国会的庄严；他是合议且无上下隶属关系所组成之议会的成员，但是却必须为了国会庄严与秩序的利益对他的同事采取某些措施；他是归功于多数而取得他的职位，但是却被托付予保护少数的任务。’所以担任议长的人，一定要具有很强的人格特质：他懂得何时应该保持中立，何时应该为党效劳；懂得如何与其他国家机关来往与斡旋；懂得何时应尊重多数，何时应保护少数。”[②] 全国人大常委会的运作过程有别于西方的议会，但委员长的处境有些方面类似于西方的议长。在我国，全国人大常委会委员长同时还是全国人大代表，全国人大常委会组成人员，全国人大主席团常务主席，全国人大常委会的机关首长，全国人大常委会党组书记，中央政治局常委会成员，暂时代理国家元首。罗传贤指出：“纵令我们可以一一穷举立法者所需扮演的全部角色，但仍无法得到一个圆满理论，以供立法者作为角色认知时的行为准则，因为我们无法指出

---

① [美]罗伯特·K. 默顿：《社会理论和社会结构》，唐少杰等译，译林出版社 2006 年版，第 63 页。

② 陈淑芳：《民主与法制》，元照出版公司 2004 年版，第 281 页。

何时立法者应扮演何种角色是正确的。”① 如何协调这些角色间的冲突，无疑是一项亟待研究的重要课题。可以说，角色丛理论对分析委员长的角色问题，是一个有用的分析工具。

第四，“国内”向“国际”的扩展。关于委员长职能的理解，人们往往聚焦于内政，而对外交方面的职能则鲜有涉及。1993 年 3 月乔石在八届全国人大一次会议上的讲话时说：“全国人大及其常委会的外事工作是我国对外工作的组成部分。要积极开展与外国议会的交往，增进与外国议会和人民之间的了解和友谊，促进议会间和国家间友好合作关系的发展。”② 2016 年 3 月 9 日张德江在第十二届全国人民代表大会第四次会议上所作的《全国人民代表大会常务委员会工作报告》指出：全国人大常委会贯彻党和国家外交工作总体部署，充分发挥人大对外交往的特点和优势，积极开展同外国议会和多边议会组织的交流合作。在全球一体化的当下，委员长除了履行好国内的立法、监督职能外，在国际事务中也将发挥越来越重要的作用。

人民代表大会制度 60 多年的历史，是一个坚持与发展、加强与完善、改革与创新的发展过程。“历史在发展，时代在前进。人大制度和人大工作不断面临着新形势新情况，只有不断回答新课题、应对新挑战、解决新问题，才能保持根本政治制度的生机和活力，才能赋予这一制度以新的内涵和使命，实现与时俱进。”③ 人民代表大会制度面向未来、面向实践、与时俱进，能够把中国人民的意志和力量凝聚起来。委员长的职责定位是人民代表大会制度的重要组成部分，对其进行扎实的研究，有助于完善人民代表大会制度。“一个初步的概述不需要有太大的学术抱负，甚至不需要特别严密。但为法律研究奠定更扎实的理论基础，则需要有更高的目标。”④ 我们对全

---

① 罗传贤：《立法程序与技术》，五南图书出版股份有限公司 2014 年版，第 398 页。

② 乔石：《乔石谈民主与法制》（下），人民出版社 2012 年版，第 335 页。

③ 沈春耀：《〈中共中央关于全面深化改革若干重大问题的决定〉辅导读本》，人民出版社 2013 年版，第 207 页。

④ ［英］威廉·退宁：《全球化与法律理论》，钱向阳译，中国大百科全书出版社 2009 年版，第 228 页。

国人大常委会委员长角色的研究，仅仅开启了一个学术话题。真心地期待更多的学者，对全国人大常委会委员长的角色问题进行细致的、全方位的研究，需要进一步扩张理论空间，为完善人民代表大会制度，作出应有的理论贡献。

对监察委员会的监督制度设计

李　勇　余响铃*

党的十八大以来，中央强力反腐，形成巨大的震慑效果，也取得了显著成效。为了保持反腐败工作持久的高压态势，扎紧制度的笼子，实现监督的全覆盖，优化政治生态，监察委员会的改革势在必行。这也是执政党自我完善、自我革命的重要举措。

毫无疑问，任何权力都有专断的风险。国家监察权可能拥有囊括从调查、审计、建议到处分、侦查、预审等的全方位监督的权力，所以对于这个权力的监督也要进行更为复杂的制度设计。防止“灯下黑”既是这项新的国家权力正常行使的需要，也是国家监察权持久公信力的保证。对于监察委员会的监督，笔者认为至少应当包括以下九个方面的内容。

第一，完善监督执纪过程中的程序监督。近日，《中国共产党纪律检查机关监督执纪工作规则（试行）》开始施行，这一规则强调工作流程的规范化、科学化，强化自我约束机制，是党的纪律检察机关自我监督的重要文件。它明确细化了多个工作环节、流程的处理时限。如线索处置不得拖延和积压，处置意见应当在收到问题线索之日起30日内提出，并制定处置方案，履行审批手续；立案审查中，对严重违纪涉嫌犯罪人员采取审查措施，应当在24小时内通知被审查人亲属；同时，注重工作过程中档案、记录的留存，不但有文字记录，还有影像记录。立案审查中，审查谈话、执行审查措施、调查

* 李勇：国家行政学院教授；余响铃：广东省人民检察院公诉一处干部。

取证等审查事项，必须由 2 名以上执纪人员共同进行；案件审理中，审理组成员必须在 2 人以上；坚持审查与审理分离，审查人员不得参与审理等。严密的程序规范，能够形成内部职能、职责的制衡，能够聚焦关键点和风险点，规范程序，严格监督纪律，有力回应“谁来监督纪委”的社会关切，强化自我监督的“防火墙”。

第二，进一步加强监察机关的自我监督。建议在现有程序上完善内部监察部门的工作流程。可以设计随机监督与专项监督相结合的制度，建立完善内部监督部门依程序随时随机对纪检人员的监督程序；并设计专项监督，比如对一些重大事项和重要人物启动的监察程序，可以依申请对相关责任人予以全方位审查，目的一是避免受到干扰，防止像袁卫华与黄兴国之间利益勾连，影响案件查处，二是更容易把案件办成铁案，防止未来由于涉案人员利害关系影响案件质量。

在内部管理上，建议办案部门和综合部门适当分离，这种分离并不是物理上的分离，而是工作上保持一定的距离。可以适当借鉴香港廉政公署的分离制度。比如为了防止内部打听、走漏案情和说情、“打招呼”等行为的出现，防止贪污处和社区关系处的工作人员由于不办案，不承担相应案件的承办风险，不允许进入执行处办案区。这种禁止规定，都是通过一张“门禁卡”来执行，廉署职员的工作证和“门禁卡”合为一体，上班时必须刷卡才能进入大楼，每一层楼，每一个工作区都相对封闭，进出必须刷卡。每张卡都植入了芯片，一刷卡，计算机中心就做了相应记录。如果某个工作小组的案情发生了泄露或者被举报有说情现象，那么调取计算机中心相应出入口的“门禁卡”记录，就可以知道哪位职员在什么时间刷卡进入、什么时间离开、停留了多长时间、一共来过几次、同处工作区的还有谁等。不属于本工作区的职员，当然成为最大嫌疑的泄密者，必须接受内部调查。当前，完全有条件通过科技手段，达到为部有效监督的目的，监察委机关可以尽量通过科技手段，实现监察室和行政综合等部门适当分离，从完善内部管理上，实现更好的自我监督。

第三，加快建立律师介入制度。毫无疑问，无论什么人，都应该拥有人权保障。律师介入既是人权保障的需要，也是防范权力滥用的要求。首先是充分有效保障律师在调查阶段的权力。确保辩护律师在监察机关调查阶段可以为犯罪嫌疑人提供法律帮助，代为申诉、控告，申请变更强制措施，向监察机关了解犯罪嫌疑人的罪名和案件有关情况，提出意见；其次是监察机关在第一次开始讯问犯罪嫌疑人或者对其采取留置等强制措施的时候，应当告知犯罪嫌疑人有权委托辩护人，并告知其如果经济困难或者其他原因没有聘请辩护人的，可以申请法律援助。辩护律师持律师执业证书、律师事务所证明和委托书或者法律援助公函要求会见在押的犯罪嫌疑人，监察部门应当及时安排会见，并设置一定的期限，如最迟不超过四十八小时。

值得一提的是，现有的《中华人民共和国刑事诉讼法》和《人民检察院刑事诉讼规则（试行）》都对特别重大贿赂犯罪案件在侦查期间辩护律师会见在押的犯罪嫌疑人，作出了应当经侦查机关许可的规定。对于已经成熟并实施多年的法律规则，在未来的国家监察立法中，可以继续借鉴并适当保留有关规定，但是考虑到在实际执行过程中，由于对特别重大贿赂犯罪的理解争议和《最高人民法院、最高人民检察院关于办理贪污贿赂刑事案件适用法律若干问题解释》的出台，提高了犯罪的门槛等因素的考虑，建议可以适当提高贿赂犯罪数额的门槛，比如由五十万提高至三百万，并进一步明确重大社会影响和涉及国家重大利益的范围，防止以此变相拒绝律师会见的权力，堵塞制度漏洞。

第四，完善社会监督体系。建议把每年处理案件的具体情况向社会公告，可以通过发布监察工作年度白皮书、专项监察工作白皮书，定期举行新闻发布会，适时公布典型案例等形式，针对人民群众密切关心的案件、社会影响力大的案件，及时传递权威信息，让社会更好、更便捷地了解案件处理的情况。对于不属于监察范围、被舆情炒作、属于诬告陷害的，因为事实不清、证据不足不立案的，及时与媒体沟通，通过权威媒体发布、预防部门释法说理、监察委官方网站、微信公众号等方式向社会及时公布。特别是随着办案人员数量的大幅度增加，建议监察机关不仅对予以查处的案件要高度重视、跟踪督办，对于不予查处的案件，也要及时回复，厘清政策、讲明道理、阐释缘由，并建立非增加新的证据“一事不再理”制度，未予处理的也要存档并适当向社会公开，通过“媒体开放日”“人大代表参访”“监督员制度”等方式接受随机检查。

第五，加强新闻媒体和社会舆论的监督。舆论监督除了具有广泛性和开放性的优势外，还可以有较高的思辨度，这对于国家监察机构的监督也会发挥重要作用。习近平总书记在党的新闻舆论工作座谈会上强调：“新闻媒体要直面工作中存在的问题，直面社会丑恶现象，激浊扬清、针砭时弊，同时发表批评性报道要事实准确、分析客观。”新闻舆论监督的强弱，实际上是一个社会文明程度的重要表现。现实生活中，往往是“不怕内部通报，就怕媒体曝光”，这体现的其实就是舆论监督的威力。“阳光是最好的防腐剂”，鉴于各级纪委近年来在接受媒体监督和主动和媒体沟通方面取得的突出成效，建议监察委要继续并大胆做接受新闻媒体和社会舆论监督的表率，让新闻媒体监督和社会舆论监督成为实现全方位监督的一个重要补充，从制度设计上、具体措施上，建立起一套保护舆论监督权落实的规章，发挥新闻媒体和社会舆论监督的力量。

第六，落实各级人大及其常委会的监督职责。根据 2016 年 12 月 25 日第十二届全国人大常委会第二十五次会议表决通过的《全国人民代表大会常务委员会关于在北京市、山西省、浙江省开展国家监察体制改革试点工作的决定》，目前在试点地区北京市、山西省、浙江省都产生了首个当选省级监察委员会主任。① 监察委员会由本级人民代表大会产生，监察委员会主任由本级人民代表大会选举产生，监察委员会副主任、委员，由监察委员会主任提请本级人民代表大会常务委员会任命，监察委员会对本级人民代表大会及其常务委员会负责，并接受监督。为了更好地发挥人大及其常委会监督的职责，建议一是监察委员会要定期向本级人大及其常委会报告有关工作；二是可考虑在各级人大常委会下设立一个专门委员会负责对监察委员会不作为和

① 周根山：《北京山西浙江成立省级监察委员会三地主任名单》，《中国纪检监察报》2017 年 1 月 22 日。

滥作为的举报调查工作，实行不告不理；三是鉴于各级监察机关有权监察各级人民代表机关的公职人员、常委会主要负责人和人大代表，建议监察机关对其采取涉及人身自由的，如留置等强制措施，应当经同级人大常委会同意。

第七，强化上级监察机关监督。现行行政监察法规定，监察对象对监察决定不服的，向作出监察决定的监察机关申请复审，申请人对复审决定仍不服的，向上一级监察机关申请复核。但这样一项巨大的权力仅内部决定就成为终局决定似乎不太合理，建议仍可启动裁判程序。根据姜明安教授建议，国家监察立法有必要适当引入司法救济机制，即监察对象如对监察机关采取的限制人身自由的强制措施（如留置），对财产部门强制措施（如查封、冻结、扣押、搜查等）不服，国家监察法应赋予相对人向法院提起诉讼的权利。[①] 监察机关虽不是行政机关，但是监察机关的上述行为具有广义的行政行为性质，因此，对监察对象向法院提起的这类诉讼，可将之纳入行政诉讼范畴。同时，实行严格的回避制度，对于监督对象提出有关监察人员回避并提出合理理由的，应当准许，各级监察人员是被监察人员近亲属、利害关系人或者与被监察人员有其他利害关系，可能影响公正处理等的，也应当主动回避。

第八，衔接好司法监督。国家监察机关在立案、采取强制措施、查封、扣押、冻结涉案物品、财产等过程中，接受司法监督是十分必要的，将调查的案件移送给检察机关起诉及审判机关裁判时，检察机关、审判机关各是一道监督程序，起到确保案件达到审查起诉、法院裁判标准的作用。在当前的监察体制改革试点过程中，北京市检察机关专门设立了“职务犯罪检察部”，专门与监察委员会进行办案衔接，负责对监察委员会调查案件进行立案审查，衔接完善诉讼程序。

第九，不断加强党内监督。古人讲“外疾之害，轻于秋毫，人知避之；内疾之害，重于泰山，而莫之避”。对我们党来说，强化外部监督是必要的，但从根本上讲，还在于强化自身监督。习近平总书记在十八届中纪委六次全会上指出，要“确保党内监督落到实处，见到实效”，进一步彰显了“打铁

① 姜明安：《国家监察法立法应处理的主要法律关系》，《环球法律评论》2017 年第 2 期。

还需自身硬”的气魄，对强化党内监督也提出了更高更严的要求。实现对监察委的权力监督，关键在党内，一是要坚持民主集中制，通过坚持、完善、落实民主集中制，把民主基础上的集中和集中指导下的民主有机集合起来，把上级对下级、同级之间、下级对上级的监督充分有效地调动起来；[①] 二是要严格依照《中国共产党党内监督条例》，进行党内监督，做到没有禁区、没有例外，不允许有不受制约的权力，也不允许有不受监督的特殊党员，把信任激励同严格监督结合起来，形成有权必有责、用权必担责、滥权必追责的制度安排，确保党内监督无死角、全覆盖、落到实处；三是要根据《中国共产党纪律检查机关监督执纪工作规则（试行）》规定，审查组应当设立临时党支部，加强对审查组成员的教育监督没有“上下班”，没有“八小时之外”，开展政策理论学习，做好思想政治工作，及时发现问题、进行批评纠正，发挥战斗堡垒作用等。

本文系北京政治文明建设研究基地课题“实践宪法的根基及路径选择”（2018zzwm003）的阶段性成果。

① 人民日报评论员：《把强化党内监督摆在重要位置——五论学习贯彻习近平同志在十八届中央纪委六次全会讲话精神》，《人民日报》2016 年 1 月 19 日。

地方人大重大事项决定权制度的完善与建构

崔英楠　王柏荣 *

讨论、决定重大事项是我国宪法和法律赋予人大及其常委会的一项重要职权，其与立法权、监督权、任免权并列成为我国人民代表大会及其常委会的四项基本职权。宪法第104条明确规定了此项职权，《中华人民共和国地方各级人民代表大会和地方各级人民政府组织法》第8条第3款、第44条第4款在宪法相关规定的基础上，进一步对地方人大及其常委会讨论、决定重大事项的职权内容作出规定①，即行使政教文卫科学环境民政及民族等九大方面工作的事项决定权。依据宪法和组织法的原则性规定，我国大部分省、市、自治区、直辖市人大及其常委会先后出台了适用于本地区的讨论决定重大事项的规定、办法，以具体落实此项制度，如广东、深圳、云南、山东、上海、陕西、河北、河南等地都先后出台并修订了本地人大常委会会讨论决定重大事项规定。北京也曾于2006年第十二届人大常委会第三十次会议上对市人大常委会提出的《北京市人民代表大会常务委员会讨论、决定重

* 崔英楠：北京联合大学北京政治文明建设研究基地研究员；王柏荣：北京联合大学北京政治文明建设研究基地讲师。

① 宪法第104条规定：县级以上的地方各级人民代表大会常务委员会“讨论、决定本行政区域内各方面工作的重大事项”；《中华人民共和国地方各级人民代表大会和地方各级人民政府组织法》第8条、第44条分别规定：县级以上的地方人大和地方人大常委会“讨论、决定本行政区域内的政治、经济、教育、科学、文化、卫生、环境和资源保护、民政、民族等工作的重大事项”的职权。

大事项的规定（草案）》进行过初次审议。[①]

由此，讨论、决定重大事项是宪法和法律赋予地方人大及其常委会的一项重要职权，是人民管理国家事务、行使当家作主权力的最直接体现。其关涉和解决社会政治、经济、文化、教育、科技、卫生等社会热点和人民关切的重大问题。

然而，在实践中，人们对于人大重大事项决定权的认知还存在偏差，部分人认为，重大事项实际上是由地方党委决定，地方政府予以执行，而地方人大及其常委会只是起到监督的作用，职权落实并不到位；对于重大事项的决定，地方人大及其常委会仅仅是履行表决程序，极少进行实质性的讨论和决定。此类误解，也折射出人大及其常委会在重大事项决定过程中的地位，以及其与党委、政府之间的关系存在问题。由此，围绕人大讨论、决定重大事项的地位，本着重新认识人大重大事项决定权、强化人大重大事项决定权制度建构之目的，提出以下几个方面的完善与建议。

一、转变对人大讨论、决定重大事项的思想认识

思想和认识是实践的指南，只有认识到位，才能行动到位。对于人大重大事项决定权，要不断深化认识，转变固有观念。

1. 认清本质，摆正地位

首先，人大重大事项决定权基于法定。如前所述，宪法和地方组织法明文规定了这项职权，其具有国家意志性，是国家权威和人民民主的结合与体现，是国家权力运行过程中科学决策的客观要求。其次，人大重大事项决定权基于民意。究其根本，此项权力来源于人民、体现人民当家作主的主人翁意志、汇聚人民智慧和民意。最后，重大事项决定权反映党的意志。党是国家和人民的领导阶级，党领导人民，党服务于人民，党与人民根本利益一致。

---

① 新浪网站：《北京初审〈人大常委会讨论、决定重大事项的规定（草案）〉》，http：//news.sina.com.cn/c/2006-09-14/083010015269s.shtml，2017 年 3 月 18 日。

由此，此项职权体现了党的领导、人民当家作主、依法治国三者有机统一的关系，它通过国家权力机关广泛集中民智、充分体现民意、按照法定程序作出，是人大及其常委会的一项重要而神圣的职责。

2. 增强自信，主动介入，提高权责意识

地方人大及其常委会行使重大事项决定权基于宪法和法律规定，针对本地区重大事项，其参与并作出决定是依法行使职权的责任性体现，并不存在与党委、政府争权、越权的问题，也不会影响党委的领导。作为人大机关工作者和人大代表，要正确认识到行使重大事项决定权的本质，即其是代表人民、为了人民、行使人民意志的最直接体现，要有责任意识；作为人民代表大会机关，要善于把握党委一个时期内的中心工作，围绕与人民群众切身利益关系最紧密的问题作出决定决议，针对属于自己法定职权范围内的重大事项，采取主动，积极介入；基于相同目的，地方同级党委也应坚决支持人大及其常委会行使重大事项决定权，并提出探索和加强有效行使此项职权的建议和意见。

3. 加强宣传，提高公众认知，接受监督

人大重大事项决定权之所以会被误解，其重要原因之一就是公众依然缺乏对这项职权的了解，社会宣传力度不够。由此，要采取运用媒体宣传、公布决定事项和决定过程、拟任干部任前法制培训、专题讲座、撰写理论研讨文章等各种有效方式，进一步加强对人大行使重大事项决定权及相关法律法规的学习宣传，努力提高公众认识。同时对于重大事项的讨论、决定过程，随时向社会公开，吸收相关团体和公民参与重大事项议案的听证、座谈等，畅通信息渠道，接受社会监督。

二、明确讨论、决定重大事项的内涵与范围

重大事项本身是一个不确定性的概念，具有动态性、区域性、时间性的特征，较难确定。尽管具有不确定性，但针对某一时期、某一区域内的重大事项范围的界定则是相对确定和必要的。对于重大事项内涵、范围的界定也

有助于构建重大事项的基本制度，是探讨重大事项决定权制度的理论前提。

1. 重大事项内涵界定建议

所谓法律意义上的重大事项，是专指在人大法定议决权范围以内的一些特定的具有重大意义和重大影响的国家事务。[①] 由此可知，在人大制度中，重大事项首先是国家或地区公共领域内的公共事务，而非私人事务；其次，重大事项必须具有法定性，即其是基于法律法规规定的，属于人大职权范围以内的事项；再次，重大事项是具有重大意义和重大影响的事务，具体指具有全局性、根本性、长远性的事务；最后，重大事项一般是较为特定、具体的事务，而非模糊不清、难以辨明。通俗理解，就是牵涉一个地区较多人数、较大财产、影响面较大的公共事务或项目都应属于重大事项的讨论范围。

根据宪法和组织法的有关规定，参照已出台的人大常委会重大事项决定权的地方性法规，结合本地区实际情况，对于地方人大重大事项内涵的界定可采用列举、兜底相结合的方式。具体而言，首先需确定人大重大事项讨论、决定的最大范围，即本地政治、经济、教育、科学、文化、卫生、环境和资源保护、民族、民政等九个方面，这是依据宪法和组织法规定；其次，须确定重大事项的讨论、决定类型，即包括具体的事项和工作汇报事项；再次，需结合本地长期发展特点，用列举的方式对具体事务和工作报告事项进行具体规定，如制定地区发展规划、财政预算决算方案、授予或撤销荣誉称号、确定本区域永久性节日等具体事务，以及经济发展计划、公共财政预算、土地利用总体规划等各方面进展的汇报；最后，须规定兜底条款，对未尽事项或可能发生的重大事项预留决定空间。

总之，要科学界定重大事项，需要符合表述规范、内涵全面、社会认同、细化可操作、适应变化等要求。

2. 重大事项范围界定建议

参照各地已制定的“人大常委会讨论决定重大事项规定”，本着进一步深化事项的目的，建议对地方重大事项的范围进行进一步的分层分类处理。

---

① 崔建华:《如何界定重大事项》,《人大研究》2006 年第 10 期。

首先，应明确最广泛意义上的重大事项范围。包括常规性重大事项，即地方人大常委会工作报告、地方政府工作报告、地方人民检察院工作报告、地方人民法院工作报告、财政预算执行情况工作报告以及五年规划工作报告等六个报告；具体事项重大事项，即针对专门的实际问题所提出的议案、报告等。

其次，应明确狭义上的重大事项范围。即按照重大事项涉及的具体领域所进行的分类，包括本地区政治、经济、教育、科学、文化、卫生、环境和资源保护、民政、民族等领域的重大问题。

再次，在对重大事项广义与狭义范围划分的基础上，按照重大事项的表现形式具体划定范围。重大事项的范围规定可体现为“议而必决”、“议而可决”以及“不议不决”三种决议形式。这三种决议形式分别以“议案”“报告”“备案”形式提出，每一类形式对应着不同的重大事项内容。由此，可形成结构清晰、层次分明、内容相对具体的重大事项范围界定。

地方人大“重大事项”范围建议表

决定形式	提出形式	具体类型
议而必决	议案	为保证宪法、法律、法规和全国人大及其常委会决议决定的执行和遵守而采取的重大措施
议而必决	议案	同级党委建议的应由人大及其常委会决定的重大问题
议而必决	议案	本地国民经济和社会发展计划、预决算草案及其调整
议而必决	议案	授予或撤销荣誉称号、缔结友好城市、确定城市标志等
议而必决	议案	涉及本地发展九个方面的其他重大问题以及法律法规规定应由当地人大及其常委会讨论、决定的其他重大问题（兜底条款）
议而可决	报告	国民经济、社会发展、城市总体规划、预决算等的执行情况
议而可决	报告	重大突发事件的应急处置情况
议而可决	报告	公职人员重大违法违纪事件的处理
议而可决	报告	法律法规规定的应当报告的其他重大问题（兜底条款）
不议不决	备案报告	地方政府、法院、检察院等下属部门或机构的增设、减少或合并情况
不议不决	备案报告	区一级行政区划的调整或更名
不议不决	备案报告	法律法规规定应当备案的其他重大问题（兜底条款）

最后，在实践中，随着条件和情况的不断变化，可能会出现规定以外的所谓重大问题是否属于人大重大事项决定的范围。对此，建议人大常委会制定“重大事项确认程序”，对于较难确定的事项，通过主任会议或一定数量的常委会组成人员、人大代表提出动议，在常委会上对有关事项是否属于“重大事项”进行听证和表决，从而及时补足重大事项范围规定的机械性。

三、完善讨论、决定重大事项的运行机制

从决策机制架构来看，地方人大及其常委会的重大事项决定权并非唯一的决策权力，其与党委的政治决策权、政府的行政决策权共同构成了地方最重要的决策体系和运行机制。多层次、多方位、科学的决策权体系，是人大重大事项决定权能够顺畅运行的前提保障；正确处理好人大及其常委会依法行使重大事项决定权与党委、政府相关决定权的关系，做到坚持党的领导、人民当家作主和依法治国的有机统一，是人大及其常委会有效依法行使重大事项决定权的根本保证，也是人大及其常委会在行使这一职权中工作更加主动的关键所在。重大事项决定权确属人大的一项基本职权，但不能单纯界定为权力，其要按照“三者有机统一”的原则来行使，而不是人大及其常委会单独行使。由此，本着“党委领导、人大决定、政府执行”以及“不争说了算，共求说得对”的运行机制原则，在人大重大事项决定权的行使过程中，需构建和完善以下机制。

1. 建立向党委汇报请示机制

我国的政治运行机制决定，人大及其常委会必须自觉接受同级党委的领导，善于把党委的决策更好地加以实现。党委的决策从根本上是为全民利益着想，从群众路线出发，来自群众，为了群众。针对重要的党委决策，需要人大及其常委会将其上升到制度层面，体现国家意志。

由此，一方面，要建立健全人大及其常委会讨论决定重大事项向党委请示报告制度，完善人大向党委工作汇报的程序，善于把党委的决策主张经过法定程序变成人大及其常委会作出的决定、决议。重大事项多涉及本地区的

长远大计，针对涉及党委的重大议题，人大及其常委会要向党委汇报和请示，取得党委同意后实施。另一方面，针对职权范围内重大事项的讨论和决定，人大及其常委会可征求党委的意见，加强沟通，以保证政治方向和思想路线的准确性。具体可在重大事项讨论、决定过程中，邀请同级党委的委员代表参加，共同协商，参考其提出的意见和建议，最终作出决定或决议。

2. 建立与“一府两院”的会商协调机制

政府在依法行政过程中应及时向人大提出和汇报属人大职权范围内的重大事项问题；对于政府执行和落实人大重大事项的决定，人大应进行监督。目前的情况是，政府有时拿不准某些重大问题是否属于人大决定权范围，或者对属于人大职权范围内的重大事项可能绕开人大，自行决定，从而导致了人大重大事项决定权的“虚置”。

有鉴于此，为了既突出工作重点，又解决重大事项内容宽泛与现实情况之间的矛盾，首先，应明确“一府两院”必须报告应由人大作决定的重大事项，政府不经报告擅自作出决定的，人大及其常委会有权问询追责，对于错误的或违反法律法规的政府决定有权撤销。其次，应建立人大与“一府两院”的联系沟通机制，商定“一府两院”向人大报告重大事项的标准、报告的时间等，后由主任会议研究确定是否列入本年度决定事项议案规划。再次，应建立人大与政府、两院联席会议机制，通过定期召开联席会议，了解有关具体事项是否为本行政区域内具备重大事项议案条件，掌握“一府两院”的工作重点、热点和难点问题，协调有关重大事项的具体安排和进展情况。最后，应完善人大对“一府两院”的监督程序，对于政府等部门执行人大决定的实施情况跟踪监督，促其提高效率。

3. 建立与立法权、监督权、人事任免权协同共进机制

有观点认为，从最广泛意义上讲，人大重大事项决定权是人大四项职权中最核心、最重要的职权，决定和派生了其他三类职权。例如人大及其常委会就某个问题进行立法的决定、就某项人事任命作出批准或罢免的决定以及在监督过程中对发现的问题作出处理的决定等，都渗透着人大决定权。但从重大事项决定权与其他三类职权的区别角度而言，重大事项决定权又有着自

身特定的调整范围，即除去与其他三类职权相关的决定权以外的重大事项，例如对和平战争状态作出的决定、作出特赦的决定、宣布进入紧急状态的决定，等等。由此，人大所具有的四项职权既有区别又有联系。针对这四项职权，为避免相互冲突、重复执行，须坚持职权法定的原则。即严格依据宪法和立法法、监督法、组织法等相关法律的明文规定，人大及其常委会在规定四类职权范围内开展工作，各自履行独立的职权，不得违背法律，越权执行。这样可以避免内耗，顺畅四项职权各自的运行机制。

四、健全讨论、决定重大事项的规划调研制度

从目前各地方的情况来看，在重大事项决定权的行使方面，人大及其常委会处于较为被动的地位，多数职权范围内重大事项的提起都由政府部门以汇报的形式提出，听过就算，较少作决定，形成了“听取报告多，作出决定少”的情形。这不仅体现了人大及其常委会的地位虚化，更体现了重大事项调研、提出制度存在问题。由此，应对重大事项调查研究制度进行健全完善，以进一步促进人大及其常委会在重大事项决定权方面的主动性和自主性，从而能够切实履行这一职权，代表人民解决实际问题。具体而言，主要包括以下几方面的建议。

1. 建立重大事项规划制度

凡事预则立，不预则废。重大事项是关涉社会和公民公共利益的全局性、长远性、根本性事务，对其提出和确定要准确把握阶段性特征，坚持问题导向，选准路径方法，强化系统分析，紧紧围绕战略性、全局性和方向性问题，预先规划。据此，建议地方人大及其常委会依据重大事项的内容和范围，结合本地发展长远规划和党委、政府的规划安排，于年初提前规划一年内的重大事项议案，做好调研评估，提交充分的调研材料，最终决定本年度具体重大事项的范围，并形成年度重大事项规划文件，予以发文公布。对于年内重要的信息，应建立信息收集系统，指派专人负责，以为重大事项年度规划提供信息支持。同时，针对重大事项年度规划，可将其写入规范性文件，

形成制度。

2. 完善议案调研评估制度

重大事项的确定、提案等准备阶段是决定其能否列为议题，顺利通过的关键，也是地方人大及其常委会汇聚民智，落实民意的准备阶段。目前，人大重大事项决定权之所以被“虚置”，重要的原因之一就是人大及其代表缺乏主动性，较少主动调研，主动提议，同时该由人大决定的得不到落实，不该由人大决定的可能不断被提交汇报。对于重大事项议案的提起，地方人大代表应首当其冲，找准问题，深入当地进行调研，了解民意，掌握拟提交重大事项的性质、起源、内容、缘由等实质性内容，以做好充分提交议案的准备工作。由此，建议应进一步完善人大及其常委会代表议案调研评估制度，要求提案人或部门对其提出的重大事项议案进行充分的论证、说明、评估，以确保所提交重大事项议案的质量，避免出现临时动议，落实人大对于重大事项的决定权。要求地方人大及其常委会建立重大事项议题衡量标准制度，对议案的科学性、可行性和必要性进行评估。对经过评估论证、材料充分、符合标准的重大事项予以提起审议，对不符合标准的议题不予审议或要求修正。

五、健全讨论、决定重大事项的程序制度

无规矩不成方圆，无程序不成制度。程序是落实和规范权力的重要保证，好的制度需要科学规范的程序予以保障。一般而言，人大讨论、决定重大事项程序应包括重大事项议案的提起、审议、表决、公布和执行监督等环节。

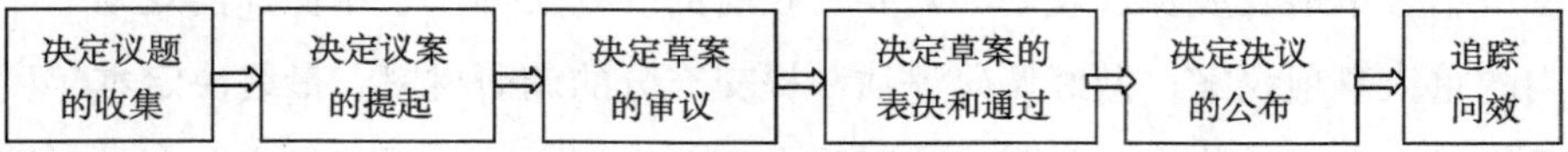

从目前的情况看，地方人大重大事项决定权的行使缺乏刚性程序予以保障，没有形成制度。对此，我们提出以下建议。

1. 狠抓质量，完善重大事项决定议案的提起认定程序

为保证“真问题”性质的重大事项能够尽快得以执行，提高人大重大事项认定机制的效率，需要对议题的准备、议案的提出进行程序性的规定。首先，应对提出的议题进行程序性审查，即针对提案人所提出的议题，要求其提交充分的资料，包括针对该议题的民意调查、调研论证，以及议题必要性、可行性、成本效益分析等材料。其次，应对提交议案的时间进行规定，要求在年初人大及其常委会制定本年度重大事项议案规划方案前提交。最后，对于个别紧急重大议案的提出，建立便捷通道，以提高应急处理能力。另外，对于临时动议、未经评估论证的议题，则需建立不予受理的程序。

2. 规范审查，完善重大事项决定的议决程序

重大事项决定的议决程序是对列入重大事项议案的议题进行审议、讨论并投票表决的程序，是决定所提交的重大事项议案能否最终通过的关键环节。这一环节，需要提案人和审议代表对议案进行充分的交流讨论，以进一步确证重大事项议案的必要性和可行性。从程序上讲，首先，须规定提案人到场说明汇报、回答询问程序，要求预先提交议案文本、评估论证等支撑材料。其次，须规定重大事项议案的讨论、询问规则，要求人大会议或常委会会议在听取汇报的基础上，对议案的相关内容进行充分讨论，对修改意见或不同意见作出说明。对此，可考虑引入辩论制度和规则，为提高议案质量，应鼓励常委会组成人员围绕所审议的事项发表意见和相互辩驳，甚至采取逐条逐项辩论的方式，讨论并最终形成高质量的决定。再次，必要时可改进延长会期、分组审议。对于重大事项作出最终决定并非易事，需要广泛讨论，这就需要延长地方人大常委会的开会会期，让人大委员有足够的时间研究、讨论，从而作出科学合理可行的决定，同时，为保证充分讨论，可采取大会审议与分组审议相结合的形式，对个别特殊事项在大会审议的基础上进一步实施分组审议。最后，对特别重大的事项或存在争议较大的事项需设置二次或三次审议程序，以最终对其决定，真正起到讨论决定的作用，同时，对特别重大的事项可采取单独审议、单独表决、三审终审的制度模式。

3. 严格问责，完善重大事项决定的执行监督程序

实践是检验真理的唯一标准，重大事项决定正确与否，最终也还要在实践中证实，决定公布实施后，不是一锤定音、一劳永逸，还需要深入基层，跟踪了解实施情况，对发现决定内容存在不适应、不合理的地方，要及时进行审议修正，这是维护决定正确性的必要措施。事物是发展变化的，重大事项的决定也随之发展变化，当重大事项的客观环境、事物本身以及党和国家政策、法律有了较大变化时，必须及时废止作出的不适应的规定。同时，重大事项议案通过后，涉及执行实施问题，为落实人大重大事项的执行与实施，需要设立对其跟踪汇报、执行报备、问责追究的机制。首先，对于重大事项的执行情况应设立按期监督程序，规定一定的期间，由有关机关向人大及其常委会汇报执行情况，以起到监督督促的作用。其次，对于没有及时执行有关重大事项的决议、决定的，人大及其常委会有权进行监督、质询，必要时可依法追究责任；对于越权作出决定的，可依法撤销并追求责任。最后，人大及其常委会应建立重大事项实施情况追踪问效程序，并适时对重大事项决议、决定的实施情况进行评估，以加强监督。

4. 及时公开，完善重大事项决定的民主程序

重大事项决定权是人大及其常委会代表人民行使权力的重要手段，也是汇聚民智、集思广益的开放平台。为了更民主、更有效地落实此项职权，其执行过程和结果应向社会和公众公开。首先，过程公开。即应将重大事项的范围、标准以及提起、讨论审议过程向社会和公众公开，必要时可通过设立听证程序，组织召开新闻发布会等方式对讨论审议过程进行公开。其次，结果公开。对于以决议、决定作出的重大事项决定，以及未通过的议案，都应向社会和公众公布，接受监督。最后，执行情况公开。对于通过后执行实施的重大事项，应及时进行追踪问询，并将执行情况及时向社会和公众公开。最后，对于涉及公民切身利益的重大事项，地方人大及其常委会可通过网上调查、组织公民有序参与等程序方式，充分吸纳大众的意见，以做到民主、公开。

六、健全讨论、决定重大事项的工作机制

地方人大及其常委会是行使重大事项决定权的主体，要有效行使这项职权，需要加强工作人员的业务素质、软硬件配备、各部门的组织协调等自身建设以及工作机制。由此，提出以下建议。首先，进一步加强人大常委会自身建设，全面提高组成人员的能力水平和综合素质。其次，需要相应的人员和设施保障。重大事项决定权是人大四项职权中最为宽泛的一项职权，如要充分发挥效力，需要配备高素质的法律人才，必要时得设置专门的重大事项决定专家顾问委员制度，同时提供充裕的办公设施保障。最后，需要加强与人民、党委、政府部门的沟通。重大事项决定权的有效实施，也离不开人民的理解和支持，要畅通人大代表与人民的沟通机制，及时了解社会所关注的、涉及人民利益的关键性问题。同时，要积极取得同级党委的支持，加强与党委的沟通；并随时接受政府关于重大事项的汇报和反馈。

重大事项决定权的行使状况与人大的公信力

郑广永*

作为人大及其常委会的四项权力之一，重大事项决定权比其他几项权力更加体现人民当家作主的本质。通俗地说，当家作主就是管钱、管事、管人。管钱对应着人大及其常委会的预算监督权，管人对应着人大及其常委会的人事任免权，而管事则对应着人大及其常委会的重大事项决定权，为了管好钱、管好事、管好人，需要规则，这就对应着人大及其常委会的立法权。管好钱、管好事、立好法的目的是把事情做好，因此人大及其常委会的重大事项决定权就是一项核心权力，尤其对于没有立法权的地方人大及其常委会就更是如此。人大及其常委会如果不能很好地行使重大事项决定权，在一定程度上就是失职。这必然影响人大及其常委会的公信力。事实上，相对于其他几项权力的行使，人大及其常委会重大事项决定权的行使差强人意，必须从体制安排、制度设计等各个方面予以改善。

一、重大事项决定权体现了人民当家作主的本质

重大事项决定权是人大及其常委会决定权的一个组成部分，之所以单独予以强调，是因为这项权力所决定的事项具有全局性、长远性和根本性，与人民的利益息息相关。我国是人民当家作主的国家，奉行人民主权的根本原

* 郑广永：北京联合大学北京政治文明建设研究基地研究员。

则。在这个法理意义上，人民代表大会及其常委会当然具有重大事项决定权。

刘少奇曾经指出："我们国家的大事不是由一个人或少数几个人来决定的。人民代表大会制既规定为国家的根本政治制度，一切重大问题就都应当经过人民代表大会讨论，并作出决定。全国性的重大问题，经过全国人民代表大会讨论和决定，在它闭会期间，经过它的常务委员会讨论和决定；地方性的重大问题经过地方人民代表大会讨论和决定。我国的人民代表大会就是这样能够对重大问题作出决定并能够监督其实施的国家权力机关。"① 1980年4月18日，彭真在各省、自治区、直辖市人大常委会负责同志座谈会上的讲话中，首次使用了"决定权"一词。他把地方人大常委会的职权概括为四项：制定、颁布地方性法规；讨论、决定本地区的重大事项；人事任免；监督本级政府和法院、检察院工作。这就是此后人大工作者和专家学者泛指的人大"四权"，即立法权、决定权、监督权、选举任免权。"重大事项决定权"的说法也是由此衍生而来。

宪法和全国人大组织法、地方人大组织法都规定了人大及其常委会的重大事项决定权，特别是宪法和法律对地方人大及其常委会的重大事项决定权规定得更加明确。这项权力的行使非常必要，意义十分重大。

第一，这是人民主权原则的直接有力体现。人民当家作主是人类社会发展的大趋势，也是社会主义民主政治的根本目的。正如我们前面所说，如果人大及其常委会不能有效行使重大事项决定权，那么宪法规定的人民主权就是一句空话。人民当家作主实现的根本途径和最高形式是人民代表大会制度，其中首当其冲的是由人大及其常委会来代表人民决定国家和地方重大事项，此权对于那些没有立法权的人大及其常委会具有更加重要的意义。

第二，人大及其常委会行使好重大事项决定权象征了共产党执政能力的提高。党的领导、人民当家作主和依法治国的有机统一是我国现行政治制度的总原则。三者当中，一荣俱荣，一损俱损。党的领导是根本保证，但是党

---

① 刘少奇：《关于中华人民共和国宪法草案的报告——1954年9月15日在中华人民共和国第一届全国人民代表大会第1次会议上的报告》，http：//www.chinacourt.org/law/detail/1954/09/id/81607.shtml。

的领导不能代替人民当家作主，执政党的意图需要通过人民代表大会的法定程序转化为国家意志，否则就会复蹈党政不分，以党代政的老路，最终不仅伤害人民当家作主的权利，也会伤害执政党的威信。也就是说，党的领导主要是政治、思想和组织领导。即党对国家事务进行政治领导，首先是制定大政方针提出立法建议，然后由人大及其常委会作出决议决定，使党的主张经过法定程序变为国家意志和人民的自觉行为。现在党特别强调要实现依法执政、科学执政，提高执政能力和执政水平。根据这个要求，党主要是通过法律的行使，把自己的主张变为国家意志。而人大及其常委会行使重大事项决定权正是把党的政策主张变成国家意志的过程。通过这一途径，把党的主张与人民意志统一起来，使党的号召变成国家意志，并组织和动员广大人民去遵守和实施，从而加强和改善党的领导，完全实现自身由革命党向现代执政党的转变。

第三，人大及其常委会行使重大事项决定权可以实现国家重大决策的民主化和科学化。像中国这样的大国，国家事务繁多庞杂，重大决策涉及众多人的利益，因此必须实现决策的民主化和科学化。要降低决策风险，实现决策的民主化和科学化，就必须改变过去决策依靠决策者个人的威望和经验进行决策的做法，也就是说要严格依据法定程序，发挥集体智慧，坚决防止以权代法。人大及其常委会行使重大事项决定权无疑是实现民主决策、科学决策的最佳途径。这是因为，其一，人大及其常委会行使重大事项决定权绝不是简单拍板决定，需要通过充分的调查论证、征求民意和专家意见等环节，只有这样才能集中群众的智慧，真实反映群众的意志，充分体现群众的根本利益；其二，集体行权是人大及其常委会的突出特点，重大事项的决定是全体人大代表或全体人大常委会组成人员集体作出的，任何个人都没有拍板决定的权力，这样决策更加符合规律，符合实际。这两个方面也是民主集中制的具体体现。

二、人大及其常委会行使重大事项决定权取得的成绩和存在的问题

各级人大及其常委会在行使重大事项决定权时，既取得了巨大的成绩，也存在着不容忽视的问题。在一定意义上说，存在的问题比取得的成绩更加突出。如果不能很好地解决这些问题，势必会影响人民当家作主权利的实现，影响执政党的声誉，影响人大及其常委会的公信力。

（一）人大及其常委会行使重大事项决定权取得的成绩

改革开放以来，各级人大及其常委会依法行使重大事项决定权已经步入了正轨，取得了不容否认的成绩，为人民代表大会制度赢得了公信力。

第一，地方人大通过立法确定人大及其常委会行使重大事项决定权。截止到2009年底，全国除宁夏、新疆等地外，已有29个省级人大常委会、80多个地级市人大常委会制定并实施了关于讨论、决定重大事项的规定。许多县级人大及其常委会也出台了类似的规定。这项成绩了不起，因为全国人大及其常委会并没有在国家立法层面出台一部《各级人大及其常委会讨论决定重大事项法》，各地人大及其常委会只是根据宪法和地方组织法的规定，适应人大工作发展的需要，在各自的职权范围内制定出了行使重大事项决定权的办法。这一方面充分体现了地方人大及其常委会积极探索的精神，另一方面更主要的是体现了各级人大及其常委会尊重宪法和法律，满足人民当家作主要求的可贵的人民主权意识。

有学者对地方人大及其常委会关于重大事项决定权的立法进行了分析。作者认为在地方立法实践中，地方人大常委会对重大事项的界定主要分为三种类型。[①] 第一种是不针对重大事项本身进行界定。这种规定直接采用了彭真同志关于重大事项是事关“全局性、长远性、根本性”的问题的论述，但

---

① 黎鹏昊:《地方人大常委会行使重大事项决定权的法律实证研究》，中国政法大学2010年硕士学位论文。

在实践中难以具体把握和操作，进行诠释和定义比较困难。第二种是直接援引地方组织法的规定。也就是说地方人大及其常委会对本地政治、经济、教育、科学、文化、卫生、环境和资源保护、民政、民族等各方面工作的重大事项给予规定。第三种则对重大事项的内涵和程序性的界定。一些省级人大常委会在地方立法中突破了地方组织法的形式条款，对重大事项本身进行了明确界定。如天津市规定，本规定所称重大事项，是指本市政治、经济、教育、科学、文化、卫生、环境和资源保护、民政、民族等工作，以及人民群众普遍关心的，带有根本性、全局性、长远性的，须经市人大常委会讨论、决定或应当向市人大常委会报告的事项。这个规定在进行重大事项内涵界定的同时，增加了程序性的内容，实质上是对重大事项进行了程序上的限制。

还有一些地方人大对行使重大事项决定权给予了更加详细和明确的规定，特别是对重大事项进行了比较具体的界定，使得这项权力更加具体和具有可操作性。2009 年广州市人大常委会通过的《广州市人大常委会讨论决定重大事项办法》就是这方面的典型。除了把地方组织法的相关规定进行了重复以外，该办法第 5 条对重大事项的规定十分具体。其中有些规定直接与人民群众的日常生活息息相关，比如第 5 条第 11 项规定“水、电、管道煤燃气、公共交通等公用事业价格和教育、医疗等公益服务价格的调整，对农民、企业等收费的国家行政收费项目和收费标准的调整”需经市人大常委会讨论决定，让人民群众直接感受到了人大及其常委会作为国家权力机关的作用。

第二，各级人大及其常委会积极行使重大事项决定权。一般来说，人大及其常委会的重大事项决定权分为两个方面。一方面是例行性地作出相关决定或决议，例如在每年年初的人代会上，各级人民代表大会都要对“一府两院”的工作报告、常委会工作报告、国民经济和社会发展计划报告、预算报告作出决议。这类决定虽然也十分重要，体现出了全局性、根本性的特点，但是大都比较笼统抽象，普通民众感觉离自己的生活较远。另一方面，则是与人民生活比较贴近的重大事项，比如重大的建设项目，重大的民生工程，涉及人民生活的重大改革措施等。类似于 1992 年全国人大决定建设三峡工程的决定就给人民群众留下了深刻的印象，由此直观认识到了人大的重大事项决定权。总体来说，各级人大及其常委会行使重大事项决定权侧重于例行性的决定，而与人民生活息息相关，又能因此为人民群众深切感受到人大及其常委会作为国家权力机关作用的决定还是比较少。

从全国各层级的人大及其常委会来看，地方人大行使重大事项决定权的积极性要高于全国人大，许多地方人大及其常委会都在努力积极行使重大事项决定权。地方人大及其常委会在行使重大事项决定权时，一般都结合当地实际，回应群众关切的热点和难点问题。地方人大及其常委会行使重大事项决定权可分为四种类型，即自主决定型、批准决定型、衍生决定型、混合决定型。[①]

自主决定型。一般是根据党委的决策部署或代表议案，由常委会主任会议或专门委员会直接提出，主任会议委托相关机构或专门委员会起草决定，最后由常委会会议审议作出决定。

批准决定型。根据党委的决策部署，政府提出议案，由人大常委会审议后作出的决定。

衍生型决定。一般由政府向常委会会议作专项报告，常委会在听取和审议报告后，根据情况，作出相关决定。其中，专项报告往往是关于一个监督事项的工作情况，有关委员会起草决定草案，主任会议提出决定草案。这种模式由人大及其常委会行使监督权衍生出来。人大常委会为了加强监督推进工作的需要，在听取和审议政府报告后作出决定。这种模式主要是以监督法为依据。监督法第 14 条规定：常务委员会认为必要时，可以对专项工作报告作出决议。第 20 条规定：常务委员会认为必要时，可以对审计工作报告作出决议。而实际上，各地在监督法实施之前之后，都已经采用这种模式。如北京市人大常委会关于加强人民检察院对诉讼活动的法律监督工作的决议是在听取并审议了北京市人民检察院检察长所作的《北京市检察机关开展诉讼监督工作情况的报告》后作出的，即属于此种类型。

① 黎鹏昊：《地方人大常委会行使重大事项决定权的法律实证研究》，中国政法大学 2010 年硕士学位论文。

混合型决定。一般是根据党委决策，由政府提出重大事项决定议案；由常委会主任会议委托相关部门或专门委员会起草决定草案；常委会会议听取和审议议案和决定草案，并作出相关决定。其中，政府提出的议案不是待批准的事项，它可以是一个建议。

也有的同志把人大及其常委会作出的决定分为四种类型，即党委主导型、政府主导型、人大主导型、事后补救型等。其实无论怎样划分，内容大同小异。

各级人大及其常委会主动行使重大事项决定权，尤其是对那些与人民群众日常生活息息相关的重大民生工程、重大改革措施等非例行性重大事项作出决定，凸显了人大及其常委会作为国家权力机关的作用，为人大及其常委会赢得了一定的公信力。

（二）人大及其常委会行使重大事项决定权存在的问题

实事求是地说，与行使立法权、监督权和人事任免权相比较，人大及其常委会在行使重大事项决定权方面是不足的。这种不足，一方面严重影响了人民当家作主权利的实现，另一方面也严重影响了人大及其常委会的公信力，甚至影响了党的公信力，乃至社会主义民主政治制度的声誉，不能不引起我们的高度重视，必须力争改变这种不利的局面。

关于人大及其常委会行使重大事项决定权状况的研究成果众多，而且学界基本达成了共识，那就是此项权力的行使状况并不理想。山东省委党校钟丽娟教授对这个问题的研究是很有特色和价值的。钟丽娟教授专门对地方人大及其常委会行使重大事项决定权的情况进行了问卷调查，结合此问卷进行了定性和定量分析。① 调查结果不容乐观。

作者从几个方面对调查结果做了分析。调查显示，在人大及其常委会的

---

① 钟丽娟：《地方人大常委会重大事项决定权行使状况研究》，《中共中央党校学报》2013年第4期。作者向六个地级市人大常委会发放了240份问卷，回收有效问卷202份。调查的对象是某省2012年地市换届之后的新一届人大常委会组成人员，其中在人大常委会连任的占45%，专职委员占46%，在人大常委会任职之前担任过人大代表的占54%。

四项权力中，重大事项决定权是行使得最差的。调查显示，在监督权、重大事项决定权和人事任免权三项职权中，落实最好的一项，68% 的受访者认为是监督权，21% 认为是人事任免权，只有 11% 认为是重大事项决定权，63% 的受访者认为重大事项决定权落实得最差。

作者从四个方面对重大事项决定权行使不理想的原因进行了分析。第一，相当一部分受访者认为任职期间没有参与行使过重大事项决定权。第二，相当一部分受访者不了解所作出的重大事项的内容，只是随大流表决。第三，相当一部分受访者在参与重大事项决定权的在表决时并非出于本意。第四，一半左右的受访者认为地方人大常委会重大事项决定权的行使效果一般甚至较差。

基于上述分析，作者认为，相比于其他三项权力，无论从数量，还是从质量上，重大事项决定权行使得都不理想，致使如此重要的一项职权长期被虚置，或者被敷衍使用。这与我国宪法所宣示的一切权力属于人民，人民代表大会是人民行使当家作主权利的根本途径相差甚远。

那么到底是哪些因素影响了人大及其常委会行使重大事项决定权呢？研究者从法律和实践方面提出了问题并进行了分析。

第一，相当一部分被调查者所在的人大常委会没有关于行使重大事项决定权的规定。依法行权是人大及其常委会的准则，没有明确的法律法规依据，各级人大常委会就很难行使此项权力，行使起来也难免打折扣。目前我国还没有国家层面《各级人大及其常委会重大事项决定权法》，但宪法地方组织法都有明确规定，而且全国已有 29 个省级人大常委会、80 多个地市级人大常委会出台了行使重大事项决定权的地方性法规。但是仍然有很多的地方人大常委会并没有制定行使重大事项权办法，在一定程度上，制定了此项地方性法规的也有做样子之嫌，很难出台具有可操作性的具体的法规。比如为依法履行宪法法律规定的职责，2003 年，北京市人大将重大事项决定权立法列入五年立法规划，并于 2005 年进行了立法调研起草工作。2006 年 1 月，时任市人大常委会主任于均波在市十二届人大四次会议上作《北京市人大常委会工作报告》时指出，人大常委会除了规范讨论决定重大事项工作，还要认真行使重大事项决定权。2006年9月14日，北京市十二届人大常委会第三十次会议首次审议《北京市人民代表大会常务委员会讨论、决定重大事项的规定（草案）》。该草案相对1996年北京市第十届人民代表大会常务委员会第三十一次会议通过了《关于市政府向市人大常委会报告重大事项的若干规定》原则的7条规定，采取列举式明确了列为重大事项的9方面内容，包括本市改革开放和经济建设布局、产业结构调整的重大事项；由市级财政资金投资，并对本市经济社会发展、环境和资源保护有较大影响的重大建设项目等。为增强法规的可操作性，草案还明确规定了一套比较完善的讨论、决定重大事项的法律程序：一是启动程序，包括重大事项的提出主体、提请时限、提供资料及提请程序的具体要求；二是审议程序，包括审议方式，决议、决定草案的提出和决议、决定的公布等内容；三是执行保障程序，包括执行结果报告制度、监督检查制度等内容。从法规情况来看，虽然该规定比较原则，但是列举重大事项的规定已经比宪法、地方组织法的规定具体多了，这是一个很大的进步。尽管与此同时国内绝大部分省级人大常委会已经制定了重大事项决定的规定，但是由于种种原因，北京市的该法规草案被搁置，没有进入二审。北京市人大常委会至今实行的仍然是1996年北京市第十届人民代表大会常务委员会第三十一次会议通过的《关于市政府向市人大常委会报告重大事项的若干规定》，寥寥7条，报告仅仅是一种程序性的工作方式，作出最终决定的仍然是政府；对于政府违反规定不进行报告的，也没有作出明确的制裁措施。

第二，目前法律法规或文件对重大事项的含义界定模糊。对于什么是重大事项，当地哪些事项属于重大事项，相当一部分被调查者认为现有的规定并不清楚。对于什么是重大事项都模糊不清，又怎么能要求地方人大常委会行使好此项职权呢？

第三，相当一部分被调查者认为现行体制影响了地方人大常委会行使重大事项决定权。在一些受访者看来，重大事项决定权行使不力的原因，既有法律本身的问题，也有现行体制的问题。

虽然人大及其常委会的重大事项决定权是一种由集体行使的职权，但是也必须通过人大代表或常委会组成人员个体的表决来实现，因此，人大代表或常委会组成人员的个人对此项权力的认知状况就起到了重要作用。钟丽娟教授为此设计了两个极具针对性的问题。

第一，重大事项决定权该不该赋予人大？问卷中有这样一问："目前我国政治体制框架内，党委有决策权，人大有决定权，相同或相近的权力赋予了不同的主体，导致实践中一实一虚。因此，与其赋予人大无法落实的权力，不如不把这一权力赋予人大。对此，您是否认同？"这个问题设计得尖锐，但的确也是学界和人大实际工作者们十分关注的一个重大问题。调查的结果也的确反映了现状以及人们的困惑。有34%的受访者认可这个观点，不认同的为40%，选择说不清楚的为26%。对这一问题的回答，实际上反映了人大常委会组成人员对人大职权设置的认识分歧和模糊，以及对重大事项决定权的重视程度。现实中，如何协调党委决策权与人大决定权之间的关系，是人大常委会组成人员行使权力时普遍感到困惑的问题。

第二，人大常委会如果出现决定失误是否担责？有68%的受访者认为应该担责，这说明了受访者中的多数人还是认同权力与责任应该相匹配的原则，23%的受访者认为无须担责，还有9%的受访者表示不清楚。任何权力都应当受到制约，这种制约既包括行使过程中要接受制衡，当然也包括失误时应当受到追责。问题在于，我国法律赋予人大及其常委会高于"一府两院"的地位和强大的权力，如果没有相应的责任追究机制，这一制度设计是否科学？对这一问题的回答，仅有40%的受访者认为这种制度设计是科学的，35%的受访者认为不科学，还有25%的受访者表示不清楚，显示出极大的认识混乱。显然，根据权力与责任对等的原则，人大及其常委会拥有重大事项决定权，其实也就意味着一旦人大及其常委会行使重大事项决定权时出现错误应该被追责，但现实制度设计却没有对人大及其常委会以及代表或常委会组成人员的追责机制。

综合钟丽娟教授以及学界的研究成果，还有人大实际工作者的看法，此项权力之所以行使得不理想，原因有这样几个方面：一是缺乏可操作性的法律法规；二是人大及其常委会能力不足，代表或常委会组成人员认识不到位；

三是制度设计不能满足现实需要，即人民主权的理念与现实的制度设计之间存在矛盾。其中最主要的问题是人民主权的理念与现实的制度设计之间存在矛盾，这个矛盾不解决，人大及其常委会就难以很好地行使重大事项决定权。因为之所以不能创制具体的可操作性的法律法规，之所以会引起人大代表或常委会组成人员的认识混乱，认识不到位，皆源于此。很能说明问题，也特别值得我们重视的是相当一部分受访者认为，宪法和法律不应该把此项无法落实的职权赋予人大，因为现实中很难处理党委的决策权和人大的决定权的关系。所以，有人认为，实践中要坚持党的领导，只能是虚化人大及其常委会的决定权，坐实党委的决策权。这也就是全国人大在国家立法层面无法出台人大及其常委会行使重大事项决定权的法律，而地方各级人大出台的相关地方性法规又普遍具有抽象性、笼统性，缺乏可操作性的原因。这也是为什么尽管各方面一再重申党也必须在宪法和法律的范围内活动，党始终支持人民当家作主，但现实中总是会出现党大还是法大、党委和人大谁大的疑问和争论。要彻底消除这些疑问，单靠反复的解释恐怕解决不了问题，最终还是要靠制度设计来解决。所以，现实中人大及其常委会重大事项决定权行使不力，并非各级人大及其常委会不努力落实人民当家作主的宪法规定，不愿行使此项权力，而是行使起来困难多，顾虑也多。正如许多人所指出的，人大及其常委会在行使重大事项决定权时，怕给人以向党委要权、向政府争权的印象。

三、行使好重大事项决定权，提高人大及其常委会公信力的途径

正如上面分析的，根据人民主权原则和宪法法律规定，人大及其常委会应该行使好重大事项决定权，但现实中此项权力又行使得不够理想，因此影响了人大及其常委会的公信力。所以通过行使好重大事项决定权，实现人民当家作主权利，以进一步提升人大及其常委会的公信力就是一个难以回避的重大课题。

根据上述分析，当然可像大多数研究成果那样得出这样的结论，即通过

制定可操作性的法律法规、提高人大代表和常委会组成人员的认识、协调好党委、政府和人大的关系来促进人大更好地行使决定权。问题是此种建议在现实中要得到真正的落实有很大的难度。我们认为，既然坚持党的领导、人民当家作主和依法治国的有机统一是我国当前政治运行的根本准则，那么只有在真正实现了三者有机统一的基础上，人大及其常委会才能切实实现重大事项决定权。现在的困境在于提出了三者有机统一，但是许多人并没有真正理解三者到底如何统一。这其中，首要的问题是如何处理好党委的决策权与人大的决定权的关系。

党委的决策权与人大的决定权既有区别，又有联系。从区别看，有两点。第一，来源不同，适用范围和效力不同。人大及其常委会的重大事项决定权直接来源于宪法和地方组织法，而宪法和法律并没有明确授予党委决策权。尽管宪法序言里论述了党的领导的历史依据并指出未来中国共产党仍然将继续领导中国人民进行中国特色社会主义建设，但是宪法总则和具体的规定中并没有提及党的领导，更没有具体规定党委的决策权。包括党委的决策权在内的党的领导制度是在党章中体现出来的。尽管党的领导政策能够也应该辐射到全国，但党章的直接适用范围是党组织内部及全体党员，并不能直接适用于全体国民。显然，权力来源的不同决定了适用范围和效力的不同。宪法和法律的适用范围和效力自然要高于党章的适用范围和效力。而且，宪法也明确规定任何政党和组织都要在宪法和法律的范围内活动。这是人大及其常委会理直气壮行使重大事项决定权的直接法律依据。第二，运行方式不同。人大及其常委会的重大事项决定权是一种国家权力。在一个国家内，作为公权力的国家权力是至高无上的，全体国民和各个政党、组织都必须服从。这种代议性质的公权力可以直接要求行政和司法机关对自己负责。党委的决策权是执政党的政治权力。这种权力不能像国家权力那样直接命令和要求国民以及行政和司法机关。党的决策权要发挥作用，必须通过人大及其常委会这个代议机关作出决定，使党的意图转化为国家意志，让国民和各种党派政治组织服从。

从联系看，有三点。第一，两者都必须在宪法和法律规定的范围内行使。显然，人大及其常委会的重大事项决定权因为有宪法和法律的明确规定，因此在体制和法理上行使都是顺畅的，毋庸置疑的。党委的决策权也要在宪法和法律的范围内行使，只是要使这种权力转化为国家权力才具有法律的性质，否则只能依靠党的号召和宣传。正是因为中国共产党是执政党，具有使决策权转化为国家权力的途径和制度保证，使得两者具有了相通性。第二，两者都体现了人民的愿望。毫无疑问，从法理上讲，人大及其常委会的重大事项决定权忠实地表达了人民的愿望。全心全意为人民服务是中国共产党的执政宗旨，党的重大决策部署肯定也是众望所归。从深层意义上讲，正因为两者都是民意的体现，所以党委决策权才有可能通过人大转化为国家权力。当党的主张转化为国家权力后就具有了法律性质，也就从法律和制度上保证了党的重大战略部署能够得到彻底贯彻。第三，人大及其常委会行使好重大事项决定权不仅保证了党的决策权的实施，而且也有助于提高党的执政能力。纵观世界，尤其是成熟的现代民主体制国家，没有任何一个国家是执政党把重大决策直接向全社会发布并要求全体国民执行的，都是通过议会将执政党的主张转化为国家意志，使之具有法律性质，然后贯彻实施。只有这种方式才符合执政规律。这种方式使得执政党获得了普遍的民意基础，更加具有合法性，也使得决策更加科学合理，尤其是在多党制的国家，这种优点更加明显。我国虽然是中国共产党一党执政，但是执政党的执政规律也是要遵循的。党的这种执政方式本身也更加符合法治的要求。我们过去习惯于依靠党的政策治国，那是战争时期党的领导方式的延续，是一种惯性使然。新中国成立后，共产党已经从一个革命党转变成了执政党，必须更多地依靠法律而不是政策来治国。这也是符合人类民主政治发展大趋势的。

清楚了二者之间的区别和联系，就需要协调处理好二者之间的关系。人大常委会的党组是党委和人大常委会之间联系的直接桥梁，发挥着关键性的作用。党组作为党的组织有义务服从党委的指示，党委有权力向人大党组发出指令。其中包括双方向的运作过程。其一，党委的决策首先传达给人大党组，人大党组动员人大代表或常委会委员中党员执行党委的决策，通过人代会或常委会集体表决的方式，把党委的决策转化成人大及其常委会的决定，从而实现党委的重大决策向人大及其常委会重大事项转化的决定。其二，当党委并没有直接给人大党组指示，要求将党委的某些重大决策部署转化为人大及其常委会的重大事项决定时，但是人大常委会党组觉得根据党委的中心工作，代表的议案、建议，以及群众关心的热点、重点、难点问题，人大及其常委会有必要就某些重大事项作出决定，于是人大常委会党组向党委请示，希望党委同意人大及其常委会就这些事项作出决定。当党委同意人大常委会党组的请示，人大及其常委会启动行使重大事项决定权的程序，最终作出决定。

一旦理顺了党委和人大之间的关系，其他方面包括关于人大及其常委会行使重大事项决定权的立法等方面存在的问题就会迎刃而解。接下来需要努力解决的问题就是宣传和提高认识。因为现在社会上相当多的群众并不清楚党委是如何领导人大及其常委会的，更不清楚党委的重大事项决策部署是如何转化为人大及其常委会的重大事项决定的，所以，只是想当然地认为一切都是党委说了算，人大只是被动地按照党委意图执行命令。这种看法实际上是从分权的角度来看待党委与人大之间的关系，没有清醒地认识到人大、“一府两院”都在党委的政治领导下进行分工合作，实际上不自觉地陷入了西方“三权分立”的逻辑之中。因此需要大力宣传党对人大工作的领导方式，让人民群众清楚地知道党是如何领导人大工作的，决不能任由那种把党委的决策权与人大的决定权对立起来的错误观念肆意传播。当然，加强和改进党对人大工作的领导方式也是非常重要的。正如我们所了解的，以往包括党委和政府在内都习惯了党委决策，政府执行的工作模式，人大只是配合党委和政府，没有充分体现出国家权力机关的作用。就提高认识而言，首要的是提高党委，特别是党委主要负责同志对人大行使重大决定权的必要性和重要性的认识。党委的认识提高了，尊重并支持人大及其常委会依法行使重大事项决定权，就可以带动“一府两院”和社会各个方面，包括普通民众对人大重大事项决定权的重要性的认识，形成全社会尊重人大及其常委会行使重大事项决定权的良好氛围。

当代中国政府预算及其监督

王维国*

随着我国经济规模的不断增大，政府预算的规模也相应增大；同时，政府负债余额也不断增大。2017 年，全国一般公共预算财政支出首次超出 20 万亿元，3% 的赤字率对应着约 2.38 万亿赤字规模。预算绩效、民生支出和地方政府债务风险问题越来越受到政府和社会的关注。世界上发达国家同样存在由于政府预算赤字规模增长过快从而导致主权债务风险的问题。如何管控预算规模，提高预算支出效益，减少浪费已成为一个世界性的预算理论与实践难题。我国现行的预算法在立法宗旨的规定中明确了关于此问题的基本理念。不过，基于理念要求的预算管理安排与运行仍有待于进一步完善。

一、政府是预算法宗旨实现的直接责任主体

在人类发展的过程中，在不同地域不同的时间建立了不同的国家，不同的国家的发展水平也各不相同；因而人们从不同的角度对国家发展的阶段性特征进行了表述。从政治活动的角度表述，不同的国家先后由专治时代进入民主时代；从经济活动的角度表述，不同的国家先后由非市场经济时代进入市场经济时代；从发展程度的角度表述，不同的国家先后由传统时代进入现代化时代；从财政的角度表述，不同的国家先后从非税收时代进入税收时代。

* 王维国：西安交通大学教授。

进入税收时代的国家被称为税收国家。财政预算从最广义上讲，是一个政府的财务计划，在一定时期内由负责的管理者提交给一个代表机构，由其同意和授权计划的实施。[①] 在民主国家中，这个代表机构就是议会或人民代表大会等国家权力机关。由于政府财政管理包括政府收入和支出两个方面，因而仅政府收入由代表机构批准到政府收入和支出都要由代表机构审查批准和监督标志着税收国家的完善。这就表明，在完善的税收国家，预算作为财政管理制度的核心，既是实现民主的机制，也是行政管理效率和经济性的保障机制。[②] 作为民主实现机制要体现预算的人民性质，即财政资金要取之于民用之于民。作为效率机制，预算管理要不断降低行政成本，将行政责任与管理放在首位。也就是说，市场经济国家、税收国家、民主国家和现代化国家是密切关联的，现代财政制度的核心就是现代预算制度，而现代预算制度的核心就是控制机制，既包括政治控制，也包括行政管理。

公民对政府的预算控制主要是通过公民代表机关所实现的。民主就是人民的统治，而人民又难于直接行使管理国家和社会事务的权利；因而通过选举出自己的代表，组成国家权力机关，代表人民行使国家权力。国家权力机关又将管理国家和社会事务的权力授权或委托给作为国家行政机关的政府，由政府具体负责为民众提供公共产品和服务。政府提供公共产品和服务就需要财政支撑，而财政收入在税收国家来源于民众的纳税。而人民、人民的代表机关、政府之间的委托代理关系及其运行，如果没有制度化、规范化和程序化的保障措施，显然是难以实现的，而制度化、规范化和程序化的最权威最有效的方式就是法治。因此，在民主国家，通过在宪法中规定“控制财政预算”条款，以使代议制体制及其运行体现人民主权的现代国家理念。预算作为体现政府职能和基础的一种财政管理制度安排，同时赋予了政府对民众承担的委托责任，即通过公民及其代表机关对政府预算的控制，确保政府在

① [美]阿尔伯特·C. 海迪等著：《公共预算经典（第二卷）——现代预算之路》，苟燕楠、董静译，上海财经大学出版社 2006 年版，第 10 页。

② [美]阿尔伯特·C. 海迪等著：《公共预算经典（第二卷）——现代预算之路》，苟燕楠、董静译，上海财经大学出版社 2006 年版，第 25 页。

社会资源总量中汲取合理的份额，最大化公共资源的分配效益，降低因政府自身而导致的效率损耗，从而有效满足社会的公共需求，保障充分就业和社会稳定，维护社会公平正义。[①]

依据《中华人民共和国宪法》，我国现行的预算法在第一条就对其立法宗旨做了明确规定，即："为了规范政府收支行为，加强对预算的管理和监督，建立健全全面规范、公开透明的预算制度，保障经济社会的健康发展。"预算法的立法宗旨既明确了人大与政府各自的财政职能，又强调了各自的责任所在。预算法开宗明义地将"规范政府收支行为"作为立论基点，同时对预算制度提出了"全面规范、公开透明"的要求，从而使得预算法实现了由"管理法"向"控权法"的转型。[②] 对此，有人强调既然预算法是控权法，因而预算法宗旨的实现要注重人大及其常委会对政府预算的审查监督，以保证预算分配正义。其实，预算的最终目的是政府能够为民众提供有效的公共产品和服务，促进经济社会与人的共同发展。自律是他律的基础，他律是自律的保障。人大的政治控制要以行政管理为基础，行政管理要坚持责任导向。由于我国现行预算法既明确了政府的收支行为要受人大及其常委会的制约与监督，同时强调政府预算要全面规范与公开透明。因此，政府是预算法宗旨实现的直接责任主体。这就表明政府预算首先需要政府的自我行政管控；同时，人大要对政府预算进行政治和法律控制。人大监督与政府行政管理只有合理分工与有效衔接，才能真正强化支出责任，加强服务政府、责任政府、法治政府建设。无论是预算体系的全面与预算编制及其执行的依法规范和公开透明，还是人大及其常委会的审查监督，都是为了提高政府自身预算管理的效率和分配正义。因此，预算法宗旨的实现，既要注重政府预算管理的效率和经济性，也要加强人大及其常委会对政府预算的审查监督。

---

① 吕炜主编：《中国新一轮财税体制改革》，东北财经大学出版社 2013 年版，第 127 页。

② 侯卓：《〈预算法〉立法宗旨演进及其积极意义》，《中国财政》2015 年第 3 期。

二、政府预算编制与执行的不足及其完善

在中国，政府预算的编制及其执行属于行政管理职权，预算法明确将其赋予政府，而人大及其常委会的预算审查监督工作主要是围绕政府预算编制及其执行而展开的。政府预算编制及其执行状况，即财政职能责任实现状况，是人大预算审查监督实效的重要体现。我国的预算编制及其执行包括有公共预算编制及其执行、政府性基金预算编制及其执行、国有资本经营预算编制及其执行和社会保险基金预算编制及其执行。

（一）公共预算编制与执行的不足及其完善

公共预算收入包括各项税收收入、行政事业性收费收入、国有资源（资产）有偿使用收入、转移性收入和其他收入。公共预算支出按照其功能分类，包括一般公共服务支出，外交、公共安全、国防支出，农业、环境保护支出，教育、科技、文化、卫生、体育支出，社会保障及就业支出和其他支出。如果纳入预算编制的不是政府的全部收支；那么，政府虽然取了众人之财，但难以保证是否完全是办众人之事；因此，完善的公共预算编制首先要做到全口径。在公共预算执行中应实行国库集中收付、现金余额集中、会计处理集中、交易监管集中，才能做到对收缴、支出拨付的全程管理和控制；在政府采购过程中充分体现竞争、择优、公正、公平、公开，才符合现代预算制度对预算执行的基本要求。也就是说，既然是公共预算，就要体现出全面性、统一性和公共性。所谓的全面性就是要将曾经在改革开放初期实现“包干制”财政体制时曾出现并遗留下来的预算外及制度外收支全部纳入预算管理；否则，由其支撑或与之关联的权力运行就脱离了人大及其常委会的监督约束，从而公共权力就有可能被滥用，甚至谋取私利。所谓的统一性，就是无论是预算单位的一般运行经费的安排，还是专门事项所需经费的安排，要标准统一，管理统一；否则，有单位就会投机取巧，游走政策边缘，刻意在不同性质经费之间打通使用，谋取不当部门或群体利益，甚至个人利益。所谓公共

性，就是公共预算所产生的经济效益对于民众都要有获得感，而不是为特定人群谋取或输送特殊利益。人大作为人民的代表机关，就是要保障由人民所认同和支持的政府全心全意为人民服务，而不是为特定的群体服务。

对于预算的不全面的问题，目前仍有不同程度的存在。尤其是地方公共预算，其中有些转移支付、税收返还、补贴收入还没有完全纳入预算。这种公共预算编制的不全面，不仅造成了财政资金管理缺口，而且由于缺乏人大监督常常滋生腐败。为使地方政府能够及时全额编报中央转移支付预算，财政部近年一般在年初就下达各省中央财政转移支付预算数。根据笔者在一些地方财政部门调研得知：由于一些县财政收入主要靠上级的转移支付，而且每年上级批准立项的建设项目也不同，因而很难确定每年最终会有多少转移支付，从而造成年初无法对上级政府的转移支付进行足额编制。例如，“2015年，中央一般性转移支付占57%，其中1.35万亿元还有指定用途，特别是均衡性转移支付中有25%也指定了用途。”[①] 2017年中央财政对地方税收返还和转移支付65218亿元，占中央财政支出的68.6%，其中一般性转移支付35168亿元，占全部转移支付的61.6%，这两项比例均有所提高。中央转移支付资金如果未足额编入地方预算，那么就避开了同级人大的审查监督，留下使用中不规范甚至不合法口子。对于财政转移支付中存在的问题，有专家建议：“让项目等钱、着力建立项目库是预算改进的方向。现在经常是把预算批出来了，有钱了大家来报项目，于是项目论证不充分，缺乏科学性。另一方面，在号召大家报项目的过程中容易产生腐败。”[②]

目前，一些地方政府，预算编制早于年度工作计划，由于这时政府的年度工作计划安排还没有下来，因而公共预算安排中有些项目只能编一个大数或以其他项目代替，等年度工作计划安排定下来后，再通知各部门各单位申报项目。这也是公共预算编制中存在的一个重要问题。

政府非税收入以及财政专项资金在地方公共预算编制中，内容笼统，收

① 尹中卿：《管好“国家账本”需迫切解决好六大问题》，《中国人大》2016年第14期。
② 吴晓灵：《加强对政府全口径预算决算的审查和监督推进中国民主法治建设》，《中国人大》2016年第5期。

支明细缺乏，预算报告也未对其用途和方向做明确说明，导致人大无法进行实质性审查，既破坏了地方政府公共预算编制的完整性，也不利于人大的审查监督。尤其是对政府非税收入的具体认定上，在编制预算时，选择纳入一般公共预算，还是政府性基金预算；由于其运行和监管方式不同，从而对相关联政府权力的运行约束和限制程度就不同。2017年，全国非税收入虽然同比下降6.9%，仍达28207亿元。

在政府性债务和或有负债收支方面，目前，中央预算已将政府债务纳入公共预算，但没有把或有负债纳入。如，"至2015年年底，浙江、河南、湖南、黑龙江在基础设施建设筹集的235.94亿元资金中，不同程度存在政府对社会资本兜底回购、固化收益等承诺"。[①] 截至2017年12月末，全国地方政府债务余额164706亿元。政府性债务纳入公共预算是必须要面对的一个问题，如果地方政府总是遮遮掩掩，一旦当"资源经济""土地财政"难维系时，就会导致财政风险。政府预算的债务余额管理问题，已经成为一个世界性预算难题。管住地方政府债务关键是额度和用途的严格控制，建立和完善地方政府债务评估和预警机制。目前普遍的做法就是实现所谓跨年度预算平衡机制，问题是确定债务余额的限度的标准是什么，目前理论界仍存在分歧，实际操作中也只是经验数据。

从公共预算的执行看，国库集中收付还没有完全落实，一些预算部门和单位预算仍存在"财政专户""小金库"。国库集中支付和政府采购常常因为技术问题致使支付不能及时完成，从而影响支出进度，造成虚假的结余。目前，财政自我监督在预算执行中只是起到了事前的监督，即对支出范围和项目性质给予了较为严格分类和额度限定。对于事中、事后的监督仍是薄弱环节，对于一些重点项目资金的使用的必要性合理性经济性有比较规范的专门的评审。而对于支付及支付后环节的绩效审核精细程度还不够，尤其是一些评审专家专业跨度大，对所评审的项目其实并不熟悉，往往只注重硬件，对于使用的社会效益较少考虑。

---

① 尹中卿：《管好"国家账本"需迫切解决好六大问题》，《中国人大》2016年第14期。

政府有收入，就须有预算，有预算就应该严格执行。只有实现了预算的全面性，预算的统一性、公共性问题才能从根本上获得解决的前提。

（二）政府性基金预算编制与执行的不足及其完善

政府性基金涉及多个行业和部门，有些是需要支持的产业，有些是需要加大建设力度的事业，有的是在市场化城市化过程中需要加强建设的领域，也有的是建设周期较长需要巨额资金投入的重点工程。单个看，都很重要，问题是这些资金来源仍然来自工商企业和国家或集体资源，只不过给人感觉是临时性的征缴，过一定时期就会停止，因而不必认真对待。其实，许多资金的征缴主要是由于既有财政分配格局无法变动，因而只能通过收入增量来应急解决新的需求缺口的无奈举措而已。

政府性基金预算管理改革数年，在取得了积极成效的同时，仍然存在亟待解决的问题。如，“至 2015 年年底，中央财政出资设立的 13 项政府投资基金募集资金中，有 1082.51 亿元（占 30%）结存未用”。[①]

政府性基金预算编制与执行遵循的规则和程序有别于公共预算。理论上讲，政府性基金编制执行要体现出公益性、区域性、专门性。所谓政府性基金的公益性，主要指由于是依托政府权威或信誉向特定企事业单位或个人缴征的费用，因而其使用必须体现出对国家、社会的长远发展产生积极效益。所谓政府基金的区域性，主要指有些政府性基金解决的是某一区域存在的短板问题。所谓政府性基金的专门性，主要指由于有些政府性基金主要来源于特定行业，因而受益于特定行业。作为一种颇具中国特色的财政工具，设立政府性基金的实质是国家基于政治权力限制国民财产权的财政行为，因而设立政府性基金都应具有法律依据，每项基金的功能定位必须科学准确。为有效保障国民财产权，我国所设立政府性基金须在遵守法律保留原则的基础上通过国家立法机关的授权立法以及定期审查监督来保证其合法性、科学性和

① 尹中卿：《管好“国家账本”需迫切解决好六大问题》，《中国人大》2016 年第 14 期。

有效性，以进一步规范政府投资基金的设立、运作和风险控制。[①]

（三）国有资本经营预算编制与执行的不足及其完善

国有资本经营预算应体现出经济性、先进性、社会性。所谓经济性，作为企业不论归属如何，都是要盈利的；否则，没有存在的价值。所谓先进性，就是能引领产业行业的发展，作为国家所属企业，就要担负起支撑国家战略产业逐步达到国内领先国际一流的水平；这样才能带动和引领工商企业的持续发展。所谓社会性，既然企业归属国家，就不能完全唯利是图，要在承担社会责任方面率先垂范，引领现代企业风尚。

对于国有资本经营支出预算的编制，我国现行预算管理制度并没有提供科学的方法和程序，预算支出范围和力度与其编制原则和使用规定上不相符合。仅通过一年期的国有资本经营预算在对整个经济发展的情况进行预测并发挥宏观调控的作用是相当有限的。[②] 目前，国有资本经营预算支出的方向和结构不合理，存在民生性支出少、“取之于国企，用之于国企”的体内循环问题；因此“构建国资预算的衔接法律规则是财政法定主义的题中之义，应以刚性的法律规则代替弹性的政策博弈”。[③]

（四）社会保险基金预算编制与执行的不足及其完善

社会保险基金预算指的是国家依照有关法律法规、通过行政手段筹集到的社会保险资金收入来安排支出的一种特定预算，是由政府相关部门编制的用来反映社会保险基金的收支规模、结构分布和盈亏状况的预算。[④]

社会保险基金通常由个人、企事业单位和国家共同负责筹集，为了统一

---

① 田开友:《政府性基金设立的合法性困境及其出路研究》,《湖南科技大学学报（社会科学版）》2017 年第 1 期。

② 艾贞言:《关于国有资本经营预算支出的研究综述》,《广西财经学院学报》2016 年第 1 期。

③ 杜坤:《国有资本经营预算衔接法律机制的构建》,《武汉大学学报（哲学社会科学版）》2017 年第 1 期。

④ 刘邦凡、戴苗、李明达:《社会保险基金预算管理问题及应对》,《中国经贸导刊》2013 第 35 期。

社会保险基金制度，中央预算2009年开始试编社会保险基金预算，2013年首次正式编制预算草案。[①] 目前城乡之间，不同地区、不同行业、不同单位之间社会保险基金预算标准有较大差异，因而需要在统筹层级、相互接续机制方面不断完善。社会保险基金如果长期由各个地方、部门按照不同标准分头收缴，分类管理，不仅会影响基金保值、增值和基金安全，更重要的是由于不能体现社会公平和不利于劳动力的自由流动而给人们带来困扰，最终会影响经济社会发展的活力。[②] 由于各统筹区域间的经济发展水平、人口结构、基本养老保险制度的覆盖范围不同，从而引发缴费负担不公、责任分担失衡、基金余缺并存等一系列问题。[③] 确保我国社会保险基金管理的安全运作，单靠社会保险管理机构自身的力量是不够的。因此，要增加社会保险基金预算管理的透明度，及时、有效公布社保基金信息，并且使其通俗易懂。完善经办机构的信息化平台建设，实现社保基金数据共享，提高社会化监督水平。[④]

三、人大及其常委会预决算审查监督的不足及其完善

由人民的代表机构作出对预算分配的最终决定，是民主实现的基本方式。既然我国宪法法律明确规定各级人大及其常委会拥有审查监督政府预算的权力，因而人大及其常委会对政府预决算审查监督，一方面是积极行使宪法法律赋予的权力，主动承担使命职责；另一方面能否行使好该项权力、履行好此项职责也关系到人民当家作主的权利能否落到实处，关系到广大人民的公共需要是否得到满足、公共利益是否得到维护。[⑤] 人大的审查监督实效直接关系到预算法立法宗旨的实现程度。从前述政府预算编制与执行存在的

---

① 包兴安：《2015年全国社会保险基金收入43088.07亿元》，《证券日报》2015年5月9日。

② 尹中卿：《加强和改进预决算审查监督的重点》，《中国人大》2015年第1期。

③ 王晓慧：《养老保险全国统筹短板：仅七省市实现省级统筹》，《华夏时报》2015年4月22日。

④ 王崟：《浅议社会保险基金预算管理》，《中国人力资源社会保障》2017年第5期。

⑤ 谭学驰：《当前政府预算编制存在的问题及对策》，《安徽行政学院学报》2016年第3期。

诸多问题可以看出，政府预算的功能作用并未得到充分发挥，人大预决算审查监督的目的并未完全达到，因而影响了预算法立法宗旨的实现，从而也说明人大预决算审查监督存在这样或那样的不足，需要完善。

（一）法律规定方面的不足及其完善

《中华人民共和国地方各级人民代表大会和地方各级人民政府组织法》《中华人民共和国各级人民代表大会常务委员会监督法》《中华人民共和国预算法》等明确规定了人民代表大会及其常务委员会审查监督预算决算；但是法律规定中有些内容还比较原则和笼统，缺乏对于相应的监督机构设置、人员配备、审查监督的范围、实施程序等方面的详细规定。预算草案初审也需要进一步深化和细化的规范。[①]

政府预算法定的基本要求就是“花钱办事依法担责”。当然办事就是指发展事业，而不仅仅是简单完成一项任务或一个项目。也就是说，只有把财政资金作为事业发展的支撑，才能有责任自觉和法治思维的提高，才能不仅使财政资金的效益实现最大化，而且能够自觉地把花钱办事的权力限制在法治的轨道之内，担负起基于权力行使的公共责任。在目前预算法律法规中，有责任与权力配置失衡的情况。从所暴露出来的预算违法行为案例看，其中有一种情形就是为了小众群体、本单位或部门的利益，忽视或牺牲了人民和国家的利益。对于此类的违法行为，预算法律法规所规定的处罚相比较权力而言较轻，因而需要加大力度。

由于中国行政管理体制是下级政府服从于上级政府，上级政府负有监督下级政府的职责，因而上级政府对下级政府的违法违纪行为能够政治问责。不过，在实践中由于个别领导干部对于预算监督的政治法律性质认识不足，在处理预算违法行为中存在有大事化小、小事化了的现象。另外，国家发展与改革委员会、科技部、国有资产监督委员会等准预算机构，由于其也对财

① 上海人大工作研究会第二研究小组课题组：《关于加强本市预算审查监督的几点建议》，《上海人大月刊》2016 年第 6 期。

政资金享有一定分配权，因而当这部分资金的使用者出现违规问题时，有时很难厘清政治责任。解决预算政治责任虚化的重要途径就是将财政部门转变成政府内部进行预算管理的核心预算机构。

（二）政府预算的审查和批准方面的不足及其完善

政府预算的审查和批准，是指各级人民代表大会对本级政府所提出的预算草案及其报告进行审查与批准的活动，是人大对政府预算行使审批监督权的最重要的法律程序和途径。由于政府收入的种类、规模基本上都是由国务院行政法规及国务院相关部门的规章所确立的，因而人大对政府预算进行审查和批准，对于确保财政资金使用的正确用途和方向来说，至关重要。

政府预算审查批准要经过初步审查和大会审查批准两个环节。政府预算的初步审查，是指人民代表大会相关专门委员会或人大常委会，在人代会会议举行前，依法对政府预算进行的审查活动，是预算审查批准中的一个法定程序和重要环节。设区的市、自治州的政府财政部门可以将预算草案的初步方案送交人大常委会有关工作机构征求意见。预算初审的对象是政府预算草案的初步方案。① 由于人民代表大会会期短，人大代表中绝大多数是兼职的，因而预算审查的质量主要在会前，这样预算草案初步审查的意义和作用就不言而喻。

政府预算草案初步方案形成之后，如果人大常委会设有人大预算工作委员会，政府预算初步方案需提交人大预算工作委员会进行“预先沟通”或“预备审查”②，其后再提交人大财经委员会进行“初步审查”。人大财经委或其他相关机构开展预算初审工作，通常要完成以下工作：一是组织视察或调查、沟通交流。组织视察或调查的一般做法是每年从第四季度开始组织常委会组成人员（人大代表），开展视察、调查，了解本年度预算的执行情况；参加政府组织召开的计划财政税务等方面的工作会议，了解国家和本地区对财政

① 向薇百：《论我国预算监督中人大与政府的关系》，《经济研究导刊》2016年第3期。

② 戴春晨：《预算改革广州样本：首创地方人大预算委》，《21世纪经济报道（广州）》2015年7月14日。

经济工作的主要精神和基本要求，以及下一年度预算编制基本原则和政策要点等；召集有关部门听取财政收入情况介绍，沟通交换意见；听取部分人大代表、受益人代表和专家对财政经济形势、预算安排的意见建议等；一般由人大常委会有关工作机构提出本年度预算安排初步分析意见，并与财政部门进行沟通协商，财政部门将修改情况向人大进行反馈。二是初步审查。人大常委会有关部门在收到财政部门报送征求意见的预算草案初步方案后，一般要听取关于预算编制情况的介绍，征求人大有关专门委员会或工作机构对预算编制的意见和建议，召集政府有关部门和预算单位，就预算编制相关问题进行座谈讨论。人大着重从预算编制的指导思想、遵循原则、各项指标安排的合理性以及初步方案文本的技术规范等方面提出意见和建议。人大如果设有财经委员会，在听取政府有关部门的汇报后，财经委对预算草案进行初步审查，提出初步审查意见，并及时反馈给本级政府及财政部门，财政部门对预算草案初步方案作进一步修改，形成办理报告，供代表大会审查时参考。

从预算审查批准的整个运行过程来看，由于人民代表大会预算审查时间有限，因而初审是非常关键的一个环节，也是修改最多的一道程序，如果认真执行，能够发挥一些切实的作用。初步审查既可以向预算编制部门提出修改意见，也可以为大会审查提供参考意见。尤其是对于中央预算而言，全国人大的预算初审，一改就是几百亿元。根据预算法的规定，初步审查涉及审查机构、审查范围、审查时间、提交初步审查的义务主体等基本要素。

之所以实行会前初步审查，就是为了弥补人民代表大会和人大常务委员会议的会期短的问题。这就要求初审时间要充足。然而，在各地的实践工作中，一些地方的财政部门并没有按照法定时间的要求，及时向人大或人大常委会有关机构提交预算草案予以初步审查。甚至有的预算草案提交初审的时间距离人代会召开仅仅几天，这使得初审机构初步审查预算草案向常委会相关会议和人大代表报告的时间太短，只能做一般的程序性审查。有的政府财政部门提供的预算草案的初步方案内容不明确、不具体，大多是上年预算执行的情况和当年预算安排的一些设想，从而使初步审查起不到实质性作用。

在没有设立人大专门委员会而人大常委会的财经工作机构人员又很少的情况下，是否可吸收其他社会力量参与初审，法律未做明确规定。地方各级人大常委会的财经工作机构一般只有几个人，负责预算的仅有一两个人，有的甚至没有专人负责。乡镇人民代表大会会期短，更需要会前进行初步审查，但却没有常设机构。这就要求细化预算项目，充分发挥人大其他专门委员会或机构作用，设立预算审查听证和答辩程序，多途径征集预算初步审查意见。

早在1954年我国人民代表大会制度确立之际，我国就以宪法和法律的形式确立了人代会对预算的审批制度。举行人民代表大会会议是各级人大行使预算审批权的重要形式。人代会对预算的审批包括提出、审议、表决、公布4个环节。初审是在人代会举行之前进行，提出、审议、表决是在人代会期间进行，公布是在人代会审议之后进行。在每年召开的各级人民代表大会会议期间，专门委员会会议、代表团会议、主席团会议和大会全体会议要对本年度总预算草案进行审议，并参考初步审查结果报告，决定批准政府提出的总预算，批准本年度总预算草案报告。

目前人代会对预算审批监督中存在的主要问题有：第一，预算审查时间保障不足。各级人大的会议时间和议程安排也有很大的差异，往往导致预算审查时间严重不足。“预算编制和审查是非常专业和细致的工作，靠人民代表大会一两天的审查，靠预算工作委员会和财经委一两个月的初审是很难达到预想的效果。”①

“在大会审查阶段，在所调查的64个地方人大中，34.4%的人大用时1天，而用时半天和2天的人大均占28.1%。”② 还需说明的是，所谓的人代会对预算审查的时间并非指专用于预算这一项内容，常常是政府工作报告、计划、预算等一并审议。这样，全体人大代表接到审查材料是在大会召开之时，而大多数人大代表在日常工作之中并不接触预算，又没有参加会前的初审活

① 吴晓灵：《加强对政府全口径预算决算的审查和监督推进中国民主法治建设》，《中国人大》2016年第5期。

② 林慕华：《论地方人大的预算监督能力及其建构》，《探索》2016年第3期。

动，在这种几乎毫无准备的情况下，往往只能是草草一“审”就“过”了。这就要求适当增加预算审查时间。

第二，审查力量薄弱。在人代会上，预算审查的主体是全体人大代表。而大多数人大代表仅对自己工作范围所涉及的领域的问题比较熟悉。虽然其中也会有了解经济工作甚至精通预算业务的人大代表，但就代表的整体而言，确实存在大多数的代表并不十分了解预算的问题。尤其对于全国人大审批中央预算的情况而言，由于多数代表仅对于本地区、本部门的情况比较熟悉，因而难以对中央预算发表更多的意见。另外，人大代表究竟是代表原选举单位的利益，还是代表全体人民的利益的认识，这对其职权行使也具有很大的影响。这就要求提升人大代表的预算审查能力，尤其要注重有关经济会计审计专业素养的培养，提高其将国家政策与人民群众的诉求相联结而进行效益最大化的政策设计与供给能力。因此，要增强人大代表们对预算审查工作的责任感和事业心，针对许多人大代表不具有财经审计专业背景、没有从事过财政审计或财经类工作、专业技能相对欠缺的现象，加大代表培训力度。对此，人大常委会应举行经常性的财政审计或财经知识培训、地方预算案例分析、预算审议情景网络模拟，尽量提高他们的预算审查监督意识及其预决算审查监督技能，以不断提高人大代表预算审查监督水平。

第三，审批方式和程序有待进一步完善。预算项目“一揽子”审批的方法给人大代表表决带来困惑。在人代会上，对预算的表决方式是一次性表决“一揽子”通过的形式，这容易使许多不合理的单项安排因“搭便车”而获通过。长此以往，会形成两种局面：如果总是全部通过，这样使得审议有可能成为形式，代表们认为“说了也白说”而影响审议的热情和积极性；或者，由于个别项目安排不合理导致整个预算被否决，各项工作无法按计划进行。对此，有专家建议将不该通过的部分预算，通过议案的形式经大会主席团批准后由人大常委会在大会之后审查批准，这一解决办法可以在一些地方人大先行先试。

第四，预算公布的内容不够详尽。人代会后，向社会公布大会审查批准的有关预算事项，目的是让群众了解情况，动员各预算单位为完成预算任务而努力，也是为了更好地接受人民群众的监督。目前向社会公布的有预算的决议、政府的预算报告，以及有实质性约束的预算安排；但预算安排的透明度仍有待进一步加强，以便能使人民群众可以深度参与监督。这就需要除涉密信息外，所有使用财政资金的单位都要公开预算。

（三）政府决算的审查批准方面的不足及其完善

决算是对年度预算的执行情况最终的反映，也是对社会发展年度计划和政府工作报告所完成的情况以及经济社会一年来实际发展情况在财政收支上的一种集中体现和反映。根据预算法的规定，决算由人民代表大会常务委员会审查和批准。由财经委或相关机构将决算报告草案与审计报告结合起来，一起进行初步的审查。人大常委会对年度预算的执行情况最终的结果实行监督。人大常务委员会对于决算的审批，主要的目的就在于检验或验证年度预算收入支出是否准确、真实、完整，以及绩效如何。根据全国人民代表大会财政经济委员会关于近年中央决算审查结果的报告反映，在政府性基金决算、国有资本经营决算编报、资金沉淀、专项转移支付清理整合与年初落实、地方变相举债违规提供担保等方面存在监督薄弱环节。因此，要逐步探索引入预算执行监督的全程模式，并结合多种监督方式和手段提高监督实效，实现由程序性监督向实质性监督的转变。

（四）政府预算调整的方案审查批准方面的不足及其完善

预算方案调整指的是经过各级人大批准的各级预算，由于与预期的经济社会发展情况有差异，在执行过程中出现需要增加或者减少预算总支出的、需要调入预算稳定调节基金的、需要调减预算安排的重点支出数额的、需要增加举借债务的情况时，所必需的预算调整。预算调整方案由各级人大常务委员会审查批准，在未经批准的情况下，政府不得擅自对预算调整。目前，预算调整过于频繁，预算调整审查监督约束力不强，导致预算执行中调整随意性仍较大。政府调整预算过于随意，就说明人大常委会在在预算调整上的监督和审批环节上太不严厉、不够严肃，预算调整的审议走了形式，忽视了预算调整方案本身的科学性、可行性问题。因此，人大常委会对政府提出的预算调整方案必须严格审查、论证，对于预算调整方案的可行性、科学性不够的，应当予以否决或退回重新论证，倒逼政府强化预算调整的严肃性。①

（五）财政支出的绩效评价方面的不足及其完善

现行的预算法明确要求各级预算要讲求绩效。《国务院关于深化预算管理制度改革的决定》（国发〔2014〕45号）明确要求："将绩效评价重点由项目支出拓展到部门整体支出和政策、制度、管理等方面，加强绩效评价结果应用，把评价结果作为调整支出结构、完善财政政策和科学安排预算的重要依据。"一些地方政府出台了有关预算绩效评价实施办法，结合听取专项工作报告询问了相关财政资金使用的绩效情况。然而，总的来看，对于政府预算的执行情况，各级财政监督机关和审计机关在监督检查上多少涉及了财政资金绩效评价，但与真正的对财政资金绩效的评价还有一定的差距。由于人大预算审查监督有其自身的规律、特点和要求，人大预算审查监督工作开展可简可繁，力度可大可小，手段可强可弱，措施可多可少。所以，人大预算审查监督绩效评价应该以定性分析与定量分析相结合，程序评价与结果评价相结合，主观指标与客观指标相结合。人大预算资金使用绩效评价要与预算编制、调整和执行的监督结合起来。在人大审议中引入决策评价机制以绩效评价为导向，对财政资金分配情况进行最优化的分析审查和表决。其目的是通过绩效预评价，科学掌握各项目计划的轻重缓急和优先次序，而评价的结果将成为分析和判断项目计划确立和预算确定的重要依据。这就要求预算单位应该提供相应的预算详细申报材料，尤其财政资金安排的测算依据。

（六）监督方式方面的不足及其完善

由于审计监督是一种行政的监督，隶属行政权之下。因此，对于其独立性的程度，无论是专家学者还是社会公众都多有疑虑。隶属行政机关的审计

① 张立美：《要注重对预算调整的监督与审查》，《中国审计报》2014年11月17日。

部门对于行政部门预算执行情况的审计监督所发挥的作用，关系到审计监督的权威与效果。虽然我国宪法、审计法规定：“依照法律规定独立行使审计监督权，不受其他行政机关、社会团体和个人的干涉。”然而实践中，审计机构作为政府的一个组成部门，其人事权、财政权都掌握在政府手中；因此，在履行职责时不可避免地会受到行政机关的干扰，其独立性受到影响。尽管如此，审计部门每年都在向人大常委会作审计工作报告，并且反映出不少问题；反而是人大常委会并未能就审计报告中所反映的问题做到有针对性的强有力的跟踪监督。因此，人大常委会要充分利用好审计监督的专业性优势所取得的工作成果，健全审计查出问题整改的长效机制，督促有关部门作为审计查出问题整改的责任主体应及时整改并及时公告整改结果，人大要跟踪检查审计查出问题的整改落实情况。

“人大预算审查监督工作机构和队伍建设比较薄弱，制约了预算审查监督工作的基础建设和服务水平，工作队伍力量与所承担的工作职责明显不匹配。”[①] 鉴于财政预算监督所涉及的内容十分广泛，对技术性、专业性要求比较强，因此人大需要建立专业的审查队伍以便监督预算收支；否则，很难真正实质性地对政府预算实施审查。人大代表是人大履职的主体，人大常委会组成人员是常委会履职的主体。无论是全国人大，还是地方人大，都进行过常委会委员专职化的探索。不过，人大常委会委员的专职化与社会主义民主政治发展的终极价值追求有不契合的方面，庞大的专职监督者队伍自身要面对集体行动和自身管理的难题。因此，主要解决途径应是尽快改变专门的预算工作委员会或机构力量薄弱的现状，以消除预算监督盲区。

预算监督根据监督时间划分，有事后监督、事中监督以及事前监督三种情况。事前监督的作用主要是预先调整和先期防范。对此，要求人大要加强预算立法。事中监督是日常性的监督，其特点是情况复杂、点多、面广。对于事中监督，人大常委会首先要有了解掌握预算执行的途径，如人大有关机

① 上海人大工作研究会第二研究小组课题组：《关于加强本市预算审查监督的几点建议》，《上海人大月刊》2016年第6期。

构与财政部门国库支付系统在线联网，就有助于对预算执行监督就由事前和事后监督升级为全程实时监督，把看不见的政府“透明化”。[①] 因此，要对质询、特定问题调查等刚性监督途径和手段在预算监督中实施有具体明确的规定，以便真正推动人大与政府就预算执行所达成的共识落实到位。

人大及其常委会对政府预决算的审查监督，不是为了审查而审查，监督而监督，主要目的是防止和纠正政府预算在编制和执行中有可能出现偏离人民期待和公共需要满足等方面的问题，保证政府的预算编制和执行活动严格遵守法定范围、用途和方向；同时，推动政府进行财政管理体制改革，促进政府科学合理地划分中央政府和各级地方政府财政事权和支出责任，真正实现一级财政一级财权，从而使预算法的立法宗旨获得充分实现。

本文系北京政治文明建设研究基地课题“政府购买社区服务研究”（2018zzwm025）的阶段性成果。

① 通过在线监督，人大常委会对财政资金规模、流向和使用情况的实时监督，随时对每个预算单位的预算执行和计划明细、支付情况进行实时查询，跟踪监控财政预算资金的使用情况。“开通预算执行在线监督‘天眼’”，《人民代表报》2015 年 5 月 23 日。

民主协商研究

2017年人民政协民主监督研究综述

邱雅楠　赵连稳[*]

摘要： 政协民主监督是我国社会主义监督体系的重要组成部分，也是人民行使监督权力的重要形式，在我国政治生活中具有独特的优势和作用。改革开放以来，国内学者对政协民主监督的研究不断深入，并且取得了丰硕成果。本文对学术界2017年政协民主监督职能研究的主要成果加以综述，为进一步深入研究搭建平台。

关键词： 政协　民主监督　独特优势

民主监督是人民政协的三大职能之一，改革开放以来，政协民主监督在我国政治生活中的作用越来越重要。2017年是政协民主监督的“大年”，中共中央办公厅印发了《关于加强和改进人民政协民主监督工作的意见》，许多省市印发了“实施意见”，如中共北京市委办公厅印发《关于加强和改进政协民主监督工作的实施意见》，极大地推动了学术界对人民政协民主监督问题的研究，研究成果无论是在广度上还是在深度上都有明显的进展。本文将从民主监督性质、民主监督的独特性优势、民主监督的问题现状以及增强民主监督的对策建议等方面，对2017年学术界政协民主监督研究成果进行综述。

---

* 邱雅楠：北京联合大学硕士研究生；赵连稳：北京联合大学北京政治文明建设研究基地教授。

一、关于政协民主监督性质定位问题

2017年3月，中共中央办公厅印发《关于加强和改进政协民主监督工作的意见》，对人民政协民主监督的性质做了一个新的表述："人民政协民主监督是在坚持中国共产党的领导、坚持中国特色社会主义基础上，参加人民政协的各党派团体和各族各界人士在政协组织的各种活动中，依据政协章程，以提出建议、批评和意见的方式进行的协商式监督。"这是中共中央颁发的第一个关于人民政协民主监督的专门文件，"协商式监督"的新论断，既一脉相承坚持了政协民主监督的固有属性，又适应新形势新任务彰显了政协民主监督的特点和优势，是对政协民主监督性质定位的新界定，对于全面加强政协工作、健全社会主义协商民主制度和社会主义监督制度，具有重大意义。

基于政协民主监督性质新的表述，学者从不同的角度、视角来讨论人民政协民主监督的性质，得出的结论也不尽相同。

（一）对协商式监督内涵的探讨

一些学者对协商式监督中协商的内涵提出了自己的见解。

虞崇胜认为监督是协商性监督的要义，民主监督实质上是人民监督，其本质是民主；协商是形式，也是其特色和优势。他认为从政协民主监督的形式来看，协商性监督中的协商性主要体现为两个特点：首先，就监督的指向而言，人民政协民主监督是各个党派之间的双向监督，监督双方通过修正完善自身而非依靠对方倒逼和强制来实现，因而具有明显的协和性；其次，就监督的形式而言，政协民主监督通过提出建议、批评和意见的方式，集中体现了政治上的互相包容和支持，避免政治斗争和资源内耗，因而又具有明显的协调性。[①] 刘晓庄认为"协商式监督"，体现了中国特色社会主义民主政治

① 虞崇胜：《准确把握"协商式监督"的深刻意蕴》，《"协商民主视野下的人民政协工作"学术研讨会论文集》2017年8月。

中相互尊重、相互体谅的精神价值，贵在协商，重在监督。“协商不是和稀泥，而是以坚持原则为基础，实现宽大包容、厚德载物的一个较好程序；监督不是搞对立，而是以共同目标为前提，防范和制约公权滥用，实现权力为民的一条较好途径。”① 蔺雪山认为“协商式监督”是在协商中监督、在监督中协商的监督，这里的“协商式”，主要强调监督的原则和方法，即政协开展民主监督要根据政协章程，坚持互相尊重、平等讨论、求同存异、理性包容的原则，通过“提出建议、批评和意见的方式”来进行，不能采用行政命令的方式。② 刘佳义认为协商式监督是政协民主监督的主要形式，协商是方式和原则，监督是手段和途径，从它们的不同含义看，政协民主监督一方面是对决策提出意见看法，另一方面是对执行中的政策措施进行检查督促，但与协商不是一回事。③ 许青认为将政协民主监督定性为协商式监督，进一步明确了其非权力性监督、重视监督效力、强调监督资政性的特点，点明了政协民主监督人民民主的特性和非权力性却又是体制内监督的本质，是对政协民主监督的时代内涵和本质特征的深刻诠释。④

（二）关于协商式监督与政治监督的关系

2006年的《中共中央关于加强人民政协工作的意见》曾将人民政协民主监督性质定义为：人民政协的民主监督是我国社会主义监督体系的重要组成部分，是在坚持四项基本原则的基础上通过提出建议、批评和意见的方式进行的政治监督。因而，一些学者从协商式监督与政治监督的关系角度出发，认为协商式监督同样也是一种政治监督，并对此进行了阐释。

殷啸虎认为协商式监督首先是一种政治监督，这是由中国共产党领导的多党合作和政治协商制度决定的，是基于特定的政治原则、为特定的政治目

① 刘晓庄：《协商式监督：开启民主新征程》，《人民政协报》2017年3月11日。
② 蔺雪山：《民主监督要以协商民主理念为指导》，《人民政协报》2017年6月12日。
③ 刘佳义：《切实履行好人民政协民主监督职能》，《湖北政协》2017年第4期。
④ 许青：《准确把握人民政协民主监督作为协商式监督的性质定位》，《湖北省社会主义学院学报》2017年第4期。

的服务的，遵循特定政治路径开展并且通过政治手段加以保障，这种政治监督的性质决定了协商式监督是人民政协民主监督的主要表现形式。与此同时，他还认为协商式监督是一种“建设性监督”，这种性质明确了政协协商式监督的路径与方式，这也是协商式监督同其他监督形式在方式上的一个重要区别。[①] 陈惠丰认为“协商式监督”与“政治监督”在本质内容上是一致的，但又有“新的视角、新的蕴涵”，即强调了人民政协民主监督与社会主义协商民主的关系，是“社会主义协商民主的重要实现形式”。同时又提出“协商式监督”进一步明确了政协民主监督的固有属性，因为监督本质上属于民主范畴。[②] 我们认为，陈惠丰从一种新的视角、新的蕴涵来论述政协民主监督的性质定位，具有一定的说服力。

也有一些学者从协商方式以及强大的政治影响力将政协民主监督性质定位为政治监督。陈莉萍认为人民政协的民主监督首先要看清政协非国家权力机关的性质定位，所以政协的民主监督不具有法律赋予的强制约束力，是一种非权力的柔性监督；但是这并不代表着协商式监督就是不问效果的监督，它拥有着强大的民主力量、政协话语权和影响力，是对权力运行进行特殊制约、监督和影响的政治监督。[③] 郑志辉认为政协民主监督的本质属于民主范畴，它是通过协商的方式来开展民主监督，而非强制约束力，以平等协商的民主精神、切中要害的真知灼见、以理服人的方式方法等为实施民主监督的，因而是一种非权力的政治监督。[④] 强亦忠也指出了政协民主监督是一种政治监督，他认为这种通过提建议、批评和意见开展监督的方式，既具有政治性，又具有建设性，其方式可多种多样，机动灵活，非常具有优势。[⑤]

---

① 殷啸虎：《政协协商式监督的性质与定位》，《重庆社会主义学院学报》2017 年第 5 期。

② 陈惠丰：《协商式监督是对政协民主监督的重要新概括》，《中国政协》2017 年第 9 期。

③ 陈莉萍：《以十九大精神为引领务实推进人民政协协商式监督》，《四川政协报》2017 年 10 月 31 日。

④ 郑志辉：《全面准确把握政协民主监督性质定位》，《云南政协报》2017 年 9 月 22 日。

⑤ 强亦忠：《加强和创新政协民主监督是推进人民政协事业发展的当务之急》，《江苏省社会主义学院学报》2017 年第 1 期。

（三）从其他角度对政协民主监督的阐释

还有一些学者从其他的角度对人民政协民主监督的性质提出了新的理解。韩冬梅通过对权力制约监督范式的考察来确定人民政协民主监督的性质定位，由目前学术界比较普遍的四种社会学范式中，得出人民政协民主监督属于“以民主权利制约监督权力”的社会学范式，它的重要价值在于为民主权利制约监督权力搭建了平台，是实现民主权利制约监督权力的重要途径和渠道。同时，根据政协民主监督的特点提出了制约监督的第五种范式，即以反映事实制约监督权力的科学范式。[①] 翟天山提出政协民主监督基础是中国共产党领导的多党合作和政治协商制度这一基本政治制度，有相应的制度设计、运行机制和程序要求，有组织和政治体制的保障，因此实质上是一种体制性监督；参政党对执政党的监督，充当党和政府的参谋，因此民主监督是参政性监督；民主监督还是合作性监督。[②]

二、关于政协民主监督独特优势的研究

人民政协民主监督作为社会主义协商民主的重要实现形式，具有其他监督方式所无法替代的许多独特的优势。对此，一些学者通过以下几个方面对民主监督的独特优势进行了探讨。

（一）政协民主监督在监督主体上的独特优势

政协组织是一个具有 60 多年历史的成熟的爱国统一战线政治组织，它集中了我国各个阶层的社会精英，具有广泛的代表性，又具有较高的政治层次和权威性，是一支强有力的监督队伍，这是其他监督机构和形式无法比拟的。李君如认为参加人民政协的各党派团体和各族各界人士，具有政治影响

---

① 韩冬梅：《关于人民政协民主监督定位探源》，《中国政协》2017 年第 2 期。

② 翟天山：《突出四性切实加强人民政协民主监督工作》，《中国政协理论研究》2017 年第 1 期。

大、专业水平高等特点，在对党政机关及其工作人员监督时出手不凡、掷地有声，优势突出。[①] 翟天山认为由界别组成是政协区别于其他组织的一大特色，政协各界人士大都是社会精英，要么在政治上有影响，要么在经济上有成就，要么在学术上有造诣，要么能代表一个行业和特定领域，这种联系面广、代表性强的特点使它能全面、深入、有效地了解和反映各方面对党政机关的意见，从而对其进行监督，推动问题的解决，促进经济社会又好又快发展。[②]

（二）政协民主监督在监督内容上的独特优势

人民政协民主监督的内容非常广泛，可以说涉及党和国家政治生活的方方面面，只要有政治权力运作的地方都应该有人民政协的监督，甚至连政协组织和政协人自身都可以监督。陈惠丰认为："政协的民主监督，既可以对涉及宪法法律和法规的实施，涉及人民群众切身利益的实际问题解决落实情况等，广开言路、畅所欲言，发挥政协民主监督广泛性、灵活性的优势，在国家政治生活中起到一种政治寒暑表、社会解压阀的作用；又可以围绕'党和国家重大方针政策和重要决策部署的贯彻落实情况'，有组织、有重点地开展监督，发挥对国家权力运行和实施的制约和监督作用。"[③] 陈惠丰的观点最具有代表性。

（三）政协民主监督在监督区位上的独特优势

许青指出，政协组织成员来自各行各业，在看问题的角度和视野上不同于党委、政府、群众；而且各成员之间没有具体利益纠葛，处于中立的第三方，比较客观、公允，因而在填补党纪、法律、行政等监督的盲点上起到很

---

① 李君如：《发挥政协民主监督的独特优势》，《"协商民主视野下的人民政协工作"学术研讨会论文集》2017 年 8 月。

② 翟天山：《突出四性切实加强人民政协民主监督工作》，《中国政协理论研究》2017 年第 1 期。

③ 陈惠丰：《协商式监督是对政协民主监督的重要新概括》，《中国政协》2017 年第 9 期。

大作用。[①] 王新尚认为，政协民主监督位置超脱，相对于权力性监督，较少受到部门利益的束缚，能增强监督的客观性，能发现许多具有深刻意义和前瞻性的问题；具有与其他监督形式进行高度结合的优势；作为权利性监督、一种预警性、先于权力监督而实施的监督，它不具有惩戒权和强制性；同时它又属于政治体制内的监督方式，往往在权力性监督介入之前指出问题、督促改进，避免发展到需要权力监督介入的地步，所以更容易为被监督的党政部门所接受，进而为开展民主监督提供宽松的环境。[②]

（四）政协民主监督在监督形式上的独特优势

人民政协民主监督形式多样，不拘一格，并且非常灵活。具体来说，它不同于人大的法律监督、政府的行政监督以及司法机关的司法监督，它是以人民政协章程为依据、以人民政协组织为载体、以批评和建议为主要方式的一种监督；也不同于一般的社会监督、舆论监督、群众监督，它是一种体现团结、合作、协商精神的监督，是我国社会主义民主的重要形式；更不同于党内监督，它是参加人民政协的各党派团体和各族各界人士通过政协组织对国家机关及其工作人员的工作进行的监督，是中国共产党在政协中与各民主党派和无党派人士之间进行的互相监督。

张继兰指出，人民政协可以通过会议、视察、检查、调查、建议、报告、提案、特约监督等多种形式对党和政府的工作作出批评和建议，人民政协的监督还具有民主性，体现的是一种团结、合作和协商精神，是一种富有建设性的监督。[③] 强亦忠指出政协民主监督通过提建议、批评和意见开展监督，其方式可多种多样，机动灵活；且政协组织及其委员身份超脱，政治敏锐，参与性强，极富监督潜力；监督与被监督双方可通过反复沟通、解释、乃至争议，增进共识，以理服人，往往可取得其他监督形式难以企及的监督

① 许青:《准确把握人民政协民主监督作为协商式监督的性质定位》,《湖北省社会主义学院学报》2017 年第 4 期。

② 王新尚:《浅谈政协民主监督的属性、特点和优势》,《中国政协理论研究》2017 年第 1 期。

③ 张继兰:《论人民政协民主监督的技术路径创新》,《长白学刊》2017 年第 3 期。

效果。[①]

三、关于政协民主监督现状的研究

近年来，人民政协的民主监督取得了长足的进展，但不可否认，在政协三大职能中，民主监督职能相比于其他两项职能仍然是薄弱环节，人民政协民主监督还存在着一些问题，这些问题制约着民主监督效能的发挥。

（一）民主监督意识弱化

虞崇胜认为，由于思想认识上存在某些片面性，致使政协在民主监督实践中普遍存在着“假性监督”现象，集中表现在组织化意识不强、措施不够、办法不多、效果不佳、水平不高这几个方面。[②] 强亦忠指出，一方面一些党政领导同志，认为民主监督不具法律上的约束力，因此不重视政协民主监督；另一方面，不少政协领导和委员有思想顾虑，往往存在“提建议多，提批评意见少；反映问题多，反映不同意见少；事后监督多，事前监督少；一般问题监督多，重大问题监督少；监督基层单位多，监督领导部门少；监督一般干部多，监督领导干部少等”，这“六多六少”现象的存在，使民主监督失之表面、失之形式、失之软弱。[③]

（二）政协民主监督的体制机制不健全

张振华和石东洋将人民政协民主监督存在的问题归结为：民主监督权力制约机制缺失，仅仅具有权利而不具备权力很难对被监督部门形成权力制衡作用；民主监督工作的随意性较大，实际依据的仅仅是一些内容具有较大

① 强亦忠：《加强和创新政协民主监督是推进人民政协事业发展的当务之急》，《江苏省社会主义学院学报》2017 年第 1 期。

② 虞崇胜：《加强人民政协民主监督的制约性功能》，《云南行政学院学报》2017 年第 2 期。

③ 强亦忠：《加强和创新政协民主监督是推进人民政协事业发展的当务之急》，《江苏省社会主义学院学报》2017 年第 1 期。

随意性、内容过粗的原则性要求；民主监督的方式方法落后于现实发展。[①]张继兰对监督的技术路径设计加以探讨，指出人民政协民主监督存在着“软”“虚”“空”的问题，主要表现在：在监督主体上，政协委员的这种兼职身份和分散化状态并没有得到技术设计上的规范和组织，人民政协民主监督的主体处于分散和随意状态；在监督形式上，监督形式与政治权力的实际运作过程结合得并不紧密，这种与权力运作的疏远与隔离导致人民政协很难发现权力运作的失范与越轨；由于人民政协爱国统一战线组织的性质使得民主监督并不具有实质性的约束力，程序规范的缺乏容易造成监督陷入随意、流于形式，从这一角度来讲，人民政协监督的民主性与监督所需要的约束性存在某种紧张，因而无法真正做到对权力的监督与制约。[②] 姚俭建从民主监督内在机制上分析，指出：政协民主监督内部运作上的碎片化，在具体操作上难以使弥散性、碎片化的民主监督内容聚焦起来；与外部监督体系互动上的碎片化使得民主监督与其他监督形式尚缺乏实质性的联动，导致人民政协民主监督的“势单力薄”，无法形成比较聚焦的监督力量；民主监督理论研究上的碎片化导致在现实运作中，人民政协聚焦民主监督工作的主动性不足。由此可见，政协民主监督要想取得进展，必须在体制机制方面进行创新。[③]

四、关于加强政协民主监督对策建议的研究

加强政协民主监督职能建设，是我国社会主义民主政治建设的一项重要内容，针对当前政协民主监督的现状和存在的问题，学者们各抒己见，提出了对策建议。

---

① 张振华、石东洋：《论人民政协民主监督的困局及破解之策》，《贵州社会主义学院学报》2017 年第 3 期。

② 张继兰：《论人民政协民主监督的技术路径创新》，《长白学刊》2017 年第 3 期。

③ 姚俭建：《人民政协民主监督的聚焦与整合：一种内在机制的分析》，《中国政协理论研究》2017 年第 1 期。

（一）提升政协民主监督主体的认识和能力

首先，从监督主体的角度，充分发挥政协民主监督主体的作用，对提高人民政协的民主监督水平、增强监督实效，至关重要。

吴棉国、申家驹指出，要发挥民主党派在人民政协民主监督中的作用，应进一步加强宣传教育，提高他们多党合作和政治协商的意识，主动、自觉地在工作实践中对民主监督工作给予支持和帮助；完善机制，建立健全人民政协与各民主党派的工作联系制度，加强双方的沟通、联系、互动，同时还要细化相关措施，建立完善民主党派在政协履职过程中的知情、沟通和反馈机制；立足长远，注重养成，加强人民政协的自身建设，提高政协民主监督的能力和水平，同时也要加强民主党派的能力建设。[①] 张振华、石东洋指出，要加强宣传教育，政协工作者要认真学习习近平总书记关于新时代人民政协工作的讲话精神，从而不断提升自己的履职水平，认真领会习近平总书记提出的“懂政协、会协商、善议政”和提高“四个能力”的新要求，不断提升自身的综合素质。[②]

在被监督主体上，也要加强对政协民主监督的认识，对此，徐永利指出，对党中央专门就加强政协民主监督印发的文件，各级领导干部和各级党组织要坚决执行，人民政协和广大委员要认真对待；要加强党对人民政协民主监督工作的领导，落实人民政协知情明政、统筹协调、办理反馈机制；保障各界委员的权益，维护各界委员的建议和批评权。[③]

（二）拓展民主监督渠道，探索监督新形式

人民政协民主监督形式多样，不拘一格。对此，一些学者从民主监督的

---

① 吴棉国、申家驹：《积极发挥民主党派在人民政协民主监督中的作用——以致公党福建省委为例》，《广西社会主义学院学报》2017 年第 2 期。

② 张振华、石东洋：《论人民政协民主监督的困局及破解之策》，《贵州社会主义学院学报》2017 年第 3 期。

③ 徐永利：《全面从严治党背景下的民主监督》，《北京教育（高教）》2017 年第 10 期。

实现形式入手，对如何强化人民政协民主监督提出了见解。

杨发余认为强化人民政协民主监督可以从三方面着力：首先，要定向开展监督性视察，视察前要充分调研、倾听民意、查阅资料，视察时通过剖析问题，提出意见，督促相关部门和单位整改，并构建问题整改反馈机制，视察后要将监督性视察情况报送党委和政府，同时在纪检监察部门备案；其次，精心组织民主评议，做到议之有物、议有所促、议有所用，最终形成被评议单位或部门高度重视民主评议、广大政协委员热情参与民主评议、党委政府在推进工作时主动借力政协民主评议的生动局面；最后，建立舆情收集、分析机构，并将承办结果作为监督性视察和民主评议的重要依据，使民主监督真正接地气、惠民生。[①]

如何发挥反映社情民意在民主监督中的作用，王翔指出，要正确处理好反映主体特定性与反映内容广泛性的关系；正确处理好揭示问题与建言献策的关系，要着眼全局，做到全面不片面、切实不表面，反映民意时要寻求最大公约数，做到普遍不个别、大众不小众；正确处理好反映时机与反映效果的关系，在最合适的时候反映最合适的问题、提出最合适的建议。[②] 许爱凤认为提案是人民政协履行民主监督职责最基本、最重要的一种实现形式，要想不断加强和改进各环节提案工作，主要通过提案提出、提案承办、提案评议这三方面进行：首先，人民政协提案选题必须围绕中心工作、重要问题和普遍问题，选好题后就要深入开展视察调研，为其科学民主决策提供重要的知情渠道；其次，对于重点提案由提案委员会、提案者、承办单位协商重点督办，不能按期办复的提案，提案委员会应当及时催办，为其科学民主决策提供重要的信息沟通渠道；最后，需要对人民政协提案办理落实情况和焦点热点问题的处理情况进行总体民主评议，为其科学民主决策提供重要

---

① 杨发余：《浅谈政协民主监督的三种实现形式》，《江苏政协》2017 年第 4 期。

② 王翔：《反映社情民意是政协民主监督的有效形式和途径——基于杭州政协实践的思考》，《团结》2017 年第 5 期。

的反馈渠道。[①]

当前，网络监督的不断完善给政协民主监督职能的优化提供了可能。如何促进人民政协的组织优势和网络监督的资源优势相结合，科学利用网络监督的优势，借助舆论监督的力量扩大政协民主监督的影响力，更好地履行民主监督职能，增强民主监督实效，几位学者对此进行了相关探讨。战晓华认为政协民主监督要创新监督渠道，充分发挥网络监督的重要作用，具体路径主要是建立网络信息收集、研判机制，探索“互联网＋政协”的监督形式，提高政协委员网络素养，加强管理、依法监督。[②] 叶丹认为政协委员应借助新媒体资源优势，在利用好政协组织传统优势的基础上，借助新媒体资源，发挥政协委员民主监督的优势；利用新媒体的互动性，发挥政协委员“意见领袖”的作用；加强新媒体的制度化，扩大政协委员民主监督的影响，将新媒体舆论监督内化为政协民主监督的工作内容。[③] 杜联藩也指出，在新媒体背景下，政协在民主监督中要“坚持民主监督的正确导向，主动适应传播环境变化，提升民主监督主体的新媒体素养，打造民主监督的新媒体平台，并积极探索民主监督的创新机制，进而不断提升民主监督的理论水平和实践认知”。[④]

（三）完善民主监督制度，建立监督保护机制

当前，人民政协的民主监督虽然拥有其他监督形式不可替代的独特优势，但是在实践当中依据的仅仅是一些宏观宽泛的原则性要求，缺少完善的实体法来支撑，人民政协的民主监督行为的制度化、程序化和规范化需要通

① 许爱凤：《论提案在人民政协民主监督中的作用》，《湖北师范大学学报（哲学社会科学版）》2017 年第 5 期。

② 战晓华：《发挥网络监督作用，优化政协民主监督效能》，《辽宁经济管理干部学院辽宁经济职业技术学院学报》2017 年第 1 期。

③ 叶丹：《新媒体视阈下的政协委员民主监督职能研究》，《湖北省社会主义学院学报》2017 年第 3 期。

④ 杜联藩：《新媒体背景下完善人民政协民主监督的对策思考》，《社会主义学院学报》2017 年第 2 期。

过具体的制度建设来加强。

张建明建议在国家监察体制改革中加强民主监督制度设计，主要包括：通过监察委员会平台更好发挥民主监督作用；建议涉嫌行贿的党外、非监察对象人员仍由检察机关行使调查（侦查）职能；建议政协整体上不纳入监察对象的范围；建议在监察委员会组成人员中增设民主党派成员。① 虞崇胜根据人民政协民主监督的内在机理，指出加强人民政协民主监督的制约性功能，需要从三个方面予以实现：加强程序性制约，在执政党和政府的施政过程中，必须将政协的民主监督作为一个必不可少的环节；加强排斥性制约，理性地提出排斥性甚至批判性的意见，以纠正可能出现的决策偏差和失误；加强回应性制约，凡是政协组织及其成员提出的监督意见和实施的监督行为，被监督的党政机关和成员必须有回应性答复和处理意见。② 全国政协委员、北京市政协主席吉林在全国政协十二届五次会议上明确指出，加强和改进政协民主监督，必须注重发挥政协民主监督作为一种有组织监督的优势，着力健全完善组织机制和工作流程，提高组织化程度，做到民主监督有计划，即把民主监督作为年度工作安排的重要内容，进行认真研究部署；有题目，坚持问题导向，选准选好题目，做到有的放矢；有载体，通过多种有效的形式把政协委员组织起来，把群众意见反映上来，把真知灼见汇聚起来，形成便捷、畅通的民主监督渠道；有成效，增强民主监督的影响力，促进监督意见的转化。③ 姚俭建从内在机制上分析，认为在加强政协民主监督具体路径的选择上，从人民政协内部运作上，将人民政协的政治协商活动、政协委员调研视察考察活动等能够纳入具有明确主题的监督活动之中，在与外部监督体系互动上，增强与民主党派民主监督、权力部门监督、舆论媒体、社会各界监督的衔接，进一步优化民主监督的聚焦与整合机制，

① 张建明：《国家监察体制改革中民主监督制度设计探讨》，《统一战线学研究》2017 年第 6 期。

② 虞崇胜：《加强人民政协民主监督的制约性功能》，《云南行政学院学报》2017 年第 2 期。

③ 吉林：《提高组织化程度是加强和改进政协民主监督的重要途径》，《北京观察》2017 年第 3 期。

逐步形成民主监督与党内监督、行政监督、司法监督、社会监督和舆论监督等相结合的全方位系统监督体系，进而形成强大的监督合力。[①] 张继兰认为要落实人民政协民主监督职能，在现有的体制框架内可以通过三个方面的技术路径设计让人民政协民主监督得以有效运转：一是建立人民政协民主监督委员会以实现对民主监督主体的技术性规范，监督委员会的成员可以来自政协主席、副主席以及各专委会成员，而各专委会也可以建立自己的监督小组，进而实现政协监督工作的专门化；二是建立人民政协监督委员会与其他监督主体的合作机制以实现对民主监督约束力的技术性规范，与人大监督、政党监督、行政监督和司法监督在工作机制和资源配置上的合作协调，从而形成监督力量的整合和有效分配；三是各被监督单位设置专门的“政协监督周”以实现对政协监督对象的技术性规范，被监督对象可以借此机会就面临的问题与政协进行坦诚交流，而政协可以通过这种形式近距离地了解被监督对象的运作情况和相关问题，并对此献计献策，有利于对被监督单位形成制度性的震慑力。[②] 王相红、贺俊春以襄阳市民主监督员制度为例，指出要加强内部队伍建设，建立健全民主监督工作组织体系；主动进行外部沟通，争取领导的支持，优化监督环境；探索监督形式，创新监督方式，促进监督工作科学发展；建立制度，完善机制，实现民主监督工作的制度化、程序化、规范化发展。[③]

总的来看，政协民主监督职能的建设，不仅仅是简单的理论层面，更是实践层面的问题。不过就目前的研究而言，大部分学者还多停留在理论层面的研究，缺少实证性、前瞻性的对策性研究。

---

① 姚俭建：《人民政协民主监督的聚焦与整合：一种内在机制的分析》，《中国政协理论研究》2017年第1期。

② 张继兰：《论人民政协民主监督的技术路径创新》，《长白学刊》2017年第3期。

③ 王相红、贺俊春：《充分发挥人民政协在民主监督工作中的主体作用——湖北襄阳民主监督员制度的实践与经验》，《湖北省社会主义学院学报》2017年第2期。

五、关于加强政协民主监督研究的思考

政协的民主监督是一件关系重大的工作，它可以吸纳广泛的社会力量参与政治，将广大人民群众的利益诉求、意见和建议等反映到国家政治生活当中来，同时，充分发挥人民政协民主监督的作用，其特有的协商方式有利于团结一切可以团结的力量，凝聚共识，共同为中华民族伟大复兴而奋斗。近年来学者对于政协民主监督的研究取得了巨大进步，但仍然存在着一些问题与不足。

其一，政协民主监督既是一个理论问题也是实践问题，这就要求我们在大力加强理论研究的同时，也要注重其在现实实践中的可行性，即理论研究要为实践服务，因此必须要坚持理论研究和实践应用两者相结合的方法。不过就目前的研究而言，大部分学者还多停留在理论层面的研究，从理论到理论，与社会现实脱节较为明显，缺乏实践的检验。研究者不妨选定一个政协民主监督工作做得比较好的部门或地区，将其行之有效的做法进行理论上的提炼，然后再将理论运用到民主监督的实践当中，指导实践，检验理论，从而使政协民主监督职能作用得到进一步发挥。

其二，研究成果存在着不平衡性，研究的创新性有待提高。重复性研究较多，比如政协民主监督的内涵、加强民主监督的重要性、民主监督存在软弱无力的问题，而开拓性研究较少；宏观研究较多，微观研究较少，一些学者的研究在内容上虽面面俱到，却忽视了其他重要细节上的表述，使得研究仍旧停留在浅显的表面；对策全面是必要的，但是，还没有抓住主要矛盾，特别是对策建议缺乏可操作性。

其三，2017 年中央和地方出台了一些加强政协民主监督工作的文件，对此，学术界应针对重视民主监督过程中存在的问题与不足，既加强理论研究的深度广度，注重细节的深入研究，同时也要注重实践，根据中共中央文件和地方实际，在实践上敢于创新，从而为理论探索提供鲜活的社会素材。

协商民主是我国繁荣发展的重要方略

——学习研究习近平关于协商民主思想的体会

徐永利 *

习近平同志在党的十九大报告中把协商民主作为落实新时代中国特色社会主义思想的重要方略，提出了一整套关于协商民主的新观点和新思想，力推协商民主稳步发展的实施步骤和重点布局。他强调要在党的领导下，以经济社会发展重大问题和涉及群众切身利益的实际问题为主题，在全社会开展广泛协商。这是以习近平同志为核心的党中央坚定推进我国社会主义民主政治建设的重要成果，是我国坚持政治领域改革的重要内容，是加强政治体制改革顶层设计和整体谋划的理论结晶，是推进协商民主广泛、多层、制度化发展实践概括。在十九大精神指引下，我国正在不断认真总结协商民主的成功经验，构建中国特色协商民主程序合理、环节完整的体系和制度，探索实践协商民主的特有形式，发挥推广协商民主的独特优势，提高协商民主的社会成效。

一、协商民主是基本政治制度和执政规律的重要内容

习近平同志在十九大报中指出："中国特色社会主义政治发展道路，是

* 徐永利：北京联合大学北京政治文明建设研究基地首席专家、教授。

近代以来中国人民长期奋斗历史逻辑、理论逻辑、实践逻辑的必然结果。”[①]协商民主是这三个逻辑内的重要内容，是实现党的领导的重要方式，是我国社会主义政治的特有形式和独特优势，是我国基本政治制度和国家发展重要方略，必须毫不动摇地坚持和发展。

习近平同志指出：“世界上没有完全相同的政治制度模式，政治制度不能脱离特定的政治条件和历史文化传统来抽象评判，不能定于一尊，不能生搬硬套外国政治制度模式。”[②] 当今世界，现代文明强国都选择了符合自身实际并具有时代特征的民主形式、政治制度和政治发展道路。我们已经走过了近 70 年的历程，新中国成立伊始就实行了政治协商——协商民主，到今天她已经成长为我们国家的基本政治制度。中国特色的协商民主主要包括：中国共产党领导的多党合作和政治协商制度，坚持把国家层面民主制度同基层民主制度有机结合起来的制度，符合我国初级阶段国情和推动社会长期稳定繁荣发展的民主政治制度。这是党的全心全意为人民服务的立场决定的，是工农联盟为基础、人民民主共和国的政治性质决定的。

党的十八大以来，社会主义协商民主在我们国家已经全面发展，已经充分发挥出我国社会主义政治制度的优越性。习近平同志指出：“社会主义协商民主，是中国社会主义民主政治的特有形式和独特优势，是中国共产党的群众路线在政治领域的重要体现。”[③] 党的十八届三中全会把协商民主发展纳入我国全面深化改革总体框架并列为重点任务之一，体现了习近平同志的马克思主义巨大理论勇气和政治远见卓识，体现了习近平同志的新思想新理念，体现了以习近平同志为首的中央政治局的新战略。基本政治制度建设，就是不管遇到什么风浪都需要遵守的基本规矩，就是在政治文明建设中必须

① 习近平：《决胜全面建成小康社会 夺取新时代中国特色社会主义伟大胜利——在中国共产党第十九次全国代表大会上的报告》，人民出版社 2017 年版，第 36 页。

② 习近平：《决胜全面建成小康社会 夺取新时代中国特色社会主义伟大胜利——在中国共产党第十九次全国代表大会上的报告》，人民出版社 2017 年版，第 36 页。

③ 习近平：《在庆祝中国人民政治协商会议成立 65 周年大会上的讲话》，《人民日报》2014 年 9 月 22 日。

坚持的基本内容，就是让老百姓能够感觉好的基本民主制度，说到底就是得不得人心、把握不把握大局的事情。协商民主在基本政治制度中享有特殊的地位，就像现代经济不能没有发达的现代交通一样，天地之间、海洋之间、陆路之间，飞机轮船通畅了亲人们就心心相印了，高速路高铁通畅了区域经济就繁荣发展了。

习近平同志强调："人民通过选举、投票行使权力和人民内部各方面在重大决策之前进行充分协商，尽可能就共同性问题取得一致意见，是中国社会主义民主的两种形式。在中国，这两种民主形式不是相互替代、相互否定的，而是相互补充、相得益彰的，共同构成了中国社会主义民主政治的制度特点和优势。"[①] 协商民主既坚持了"少数服从多数的"民主集中制原则，保证了绝大多数人的长远利益；又兼顾了听取"少数人的意见"，寻找维护总体平衡和缩小发展差距的路径。协商民主既是理论自信，更是民主制度在实践中的创新，更是听取民意的实实在在的举措。

民主政治就是中华民族团结的环境，协商民主就是中华民族团结的操作机制。为了中华民族更加坚强有力地屹立于世界民族之林，必须团结一切可以团结的力量。如何在历史长河中把56个民族、13亿多人团结起来，凝聚在一起，在这一个目标下，经过几十年的奋斗，我们找到了一个科学方法：协商民主。中国的大事要情就是要协商。在新中国建立之初，面对纷繁复杂的难题，毛泽东同志说："国家各方面的关系都要协商。"[②] 周恩来同志说过："新民主主义的议事精神不在于最后的表决，主要在于事前的协商和反复的讨论。"[③] 习近平同志在党的十九大报告中指出："协商民主是实现党的领导的重要方式，是我国社会主义政治的特有形式和独特优势。"[④] 我们党正是通过

① 习近平：《在庆祝中国人民政治协商会议成立65周年大会上的讲话》，《人民日报》2014年9月22日。

② 中共中央文献研究室编：《毛泽东文集》第六卷，人民出版社1999年版，第386页。

③ 政协全国委员会办公厅、中共中央文献研究室编：《人民政协重要文献选编》（上），中央文献出版社、中国文史出版社2009年版，第33页。

④ 习近平：《决胜全面建成小康社会 夺取新时代中国特色社会主义伟大胜利——在中国共产党第十九次全国代表大会上的报告》，人民出版社2017年版，第38页。

民主协商，听取方方面面的意见，最终促进政党关系、民族关系、宗教关系、阶层关系、海内外同胞关系和谐发展。

新中国成立后，中国共产党带领中国人民探索和把握中国特色社会主义民主规律，奋力开拓协商民主的实践与理论天地，积极营造既有集中又有民主、既有纪律又有自由、既有统一意志又有个人心情舒畅、生动活泼的政治局面。习近平同志特别强调协商民主制度的传承，赞扬了人民政协坚持近70年协商奋斗，坚持弘扬各民主党派追求民主、崇尚科学、忠于祖国的光荣传统，挖掘运用我们先辈积累创造的协商民主的巨大成就。在今天的中国，要持之以恒地坚持政治协商，协商讨论国家改革发展稳定的大计，协商找出解决各阶段发展问题的办法，协商化解各种发展的差距和矛盾，把协商民主建设成管用有效的中国特色政治文明制度。

二、协商民主是顶层设计，更是党的初心

党的十九大高举不忘初心牢记使命的大旗，充分肯定了十八大以来政治体制领域改革取得的突破性进展，尤其是协商民主发展整体框架已经基本确立、机制和制度建设正在全面发力。协商民主纵深推进体系建设，横向开展广泛多层次的政党协商、人大协商、政府协商、政协协商、人民团体协商、基层协商以及社会组织协商。发挥社会主义有事好商量、事多勤商量的品格，有力彰显中国共产党牢记初心的本色，坚持保证顶层设计落实到基层、贯彻到始终。

在新中国成立之初，中国共产党为科学和民主的奋斗历程，为有牺牲多壮志的英雄形象，以中共当时的实力完全有机会实行一党专政，但中国共产党有自豪而不自满、有自信而不自傲的胸怀。从“五四运动”到新中国成立后，把“德先生”和“赛先生”作为信仰坚守，不做叶公好龙，赢得了全国各族人民的拥护和爱戴。当年同各民主党派、无党派人士、各族各界代表在充分协商的基础上，适时召开全国人民政治协商会议，制定共同纲领，定都北京，选举产生中央人民政府。这标志着政治协商制度的确立，奠定了中华

民族日益走向繁荣富强实现伟大复兴的政治基础。

习近平同志明确指出："社会主义协商民主在我国有根、有源、有生命力，是中国共产党和中国人民的伟大创造，是中国社会主义民主政治的特有形式和独特优势，是党的群众路线在政治领域的重要体现。"① 为了建设发展我国社会主义民主政治，党中央制定了纲领性文件：《关于加强社会主义协商民主的意见》，回答了谁来协商、坚持和谁协商、协商什么问题、坚持用什么样的方式方法协商等一系列问题。经过近百年的努力，中国共产党已经把自己追求的民主理念建成了协商民主制度的顶层设计，从国家层面到地方层面正在构建成程序合理、环节完整的协商民主体系，建设成有原则、有程序、有主体、有内容、有反馈、有领导的协商民主制度。在从多点到广泛、从高层到基层的稳步推进协商民主，在实践中拓展协商民主的形式、丰富协商民主的内容、升华协商民主的理论，将中国共产党对民主的坚定信仰变为中国特色民主政治实践。

协商民主既是政治协商，更是实实在在的民主生活。一直以来，中国共产党坚持每逢大事必与各民主党派和无党派人士协商，坚持听取各方意见，包括不同意见。习近平同志说："全心全意依靠工人阶级不能只当口号、标签贴，而要贯彻到党和国家政策制定、工作推进全过程，落实到企业生产经营各方面。"② 各级党组织和各级政府坚持完善协商民主制度，带头在决策前和执行中听取各方面的意见，主动接受民主监督。在基层单位必须坚持对有关群众利益的重大问题听取群众意见的制度，开展深入调查研究，有重大分歧的事情要审慎对待，防止犯主观臆断、官僚主义的错误。

协商民主作为顶层设计的制度已经成为坚持党的群众路线避免脱离群众危险的可靠制度，更是执政党和政府与人民群众之间的稳定保证。要想和全国人民一道奋斗，领导各族人民、各民主党派、各界群众实现中国梦就必须坚持统一战线和坚持协商民主制度。用顶层设计缩小发展差距矛盾，用顶层

① 习近平：《习近平关于社会主义政治建设论述摘编》，中央文献出版社 2017 年版，第 73 页。

② 习近平：《习近平谈治国理政》，外文出版社 2014 年版，第 45 页。

设计减少阶层利益摩擦，用顶层设计解决问题无序重叠，用协商民主发挥中华民族伟大复兴最大公约数的边际效益。

三、协商民主是共治平台，更是政治治理

在推进国家治理体系建设中，协商民主是政治协商的重要载体。政治协商主要是通过政党、人大、政协协商，定期或不定期直接听取、征求各民主党派、群众团体、各界人士的意见和建议。习近平同志说过："社会主义协商民主，应该是实实在在的，而不是做样子的，应该是全方位的，而不是局限在某一方面的。应该是全国上上下下都要做的，而不是局限在某一级的。"①"我们要坚持有事多商量，遇事多商量，商量得越多越深入越好。""这样做起来，国家治理和社会治理才能有深厚的基础，也才能凝聚起强大力量。"② 通过商量沟通不同意见，通过沟通了解双方或各方的诉求差距，协商出先易后难或先救命后治病的原则，才能把实事办好，把好事办实。在这里，协商的是众人之事，是讲政治，政治是实实在在的、是人民内部共治的平台；民主是要解决有争议的难题，是讲方法，民主不是为了反对而反对。协商民主一头连着民智民心，一头连着党和政府；一面要找最大公约数的边际效益最高点，一面要倾听少数人的反对或不同意见，党通过民主协商凝聚人心，最终实现共建共享发展成果的"同心圆"。

协商民主是我国社会主义民主政治的重要组成部分，发展协商民主就是政治领域的改革，就是政治治理。但也有人说：中国的政改不如经改成果大，其实不然。当前我们党推行的"五位一体"总体布局和"四个全面"战略布局：涵盖了深入开展政治体制改革、民主政治建设。一个强劲改革发展的世界第二大经济体，没有强有力同步前进的成功政治改革和政治制度可靠支撑，没

---

① 习近平：《在庆祝中国人民政治协商会议成立 65 周年大会上的讲话》，《人民日报》2014 年 9 月 22 日。

② 习近平：《在庆祝中国人民政治协商会议成立 65 周年大会上的讲话》，《人民日报》2014 年 9 月 22 日。

有政治生态清风徐徐和反腐倡廉，经济繁荣发展是不可能持续三十多年的！其实人们有时候对民主政治改革敏感，有时候有人对经济体制改革呼声更高，是不同时期不同人的感觉不一样，事实上经济和政治两个领域是一个不可分割的整体，相辅相成、相互促进。

从西方目前民主政治乱象到苏联解体看，思想落后民主的脚步也会停滞，制度僵化民主的形式也会呆板。从我国民主政治发展的角度看，协商民主是社会主义民主制度发展的新尝试新创举，使传统的民主形式不仅得到了丰富、完善，还有了新的突破。中国特色协商民主的事实证明，民主政治并非“终结”在西方民主形式，也并非西方的民主形式是唯一的。协商民主在与资本主义政治制度和民主形式的比较发展中，显露出特有的优势和实力：一是为了一个共同的目标，二是不是为了否定之否定，三是实实在在的问题导向。

坚持和保障民主政治、民主制度、协商民主和坚持群众路线是一致的，和坚持人民主体地位是一致的，和坚持为了人民的利益坚持真理是一致的。只有坚持在人民群众面前是小学生，自觉以人民为师，向能者求教，向智者问策，尊重民主党派的意见，尊重各阶层群众的诉求，充分听取各方面不同意见，集中统筹各方利益需求，追求社会公平正义的最大公约数，这才是我们协商民主的本质。

在全面推进社会主义经济建设、政治建设、文化建设、社会建设、生态建设的全过程中出现的人与自然、资源与政策、地区不平衡、贫富差距等矛盾和问题，虽然都是人民内部的，但复杂且重叠，涉及部分地区部分单位的实际问题，处理稍有不慎可能酿成大祸。这些都需要通过理性商讨研究、善意提出负责任的方案，根据实际有序反映。在这个氛围中协商民主最受欢迎，它能如实反映各方面的意见，管理者能直接听到人民群众对改革发展稳定的意见，这种实践就是把社会主义民主政治建设贯彻到依法执政的全过程中。

四、协商民主既重视平等和形式，更重视集中和内容

协商民主是在我国人民内部努力形成共识的重要民主制度，是广大公民和社会团体有序政治参与、对社会重大问题和涉及切身利益问题发表意见、监督执政党和政府部门使用公权力、维护公有制和国家利益的重要民主形式，为我国社会主义民主政治丰富了形式，拓展了渠道，增加了内涵。习近平同志说：“人民群众是社会主义协商民主的重点。涉及人民群众利益的大量决策和工作，主要发生在基层。要按照协商于民、协商为民的要求，大力发展基层协商民主，重点在基层群众中开展协商。凡是涉及群众切身利益的决策都要充分听取群众意见，通过各种方式、在各个层级、各个方面同群众进行协商。”①

“协商就要真协商”，形式是为内容服务的。习近平同志多次发表讲话强调：协商民主既是广大人民群众有序政治参与的重要形式，也是党和政府倾听民众呼声、接受人民的监督、实行民主政治制度的重要行动。尤其是五年来的实践证明，我们党坚持“四个全面”的战略布局和“五位一体”的总体布局，一手抓经济基础，一手抓上层建筑，稳步推进社会公平正义的秩序建设，疏通民主政治渠道，就是要让人民群众享受物质生活美好的同时，把人民群众的知情权、参与权、表达权、监督权落到实处，让人民群众精神上同样有幸福感、满足感，实现政通人和的目标。

“民主不是装饰品，不是用来做摆设的，而是要用来解决人民要解决的问题的”②，国家政权机关、政协组织、党派团体、基层组织、社会组织要围绕人民群众没有获得感、没有幸福感、没有安全感的问题开展民主协商，根据不同的主体和范畴、不同性质的主题分成不同的协商、渠道、方式。既可

① 习近平：《习近平关于社会主义政治建设论述摘编》，中央文献出版社 2017 年版，第 72 页。

② 习近平：《在庆祝中国人民政治协商会议成立 65 周年大会上的讲话》，《人民日报》2014 年 9 月 22 日。

作为协商主体也可以是协商渠道，协商的内容可以是丰富多彩的。深入开展政治协商、人大协商、立法协商、政府（行政）协商、政协协商、社会组织（参政）协商、基层（社会）协商等多种形式的民主协商。这里有大家熟悉的统一战线和人民政协，依然在宪法、党章和人民政协章程的框架下发挥着平台和渠道的重要作用。特别是政协协商在协商民主的实践中起到了榜样作用，各级人民政协组织作为协商民主的重要渠道和专门机构，坚持团结和民主两大主题，发挥各界委员参政议政的积极性，完善人民政协制度体系，明确协商内容紧紧围绕国家和地方的大政方针以及发展改革中的重要问题，规范协商程序，拓宽协商民主形式，更加灵活、经常地组织专题协商、对口协商、界别协商、提案办理协商，探索远程协商等新形式，增加协商密度，提高协商成效。

民主政治很重要，必须在国家政治生活和社会生活中兑现。政治是讲为谁服务的，不是用来喊的；民主是商议解决问题的办法的，不是议而不决、议而不定的。习近平同志讲过："光有立场和态度还不行，必须有实实在在的举措。行动最有说服力。"[①] 过去的五年，党中央强力推进政治体制改革，靠协商把握"万物并育而不相害"，持续凝聚内涵发展动力；靠民主实现"道并行而不相悖"，高度统一民族复兴目标。这既是我们党的群众路线的内因决定的，又是这一路线的民主政治保障制度的外在作用；既是诚心接受监督、批评意见的主观行动，又是顺民意、同呼吸的客观载体。党的十九大提出全面推进"五位一体"总体布局和"四个全面"的战略布局，用习近平新时代中国特色社会主义思想指导抓铁有痕踏石有印的伟大行动，让亿万人民坚定地走在中国特色社会主义政治发展道路上。

如果民主是运动会，那么协商就是交响乐。协商民主的方法体现立场，民主协商的内容左右决策。我们党紧紧抓住协商民主广泛、多层制度化发展，为我国社会主义民主政治注入了新的活力，推动了新时代中国特色社会主义民主政治建设。习近平同志关于协商民主的系统论述是新时代中国特色

---

① 习近平：《习近平谈治国理政》，外文出版社 2014 年版，第 87 页。

社会主义思想的重要组成部分，是对我们国家政治体制改革和民主制度建设实践的总结和提炼，是提升党的执政能力和国家治理能力的行动指南，为新时代中国特色社会主义民主思想增添了新内容新成果。

人民政协民主监督职能实现路径的创新性探索

——北京市政协民主监督组工作的实践及思考

崔晓晖 *

人民政协民主监督是在坚持中国共产党的领导、坚持中国特色社会主义基础上，参加人民政协的各党派团体和各族各界人士在政协组织的各种活动中，依据政协章程，对国家宪法、法律和法规的实施，重大方针政策、重大改革举措、重要决策部署的贯彻执行情况，涉及人民群众切身利益的实际问题解决落实情况，国家机关及其工作人员的工作等，通过提出建议、批评和意见的方式进行的协商式监督。人民政协民主监督是我国社会主义监督体系的重要组成部分，是社会主义协商民主的重要实现形式，在国家政治生活中发挥着不可替代的重要作用，并随着社会主义建设和改革开放事业不断发展而发展。

中共十八大以来，以习近平同志为核心的中共中央高度重视发挥人民政协民主监督重要作用，提出一系列新思想新观点新要求，为人民政协开展民主监督作出制度安排，提供基本遵循。2017 年 2 月 9 日，中办印发的《关于加强和改进人民政协民主监督工作的意见》(中办发〔2017〕13 号)，是中共中央颁发的第一个关于加强和改进人民政协民主监督工作的专门文件，对民主监督的概念、内容、形式和工作程序作出明确规定，深刻阐释加强人民政协民主监督工作的重要意义和总体要求。2018 年 3 月 15 日，全国政协

* 崔晓晖：北京市政协宣传中心（北京观察杂志社）副主任（副总编辑）。

十三届一次会议通过的政协章程修正案对民主监督的含义做了进一步界定。加强人民政协民主监督的实践和研究，是各级政协当前面临的重要课题。

北京市政协的民主监督工作也随着人民政协事业的发展而不断取得新的成绩。特别是十八大以来，市政协在中共北京市委领导下，结合新形势新任务，加大对人民政协民主监督的实践探索，创新工作形式，规范民主监督组工作制度，提升监督实效，对人民政协民主监督职能的实现路径进行了创新性探索。

一、北京市政协民主监督组的创新实践

北京市政协民主监督组是在市政协常委会和主席会议领导下履行民主监督职能的重要组织形式，根据围绕中心、服务大局的原则，选择市委市政府重视、人民群众关注、关乎北京市经济社会发展大局的重点领域分类设立，通过对相应领域工作进行有重点、经常性监督，提升民主监督实效。

（一）历史沿革。北京市政协民主监督组工作始于20世纪90年代，以民主监督小组的形式，组织专业委员就专项工作通过听取情况通报、视察、考察、监督讨论等活动提出意见建议。其中，新闻舆论导向民主监督评议组、财政预算协商监督小组、首都社会治安综合治理工作民主监督组先后于1994年、1996年、2008年根据首都相关领域的发展需要而设立，依托市政协相关专委会组织委员开展定期定向、形式多样的民主监督。民主监督小组经过20多年探索实践，开展了一系列富有成效的监督活动，各项工作逐步规范，在组织、制度和工作模式上，为民主监督组的最终成立和规范运行奠定了坚实的实践基础。

2013年以来，为进一步加强和改进市政协民主监督工作，推进民主监督工作制度化、规范化建设，提升民主监督小组工作成效，十二届市政协将民主监督组作为履行民主监督职能的重要组织形式，以民主监督小组工作为基础，对其隶属关系、组建程序、工作形式、任期和产生方式等方面做了统一和规范，建立了民主监督组工作制度，先后正式设立五个民主监督组。除

了在原有监督小组基础上设立的新闻舆论、财政预算、法治建设三个民主监督组外，还根据工作需要新设立了城市管理和民生建设民主监督组。根据以上规定，十三届市政协于2018年3月29日经市政协十三届五次主席会议审议，通过了关于成立新一届以上五个民主监督组的决定。

民主监督组的组建，根据工作需要统一由人事联络室提出，经驻会领导办公会议确定并指定所依托的专委会；由依托的专委会提出组建方案和建议名单，经主管副主席审定、驻会领导办公会议审议后提交主席会议讨论决定。

在工作机制上，五个民主监督组根据工作领域分别依托市政协文史和学习委员会、经济委员会、社会和法制委员会、城建环保委员会教文卫体委员会及其办公室，由专委会负责同志兼任民主监督组组长或副组长，专委会办公室组织落实民主监督组具体工作，既避免设置过多机构，也发挥了专委会的资源优势。

在组织构成上，设组长1人、副组长若干人；组员的选择主要从专业优势、界别分布和参政议政能力三个方面考量。目前各组规模分别为40人（新闻舆论）、60人（财政预算）、45人（城市管理）、38人（法治建设）、59人（民生建设），具有专业优势的组员均占50%以上，涵盖多个界别，在保证专业性的同时为行业诉求提供表达渠道；组员绝大部分为本届委员，同时邀请政协委员之外的少量专家作为顾问。

在工作内容上，主要围绕所监督领域，对国家和本市法律法规的实施，重大方针政策的贯彻执行，重要工作部署的实施情况，人民群众普遍关注的重要问题，市委、市政府有关部门及其工作人员履行职责、遵纪守法、廉洁从政等方面的情况，通过情况通报、专项视察、日常监督等方式，提出意见建议或形成监督报告进行监督。

（二）主要工作。2013年以来，五个民主监督组围绕各自监督领域，紧扣首都改革发展中的重大问题、热点难点问题，先后分别就市级财政决算和预算、大气污染治理、水环境治理、新闻舆论环境和媒体责任、司法机关法律文书网上公开、首都学前教育等开展了情况通报、监督评审会议、视察、座谈、调研等形式多样的监督活动，通过监督报告、专项调研报告、建议意见书、社情民意信息和提案等形式将监督意见报送党委政府，推进了各项政策措施的贯彻落实。

围绕北京市财政预算及其执行情况，财政预算民主监督组20年来先后向市委市政府提交了41份书面建议报告，提出近300条意见建议，其中大部分建议在财政预算工作中得到体现，得到市委市政府领导及相关政府部门高度认可。北京市财政部门从2008年起设立预算稳定调节基金就是采纳落实市政协关于“在全国率先试行人大对预算超收收入的询问制和超收使用的审批制，并将收支情况纳入下一年度财政预算及决算报告中”的建议的具体举措。

围绕北京市新闻舆论导向工作，新闻舆论民主监督组先后到北京电视台、北京日报社、新京报、搜狐网、千龙网等视察，与媒体工作者座谈，提出监督意见和建议。该组2014年度监督报告得到时任市政府主要领导同志批示："是一篇有深度的报告。读后很有启示和感悟。请政府办公厅、新闻办阅研。”市委宣传部据此开展了市属媒体关于2014年新闻宣传的自查，并给市政协发来了《市属媒体关于2014年新闻宣传自查情况的报告》。

围绕城市建设和治理问题，城市管理民主监督组通过《诤友》报送的《设施建设不能成为污水处理短板》《我市应进一步加强城市公共空间设施管理》《我市应持续推进企业治污减污工作》等多篇社情民意信息得到主要市领导批示，被市政府《领导参考》《昨日市情》等刊物采用。

围绕北京市法治建设，法治建设民主监督组开展了“司法机关法律文书网上公开”“通过行政诉讼看法治政府建设”等专题调研并向市委市政府有关部门报送了调研报告，在聚焦法治政府建设关键环节的同时，对人民法院受理和执行行政案件进行了全面监督。

围绕学前教育发展特别是《北京市第二期学前教育三年行动计划(2015—2017年)》贯彻落实的情况，民生建设民主监督组先后赴北京市教委和多所公立、民办学前教育机构开展了一系列的专题座谈和监督性的视察活动，就学前教育领域存在的问题组织委员积极建言献策，搭建起政府、社会和家庭之间的协商桥梁。

在开展监督的同时，各组都通过学习培训和建章立制加强了自身建设。一是制定工作简则，将工作任务、形式、方法和程序确定下来，减少工作随意性和不确定性，激发委员积极性和主动性。二是组织学习培训、情况通报等活动，扩大知情范围，提高监督能力。如新闻舆论民主监督组及时组织学习习近平总书记在党的新闻舆论工作会议上的讲话，进一步统一思想、明确工作方向和重点。财政预算民主监督组与市人大财经委、市财政局、市审计局建立经常性联系、定期通报情况制度，将专业知识培训、重要事项通报列入年度工作计划。

二、北京市政协民主监督组工作的鲜明特点

北京市政协民主监督组工作的主体设置、机构职能、监督内容、队伍构成、制度建设方面具有鲜明特点和独特优势。思考总结民主监督组工作的创新实践，有利于进一步加强和改进人民政协民主监督工作。

（一）主体组织化。民主监督组的成立，赋予了民主监督工作主体以确定的名称、具体的人员、固定的办事机构，实现了民主监督工作主体的具体化。主体确定是明确职责、加强管理和提升成效的前提。民主监督的主体是参加人民政协的各党派团体和各族各界人士，但就每项监督工作而言并没有明确具体的监督者。民主监督主体组织化，使相关领域的民主监督工作有了具体责任主体，为政协委员搭建了专项监督的专门平台，为党委政府提供了就专项工作集中听取政协监督意见的专门渠道。

（二）职能专门化。民主监督组作为工作机构的唯一职能是履行民主监督职能、开展民主监督工作。职能是组织设立的目的、赖以存在的必要性和应有的作用。人民政协履行职能、组织和联系委员的工作机构主要是专委会。但专委会承担的是履行三项职能的职责，并不局限于某一种职能。政协三项职能的实现路径体现在多个机构组织的多项活动中，政协工作往往是三项职能综合体现的混合型活动。民主监督组职能专门化，是民主监督组与政协其他工作机构的根本区别，民主监督组也因此成为履行民主监督职能的专

门机构。虽然民主监督组的工作活动客观上仍然具备扩大共识、团结统战、凝心聚力等多重功能和实际效果，但其工作的组织开展都是以民主监督为唯一特定的目标指向的，通过搭建资源和信息的集成平台，促进合并问题、汇聚力量、深入沟通、汇总意见、形成拳头产品。

（三）内容具体化。五个民主监督组基于不同领域和内容设立，较之专委会在工作领域上的划分更为聚焦。工作内容明确具体才能有的放矢、提高针对性和有效性。据全国政协 2016 年组织的相关课题组研究统计，民主监督工作的 15 种形式中只有专题调研监督、专项集体民主监督、民主评议监督有相对固定的监督内容，但前两者是短期或临时活动，后者往往为应邀型活动。民主监督组把监督内容聚焦，有的甚至是固定选题，有利于信息的深度挖掘和监督工作的持续发力，便于形成专项监督信息库和专家库，形成主题突出的专项成果，提高监督成效。

（四）队伍相对专业化。民主监督组的队伍体现了在坚持广泛代表性的基础上，兼顾专业性的构成特色。按界别组成是人民政协区别于其他政治组织的显著特点，也是人民政协得以发挥作用的生命力所在，因此政协工作的突出优势就是政协委员的广泛代表性。专委会的委员队伍构成是基于个人意愿而非专业领域，与委员的专业领域并不重合。政协界别也并不完全等同社会界别意义上对社会群体基于身份的划分，更多的是发挥政治功能的一种组织制度设计、一种民主渠道。因此，民主监督组与专委会和界别相比，其队伍构成上的专业化相对突出，在监督过程中更具专业优势。

（五）工作制度化。制度建设是工作规范和持续发展的根本保障。十二届市政协先后印发《政协北京市委员会关于建立民主监督组的暂行办法》（2013 年 9 月 12 日政协北京市第十二届委员会第五次主席会议通过）、《政协北京市委员会民主监督组工作简则》（2016 年 11 月 7 日政协北京市第十二届委员会驻会领导办公会第 68 次会议通过），不仅对民主监督组的意义、名称、性质、组建程序、工作原则、机制、形式、方法、依托机构作出明确规定，还规定民主监督组与当届市政协任期相同、每届市政协第一年组建新一届民主监督组。各民主监督组也都分别结合实际制定了工作简则，为民主监督组作为履行民主监督职能常设专门机构的工作形式提供了制度保障。

综上所述，与政协履行职能的其他工作形式和政协民主监督工作的其他形式相比，北京市政协民主监督组工作呈现出主体组织化、职能专门化、内容具体化、队伍专业化、工作制度化的鲜明特点。北京市政协民主监督组工作，不仅搭建了“集中专业优势监督专业问题”的专门平台，为政协工作创新提供了一种更具资政能力的工作范式；而且通过对“设置专门机构开展专项工作”的制度保障，在客观上对人民政协民主监督职能的实现路径进行了创新性探索，从而为政协履行职能提供了一种主体更加具象、划分更加明晰、绩效更易量化的实现路径。北京市政协民主监督组工作，为推进人民政协的理论创新和实践创新提供了生动案例和有益经验。

三、进一步加强北京市政协民主监督组工作的几点思考

新时代新征程，新形势新要求。进一步发挥人民政协民主监督的独特优势和重要作用，对于推进党和政府提高决策水平，推动党和国家大政方针、重大改革举措和重要决策部署贯彻落实，促进国家机关及其工作人员转变作风、改进工作、反腐倡廉，推动解决人民群众关心的实际问题，加强中国共产党同各民主党派、各人民团体、各族各界人士的团结合作，具有重要意义。加强和改进北京市政协民主监督组工作，有利于不断提升监督实效，为首都改革发展贡献更多智慧和力量。

（一）把握性质定位，加强政协组织的领导和组织作用。作为人民政协民主监督的平台，政协组织虽然不是民主监督的主体，却承担着领导和组织作用。加强政协组织对民主监督组工作的领导和组织作用，一是要坚持中国共产党的领导、坚持正确的政治方向，把“四个意识”融入团结和监督并重的协商式监督过程中，从坚持中国特色社会主义基本政治制度和发挥协商民主重要渠道和专门机构作用的高度，发挥民主监督在中国特色社会主义民主政治建设中应有的作用。二是要牢牢把握人民政协及其民主监督的性质定位，坚持提出建议、批评和意见的协商式的监督方式。把握民主监督不具备

强制力和约束力的性质定位，突出政协委员的话语权和民主监督的影响力。三是要坚持团结和民主两大主题，明确协助党和政府解决问题、改进工作、增进团结、凝心聚力的监督目的。四是要坚持围绕中心服务大局，把握党和国家重大方针政策和重要决策部署的贯彻落实情况的监督重点。

（二）聚焦监督内容，充分发挥政协的界别和专业优势。纵观北京市政协民主监督组工作的开展历程，其发轫于首都改革发展的需要，改革创新和完善确立于首都改革发展的需要，其监督成效的评价参照于对首都改革发展的贡献。面对新形势新任务，民主监督组工作要继续紧扣首都改革发展需要开展监督。一是进一步聚焦监督内容。特别是监督内容相对宽泛的民主监督组，应进一步明确监督范围，选择和确定带有根本性和长远性的、相对集中的监督对象或方向，提高监督针对性，保证监督连续性，加大监督力度。二是围绕监督内容挖掘政协委员的专业资源优势。在保证监督队伍界别代表性的基础上，研究建立民主监督组成员的遴选机制，深度挖掘和充分发挥政协的专业人才和资源优势。

（三）促进成果转化应用，不断提高监督实效。监督取得成效有利于形成委员履职的激励机制，发挥政协民主监督和政协工作在社会主义协商民主建设中的示范引领作用。一是更加关注和积极宣传监督过程中的“团结成效”和“民主成效”。在监督过程中，监督意见的办理是监督成效，广开言路、畅所欲言、发扬民主是监督成效，扩大共识、化解矛盾、凝心聚力是监督成效，建言立论、提醒预警、引起关注也是监督成效。要从坚持团结和民主两大主题的高度，多维度评估和积极宣传各种监督成效。二是完善监督意见的报送和反馈机制，通过程序的完善，保障政协委员的监督权利和监督成果的应用。三是打通社会主义监督体系中其他监督形式对民主监督工作信息的共享通道，充分发挥民主监督成果对整个监督体系的价值和作用。选择没有保密要求的监督领域和成果，探索民主监督与舆论监督的衔接机制，通过成果公开提高监督实效。选择国家机关工作人员有关的监督意见，探索民主监督与党内监督、行政监督的衔接机制，促进工作改进和干部队伍建设水平的提升。探索民主监督与社会监督的衔接机制，更好地发挥政协作为党和政府与人民群众之间的桥梁纽带作用。

（四）加强自身建设，不断提升民主监督组工作水平。一是提升监督信息供给水平。加强与党政部门的工作联系，充分利用各类智库，扩展委员的知情广度和深度。围绕监督领域和对象，分专题建立信息库，通过信息库汇集基础信息、研究成果、历次监督和调研工作的有关资料，避免换届等因素造成重复调研，保持工作连续性。二是面向民主监督组成员，建立专项监督信息平台，供委员随时查询相关资料、关注监督工作进展情况，建立监督双方沟通信息的常态化渠道，提高监督效率和实效。三是加强履职培训，引导委员牢牢把握政协民主监督的性质定位，在监督过程中自觉贯彻落实“协助党和政府解决问题、改进工作、增进团结、凝心聚力”的监督目的，融协商、监督、参与、合作于一体。

人民政协理论中的传统文化

赵连稳　王　静*

摘要： 人民政协是中国人民的独特创造，它来源于中国独特的优秀传统文化。人民政协理论中蕴含着“和而不同”“求同存异”“兼容并蓄”“以民为本”“协和万邦”等优秀传统文化基因。人民政协应深刻领会这些优秀传统文化的丰富内涵，以习近平总书记有关讲话为指导，努力做好政协工作，为实现中国梦营造良好的内部和外部环境。

关键词： 人民政协　传统文化　继承和发展

人民政协是中国特色社会主义制度的重要组成部分，是马克思主义和中国实际相结合的产物，这里的“中国实际”就包括中国的优秀传统文化。2014年9月21日，习近平总书记在庆祝人民政协成立65周年大会上的讲话中指出：“回顾人民政协65年的发展历程，我们更加深刻地认识到，人民政协植根于中国历史文化”，“协商民主是中国社会主义民主政治中独特的、独有的、独到的民主形式，它源自中华民族长期形成的天下为公、兼容并蓄、求同存异等优秀政治文化。[①]”习近平总书记在中共中央政治局第十三次集体学习时强调：“深入挖掘和阐发中华优秀传统文化讲仁爱、重民本、守诚信、

---

* 赵连稳：北京联合大学北京政治文明建设研究基地教授；王静：北京联合大学硕士研究生。

① 习近平：《在庆祝中国人民政治协商会议成立65周年大会上的讲话》，《人民日报》2014年9月21日。

崇正义、尚和合、求大同的时代价值，使中华优秀传统文化成为涵养社会主义核心价值观的重要源泉。”[①] 深刻领会总书记的系列讲话精神，我们认为，人民政协理论中蕴含着“和而不同”“求同存异”“兼容并包”“以民为本”“协和万邦”等优秀传统文化。

一、“和而不同”“兼容并蓄”的“和合”文化

不同的文化传统孕育不同的民主形式，人民政协作为中国特色的社会主义协商民主形式，也展现了中华民族独特的文化内涵，彰显了传统文化中的精髓。作为中国传统文化精髓的“和合”文化，对人民政协的产生和发展都起到了重要作用。

（一）“和合”文化概述

习近平总书记高度评价了中国传统文化中的“和合”文化，认为“和合”文化是中国传统文化的精髓，他说：“我们的祖先曾创造了无与伦比的文化，而‘和合’文化正是这其中的精髓之一。‘和’指的是和谐、和平、中和等，‘合’指的是汇合、融合、联合等，这种‘贵和尚中、善解能容、厚德载物、和而不同’的宽容品格，是我们民族所追求的一种文化理念。自然与社会的和谐，个体与群体的和谐，我们民族的理想正在于此，甚至还可以毫不夸张地说，我们中华民族传统文化的精髓也正是在于这种伟大的和谐思想。”[②] 总书记认为，“和合”文化具备“贵和尚中、善解能容、厚德载物、和而不同”的宽容品格。

梳理历史上“和合”文化的发展脉络，我们发现“和合”一词起源很早，“和”“合”二字均见于甲骨文和金文。《国语》《管子》也都明确使用过“和”“合”二字，先秦诸子中墨子、荀子也多有关于“和”或“和合”的论

① 习近平：《把培育和弘扬社会主义核心价值观作为凝魂聚气强基固本的基础工程》，《人民日报》2014 年 2 月 26 日。
② 习近平：《之江新语》，浙江人民出版社 2013 年版，第 50 页。

述。秦汉以后，“和合”概念更是被广泛流传，为儒家、道家、佛家所通用，并且被广泛应用于政治、经济、文化、社会生活的方方面面。

所谓“和”，就是指和谐、和平、祥和；“合”则是指结合、融合、合作。如果从哲学角度看，“和”是内在的和谐统一，“同”则是完全一致，“和而不同”追求的不是外在的完全一致，而是内在的和谐统一，所以说“和合”不是等同，也不是回避矛盾，而是通过矛盾的克服，把彼此不同的事物统一于一个相互依存的和合体中，并在不同事物和合的过程中，吸取各个事物的优长而克其短，使之达到最佳组合，由此促进新事物的产生。习近平同志曾在浙江省委十一届八次全会的报告中指出的那样：“‘和合’就是指对立面的相互渗透和统一，而且，这种统一是处于最佳状态的统一，对立的双方没有离开对方而突出自己。”①

“和合”文化贯穿于人民政协制度的产生和发展过程，人民政协作为大团结大联合的统一战线组织，强调“和而不同”“求同存异”“兼容并蓄”“囊括一切”的理念，承接了“和合”文化的传统，汲取了“和合”文化的精华，统一战线、政治协商、协商民主无不贯彻着“和合”文化于其中。

（二）“和而不同”的内涵和政协实践

2014年3月27日，习近平总书记在联合国教科文组织总部的演讲中指出：“中国人早就懂得了‘和而不同’的道理。”② “和”是我国传统儒家文化的核心理念，早在春秋时期，著名思想家孔子就说过“君子和而不同，小人同而不和”，君子在人际交往中能够保持一种和谐的关系，但在对具体问题的看法上却可以拥有自己的观点；小人在对问题的看法上表面和别人相同，但在内心深处却并不追求和谐。“和”在先秦时期是一个十分重要的概念，它不仅仅解释为和谐、统一，更多的时候是表示在社会群体中，“君子们”有根本利益一致基础上的共同的奋斗目标。“不同”也表现出多样性的特质，

---

① 习近平：《干在实处走在前列——推进浙江新发展的思考与实践》，中共中央党校出版社2006年版，第295—296页。

② 习近平：《习近平谈治国理政》，外文出版社2014年版，第261—262页。

是指要允许别人有不同的看法，即所谓求同存异。

人民政协作为中国人民爱国统一战线的组织，其创建与发展都有“和而不同”的文化基因在起作用，“和”代表团结，“不同”代表民主，体现了人民政协工作团结和民主两大主题的辩证统一，目的是促进各方利益主体的共存、共生、共赢。人民政协是在汲取中华传统“和合”文化的基础上建立起来的，在中国共产党的领导下，各党派、各团体、各民族、各阶层“和而不同”，创建了人民政协组织，实现了中华民族大团结大联合。参加人民政协的“君子”们有着相同的目标，就是建设和发展中国特色社会主义，为实现祖国完全统一、维护世界和平、促进共同发展而奋斗。但是因为社会经历与背景不同，各位政协委员们无论是思考问题的方式，还是处理问题的途径都不会相同，人民政协承认差异，承认矛盾，通过协商，求同存异，在根本问题上达成一致，从而最大限度地团结一切可以团结的力量，调动一切积极因素，并且尽最大努力化解矛盾，变消极因素为积极因素，努力促进社会主义政党关系、民族关系、宗教关系、阶层关系、界别关系和海内外同胞关系的和谐和睦。

（三）“兼容并蓄”的包容性和政协实践

习近平总书记指出：“中华民族是一个兼容并蓄、海纳百川的民族，在漫长历史进程中，不断学习他人的好东西，把他人的好东西化成我们自己的东西，这才形成我们的民族特色。”[①] 可见，兼容并蓄、海纳百川也是我们中华民族的文化基因。

兼容并蓄这个成语出自明代方孝孺的《复郑好义书》，原文为：“所贵乎君子者，以能兼容并蓄，使才智者有以自见，而愚不肖者有以自全。”将“兼容并蓄”作为君子的重要品德，可见其重要性。“兼容并蓄”作为固定词语虽然出现得比较晚，但是其所体现的文化包容性却源远流长。中国传统文化五千年的发展历史，就是兼容并蓄的过程。从春秋战国时期的儒法道等百家

---

① 习近平：《完善和发展中国特色社会主义制度，推进国家治理体系和治理能力现代化》，《人民日报》2014 年 2 月 18 日。

争鸣，到战国晚期以《吕氏春秋》为代表的杂家出现，再到西汉董仲舒“罢黜百家，独尊儒术”，看似是文化逐渐统一，其实不然，此时的儒学兼收了法家、道家、阴阳家等各种学派的思想精华，与孔孟为代表的先秦儒家思想早已有所不同。

这种“兼容并蓄”的包容特征，同样体现在我国对于外来文化问题上。从历史上看，我国对于外来文化，包括宗教、哲学、科学技术等，大多采取兼容并蓄的态度，典型的是对于印度佛教、西方基督教的接纳，最能说明问题。

泰山不择土壤，故能成其大；河海不择细流，故能就其深。人民政协是最广泛的爱国统一战线组织，吸纳了各党派、各团体、各民族、各界别的精英人才，其中既有政治家、专家学者，也有商业奇才和艺术家，还有社会实践家等，体现了兼容并蓄文化。海纳百川，有容乃大，尊重差异，包容多样，构成了人民政协的重要特征，也集中反映了人民政协的宏伟气度和博大胸襟。人民政协这种兼容并蓄的文化特征既体现在组织构成上，更体现于处理问题时对不同意见的包容方面，具有组织上最为广泛的代表性和政治上最大限度的包容性。

人民政协“大团结、大统一、囊括一切代表人物”，日常工作中要加强与党派、团体、工商联、民族、宗教等传统统战人士的联系沟通。

人民政协是中国共产党领导的多党合作和政治协商制度的重要载体，坚持共产党同各民主党派长期共存、互相监督、肝胆相照、荣辱与共的方针，兼容并蓄、体谅包容，不抓辫子、不扣帽子、不打棍子，鼓励畅所欲言，各抒己见，使各种意见得到充分的表达，既尊重多数人的意愿，又照顾少数人的合理诉求，以“寻求最大公约数的原则凝聚社会共识，以底线思维团结一切可以团结的社会力量”。要健全同各民主党派经常性联系沟通机制，为民主党派在政协履职中创造便利条件。要加强和民族宗教界代表人士的联系，把反映少数民族群众和信教群众的意见，促进民族团结与宗教和睦作为重要工作来抓。要加强和爱国爱港爱澳社团组织与代表人物的联系，加强同海外侨胞、归侨侨眷的联络，促进内地同港澳台的交流合作，汇集中华民族伟大复兴的正能量。

二、“民贵君轻”“以民为本”的民本文化

民贵君轻、以民为本是中国优秀传统文化的核心价值观之一。习近平总书记在庆祝中国人民政治协商会议成立65周年大会上指出：“政之所兴在顺民心，政之所废在逆民心。一个政党，一个政权，其前途命运最终取决于人心向背。”[①] “政之所兴在顺民心，政之所废在逆民心”，原文出自《管子·牧民·四顺》，意思是说国家政事之所以兴旺，在于顺应民心；国家政事之所以废弛，在于违背民心。总书记要求人民政协站在国家兴亡、民心向背的高度谋划工作，以人为本，尊重和维护人民群众的主体地位。

（一）中华民族历来强调民本思想

中华民族的民本文化由来已久，渊源有自。早在《尚书·五子之歌》中就有“民为邦本，本固邦宁”[②] 的记载，大意是百姓为国家的根本，百姓安居乐业，国家才会安宁，说明当时的统治者已经认识到民心向背对于维护统治的重要性。《尚书·皋陶谟》又云：“天聪明，自我民聪明；天明畏（威），自我民明威”[③]，是说天的视听取决于百姓的视听，天的赏罚取决于百姓的意志。历数我国数千年的朝代更迭，许许多多的思想家、政治家都认为人民的力量才是国家稳定、发展的源泉，孟子的“民为贵，社稷次之，君为轻”[④]，西汉贾谊的“闻之于政也，民无不为本也。国以为本，君以为本，吏以为本。故国以民为安危，君以民为威侮，吏以民为贵贱。此之谓民无不为本也”[⑤]，

① 习近平：《在庆祝中国人民政治协商会议成立65周年大会上的讲话》，《人民日报》2014年9月21日。
② 李民，王建：《尚书译注》，上海古籍出版社2004年版，第93页。
③ 顾颉刚，刘起舒：《尚书校释译论》，中华书局2005年版，第400页。
④ 孟子：《孟子》，万丽华、蓝旭译注，中华书局2006年版，第324页。
⑤ 中国科学院哲学研究所中国哲学史研究室编：《中国哲学史资料选辑——两汉之部》（上），中华书局1982年版，第16页。

都说明，在所有社会关系中，百姓是最尊贵的，儒家先圣孟子认为，在百姓、国家和君主三者之间，百姓最为尊贵。为政最关键的就是要关注民生问题。唐太宗的“为君之道，必须先存百姓”[①]，《元史》中记载的“国以民为本，民以食为本，衣食以农桑为本”[②]，说明历史上的明君都认为国家社稷要以民为本，要关心百姓的生活。明末清初黄宗羲、王夫之等人继承了历史上的民本思想，将民本思想进行升华，通过对君主专制的批判，进一步彰显对民生的观照。

中国的“民本”主义思想一直相沿相承，从未中断，体现了爱民、惜民、安民、富民等民本文化。如今我们更要将中国传统文化中的“民本”思想与马克思主义世界观有机地融合起来，并结合中国特色社会主义实践进行创新。

（二）人民政协是民本文化的继承者

人民政协坚持以人为本、以民为先、履职为民的理念，把实现和维护最广大人民群众的根本利益作为一切工作的出发点和落脚点，把兼顾不同利益群体的利益作为重要职责，这种为民理念不仅体现了中国特色社会主义事业的本质要求，也传承了我国优秀传统文化的核心价值。

中国共产党继承了我国优秀传统文化中的民本文化，将其发展成为全心全意为人民服务，并且作为中国共产党的宗旨。习近平总书记在庆祝中国人民政治协商会议成立65周年大会上的讲话中指出：“中国共产党来自人民、服务人民，这就决定了中国共产党领导人民建立的中华人民共和国必须紧紧依靠人民治国理政、管理社会。中国共产党在自己的工作中实行群众路线，坚持一切为了群众，一切依靠群众，从群众中来，到群众中去，把自己的正确主张变为群众的自觉行动。《中华人民共和国宪法》规定，国家的一切权力属于人民，一切国家机关和国家工作人员必须依靠人民的支持，经常保持同人民的密切联系，倾听人民的意见和建议，接受人民的监督，努力为人民

---

① ［唐］吴兢：《贞观政要译注》，裴汝诚等译注，上海古籍出版社2007年版，第1页。

② ［明］宋濂：《元史》，中华书局1999年版，第1563页。

服务。无论是中国共产党执政，还是国家机关施政，都必须坚持贯彻群众路线，紧紧依靠人民。”①

习近平总书记的这段重要讲话回答了我们党从哪里来，到哪里去的根本问题。中国共产党之所以能够取得革命、建设和改革开放的伟大胜利，就是因为它来自人民、服务人民，一切为了人民，一切依靠人民，把群众当主人、视群众为亲人，做到有事好商量，众人的事情由众人商量，推动实现广泛有效的人民民主，并且善于把自己的主张转化为人民群众的自觉行动。国家的一切权力属于人民，一切国家机关和国家工作人员都要倾听人民呼声，自觉接受人民监督。各级人民政协要坚持把工作重心下移，深入实际、深入基层、深入群众，做到知民情、解民忧、纾民怨、暖民心，多干让人民群众满意的好事实事。在这方面，习近平总书记作出了榜样，他“以百姓之心为心”，心中时刻牵挂着贫困地区的人民群众，扶贫是他费心最多的事情，曾经冒着零下几十度的严寒，走近贫瘠困苦的老区，察民情、听民意、问冷暖。

（三）人民政协要做民本文化的实践者

“治政之要在于安民，安民之道在于察其疾苦”，以习近平同志为核心的党中央高度重视民生问题，人民政协要主动吸收我国历史上民本思想的精髓，在日常的履职实践中，坚持以人为本、以民为先、履职为民，关注社会民生问题，通过提案、委员视察、调查研究等方式，把实现好、维护好最广大人民群众的根本利益作为一切工作的出发点和落脚点，充分照顾不同利益群体的关切，这是中国特色社会主义事业的本质要求，也传承了我国传统的民本文化。当前和今后一个时期，人民政协要关注群众期待，努力推进民生改善，要为深化医药卫生体制改革，紧扣医疗、医保、医药“三医”联动，完善医疗机构补偿机制和医务人员薪酬制度、构建医养结合型养老护理模式、健全残疾人权益保障制度等，通过重点调研和专题协商会集中议政建言；

① 习近平：《在庆祝中国人民政治协商会议成立65周年大会上的讲话》，《人民日报》2014年9月21日。

要关注就业问题，就大学生创业引领计划、退役士兵就业创业等提出建议；要持续关注区域性整体脱贫问题，围绕左右江革命老区振兴规划、乌蒙山片区区域发展与扶贫攻坚、宁夏、贵州和秦巴山区等集中连片贫困地区发展进行跟踪调研，开展协商座谈；要就乡村教师队伍建设、义务教育减负提质、加快实施农村义务教育学生营养改善计划、完善高校学生资助政策、高校办出特色、创新人才培养、发展特殊教育、推进西部高校发展和人才培养等进行调研座谈，积极为构建人民幸福安康的社会环境献计出力。总之，人民政协要进一步改进和创新群众工作方式方法，善于运用微博、微信、移动客户端等开展在线访谈、网评帖文、网络评论等，反映社会不同群体的利益诉求，为人民生活的持续改善不懈努力。

习近平总书记在庆祝人民政协成立 65 周年大会上的讲话中提到了“天视自我民视，天听自我民听”，这句话的原文取自《尚书·泰誓》，是周武王对群臣发的一番感慨，大意是上天所看到的来自老百姓所看到的，上天所听到的来自老百姓所听到的，也就是说，人在做，天在看。中国共产党的发展历程充分说明了它是全心全意为人民群众服务的政党，全心全意为人民服务，是我们党一切行动的根本出发点和落脚点，是我们党区别于其他一切政党的根本标志。中国人民政治协商会议在中国共产党的领导下坚持人民主体地位，为民生的持续改善作出了巨大的贡献。

三、“协和万邦”的和平文化

2014 年 5 月，习近平总书记在国际友好大会暨中国人民对外友好协会成立 60 周年纪念活动上的讲话时，列举了中国优秀传统文化中蕴藏的一些至今仍具有启示和借鉴意义的思想，其中就有“协和万邦”的国际观。

（一）“协和万邦”的涵义

“协和万邦”是处理国与国之间的关系时应该把握的原则。《尚书·尧典》：“曰若稽古，帝尧曰放勋，钦明文思安安，允恭克让，光被四表，格于上下。

克明俊德，以亲九族。九族既睦，平章百姓。百姓昭明，协和万邦。黎民于变时雍。”① 中华民族的祖先帝尧，严肃恭谨，明察是非，善于治理天下，他首先处理好自己宗族内部的关系，把自己的宗族事务治理好，然后就是把自己的国家治理好，进而和各国团结起来，和睦相处，和谐共生，这就是“协和万邦”。

《墨子·兼爱中》亦曰：“视人之国若视其国”②，对待别的国家，要像对待自己的国家一样。《墨子·天志上》又曰：“处大国不攻小国，处大家不篡小家”③，大国不攻打小国，国家无论大小，一律平等相待，我们认为，这是“协和万邦”的另外一种阐述。

习近平总书记指出，维护世界和平，前提是在思想上确立和平的理念，我国处理国家关系的重要理念依旧是爱好和平。中华民族的祖先在处理国家之间的关系时就奉行大不欺小、强不凌弱的“协和万邦”的理念，坚持平等、和睦的原则，通过协商、协同、协作，达到各个国家之间合作共赢，和睦相处，最后实现天下太平的目标。

（二）对“协和万邦”思想的继承和发展

新中国成立后，一贯主张国家不分大小、强弱、贫富，一律平等，都是国际社会公认的平等一员，应该相互尊重，平等相待，真诚互助，国家之间的事情要由各国平等协商解决。习近平总书记在德国演讲时指出：“一个民族最深沉的精神追求，一定要在其薪火相传的民族精神中来进行基因测序。有着5000多年历史的中华文明，始终崇尚和平，和平、和睦、和谐的追求深深植根于中华民族的精神世界之中，深深溶化在中国人民的血脉之中。”④ 我国奉行和平外交方针是由文化基因决定的，已经融入中华民族的血液之中。

① 郭仁成：《尚书今古文全壁》，岳麓书社2006年版，第2页。
② [清]孙诒让：《墨子闲诂》，《诸子集成本》，上海书店1986年版，第65页。
③ [清]孙诒让：《墨子闲诂》，《诸子集成本》，上海书店1986年版，第122页。
④ 习近平：《中国坚定不移走和平发展道路》，《人民日报》2014年3月30日。

2014年5月，习近平总书记在中国国际友好大会暨中国人民对外友好协会成立60周年纪念活动上的讲话时第一次引用了“协和万邦”一语，他指出：“中华民族历来是爱好和平的民族，中华文化崇尚和谐，中国‘和’文化源远流长，蕴涵着天人合一的宇宙观、协和万邦的国际观、和而不同的社会观、人心和善的道德观。”[①] “协和万邦的国际观”是我国处理国家之间关系时秉持的重要理念，目标是实现天下太平。习近平在中法建交50周年大会上也表达了中国人民珍惜和平，愿意同世界各国一起共享、共护、共谋和平，带动各国特别是周边国家实现共同发展的意愿。人民政协作为中国共产党领导的多党合作和政治协商制度，理所当然地应该成为“协和万邦”的实践者，为我国的改革开放营造和平的国际环境。

（三）人民政协要践行和平外交方针

和平发展思想是中华文化的内在基因，讲信修睦、协和万邦是中国外交的基本内涵，中国人讲究“四海之内皆兄弟”，人民政协要胸怀祖国、放眼世界，为维护世界和平、促进共同发展，作出了应有的贡献。今后，人民政协要继续高举和平、发展、合作、共赢的旗帜，坚持贯彻独立自主的和平外交政策，按照中共中央《关于外交工作总体部署》，制定加强和规范全国政协对外交往工作意见，积极主动地开展对外交往，加强同各国人民、政治组织、媒体智库等友好往来和合作，围绕构建新型大国关系，开展重要涉外问题专题调研，提出对策建议。中国宗教界和平委员会要参加世界宗教和平会议大会，参加亚洲宗教和平会议有关活动，加强与国际性、区域性宗教和平组织的友好交流，客观介绍中国国情和发展成就，增进了解、深化互信。围绕丝绸之路经济带和21世纪海上丝绸之路“一带一路”建设重大问题深入调研，对沿线国家经贸文化交流、国际产能合作、国际传播能力建设、跨境电子商务发展等提出建议，为区域协调外交做贡献。要就建立新型国际关

① 习近平：《在中国国际友好大会暨中国人民对外友好协会成立60周年纪念活动上的讲话》，《人民日报》2014年5月16日。

系、国际和地区热点问题、做好对外交往工作等建言献策，为给我国改革开放争取良好的国际环境和周边环境，为促进人类和平与发展的崇高事业作出积极贡献。

习近平总书记在博鳌亚洲论坛2015年年会开幕式上发表的主旨演讲中说:“中华民族历来爱好和平，自古就崇尚‘以和为贵’、‘协和万邦’、‘四海之内皆兄弟也’等思想。”[①] 总书记的重要论述，为人民政协开展更加广阔的对外交往指明了方向。

四、结语

人民政协是我国一项基本政治制度，其独特性有其存在的历史文化传统和基本国情。优秀传统文化是中华民族生生不息的不竭动力，人民政协是中华民族优秀传统文化的承载者、传播者和实践者，植根于中华民族传统文化的深厚土壤之中，具有鲜明的中国特色。2013年8月19日，习近平总书记指出:“每个国家和民族的历史传统、文化积淀、基本国情不同，其发展道路必然有着自己的特色”，“中国特色社会主义植根于中华文化沃土、反映中国人民意愿、适应中国和时代发展进步要求，有着深厚历史渊源和广泛现实基础。”“独特的文化传统，独特的历史命运，独特的基本国情，注定了我们必然要走适合自己特点的发展道路。”[②] 这条道路就是中国特色社会主义，它是马克思主义和中国独特的文化传统相结合的产物，历史证明，什么时候两者结合的好，我们的事业就兴旺发达，反之亦然。人民政协要以中华优秀传统文化为纽带，在弘扬中华优秀传统文化的过程中，团结凝聚海内外广大中华儿女振兴中华的共同信念和美好愿望，在实现中国梦的征途上，传播正能量、凝聚正能量、释放正能量。

---

① 习近平:《迈向命运共同体 开创亚洲新未来——在博鳌亚洲论坛2015年年会上的主旨演讲》，《人民日报》2015年3月29日。

② 习近平:《习近平谈治国理政》，外文出版社2014年版，第155—156页。

协商民主视野下政党协商与政协协商的边界与衔接

章　林*

协商民主是近年来中国民主政治研究中的热点。早在2006年中共中央颁发的《中共中央关于加强人民政协工作的意见》中就对协商民主进行了科学定位："人民通过选举、投票行使权力和人民内部各方面在重大决策之前进行充分协商，尽可能就共同性问题取得一致意见，是我国社会主义民主的两种形式。"① 党的十八大以来，习近平总书记就推进协商民主广泛多层制度化发展发表系列重要讲话，把协商民主提升到了政治体制改革的新高度。

经过多年的探索，我国多党合作制度中的政治协商形成了两种基本形式：一种是中国共产党同各民主党派的协商；另一种是中国共产党在人民政协同各民主党派和各界代表人士的协商。2015年1月，中共中央颁布《关于加强社会主义协商民主建设的意见》（以下简称《协商民主意见》），深刻阐释了加强社会主义协商民主建设的重要意义和指导思想，并从名称上对上述两种基本政治协商形式予以明确，把第一种形式概括为"政党协商"，把第二种形式概括为"政协协商"。《协商民主意见》指出："继续重点加强政党协商、政府协商、政协协商，积极开展人大协商、人民团体协商、基层协

* 章林：北京联合大学北京政治文明建设研究基地讲师。

① 政协全国委员会办公厅、中共中央文献研究室编：《人民政协重要文献选编》（下），中央文献出版社、中国文史出版社2009年版，第793页。

商，逐步探索社会组织协商。”[①] 把政党协商和政协协商列入“重点”。此后，中共中央办公厅又相继印发《关于加强人民政协协商民主建设的实施意见》（以下简称《政协协商意见》）和《关于加强政党协商的实施意见》（以下简称《政党协商意见》）。

作为我国多党合作和政治协商的主要形式以及社会主义协商民主体系中需要重点加强的协商渠道，政党协商与政协协商既存在着相当程度的关联性，又有着不同的优势和特点。近年来关于政党协商与政协协商的联系与区别方面的讨论在国内引起了学界的关注，然而，目前没有从理论上界定政党协商和政协协商的边界，二者之间也没有形成科学而顺畅的衔接机制，这不仅不利于社会主义协商民主建设，而且还会造成行政资源的浪费。因此，从理论上梳理和探讨二者的边界，做好二者的衔接工作，对于推进协商民主广泛多层制度化发展以及推进国家治理体系和治理能力现代化等具有重要意义，同时也有助于我们准确领会和贯彻落实中央的政策精神，进一步推动实践工作的开展。

一、协商民主视野下政党协商与政协协商的概念界定及联系

关于协商民主理论及政党协商、政协协商等概念，目前存在着一些模糊或混淆的认识，因此，对协商民主理论及政党协商与政协协商的内涵和外延及其相互关系进行简要的梳理，是研究政党协商与政协协商的边界与衔接的必要前提。

（一）协商民主的理论视角

“协商民主”一词，从20世纪80年代进入人们的视野至今，世界各国学者围绕其概念反复讨论，使其内涵不断丰富和发展，同时把协商民主理论

①《中共中央印发〈关于加强社会主义协商民主建设的意见〉》，《人民日报》2015年2月10日。

更加立体、清晰、多维地展示在世人面前。关于“协商”一词，我国《现代汉语词典（第7版）》对其解释为：“共同商量以便取得一致意见。”“共同”表明协商应该是双方或多方参与的行为；“商量”表明协商要有交流、互动，交换意见；“一致”则表明协商的价值取向是形成共识。可以说，《现代汉语词典（第7版）》对“协商”一词的简单解释，事实上涵盖了协商的主体、方式和目的。“民主”一词的语义则比较复杂。但不管人们如何理解民主，都不能罔顾这样一个事实：民主可以通过协商实现，同时还可以通过票决或其他方式实现。尽管协商对于民主来说并非充分条件，同时也不如票决那么简便高效，但是，协商对于民主来说有其必要性。即协商有助于找到全社会意愿和要求的最大公约数；有助于达成党派决策和工作的最大共识；有助于形成人民群众参与各层次管理和治理的机制。

西方的协商民主，又称审议性民主、商议性民主、商谈民主。[①] 关于协商民主的含义，西方学者分别从不同的角度作出了不同的解释，主要观点包括：协商民主是一种决策形式；协商民主是一种治理形式；协商民主是一种组织形式。[②] 总体而言，西方的协商民主大多停留在理论和技术层面。西方学术界之所以在20世纪80年代开始形成对协商民主研究的热潮，有其深刻的社会根源：即社会分化加剧、社会主体日益多元化，价值追求和利益诉求呈现出多元取向，政府靠自身无法圆满解决复杂的社会问题。面对新的变化，传统代议民主显得相对僵化、低效和无能，由此协商民主理论应运而生。西方的协商民主理论作为一种新的民主范式，强调公民是民主体制的参与主体，主张公共政策必须经由公共协商的过程，实质是对代议民主政治在当代发展过程中的反思、批评和修正、补救。

在我国，社会主义协商民主是中国共产党在领导人民进行革命、建设、改革的长期实践过程中，同各党派、各团体、各民族、各阶层、各界人士在政治制度上共同实现的伟大创造，是社会主义民主政治中独特的、独有的、

① 韩冬梅：《西方协商民主理论研究》，中国社会出版社2008年版。
② 陈家刚：《协商民主引论》，《马克思主义与现实》2004年第3期。

独到的民主形式。它源自中华民族长期形成的天下为公、兼容并蓄、求同存异等优秀政治文化和近代以后中国政治发展的现实进程；基于人民民主的整个政治体系对协商机制的内在需求并在国家政治、经济、文化和社会各个方面得到广泛应用。在中共十八大报告中，首次提出了“社会主义协商民主”的概念，并指出：“社会主义协商民主是我国人民民主的重要形式。要完善协商民主制度和工作机制，推进协商民主广泛、多层、制度化发展。”[①] 这是对新中国建立以来协商民主政治实践的一个总归纳和新概括，标志着社会主义协商民主理论的正式确立。党的十八大以来，以习近平同志为核心的党中央就健全社会主义协商民主制度作出了一系列重大决策部署，并在对协商民主政治实践认真总结的基础上进行了理论升华和创新。

在中共中央颁布的《协商民主意见》中，对开展政党协商、政协协商以及人大协商、政府协商、人民团体协商、基层协商和社会组织协商作出全面部署。人大协商是各级人大在重大决策之前根据需要进行的协商，其目的是更好地汇聚民智、听取民意，支持和保证人民通过人民代表大会行使国家权力。政府协商是各级政府围绕有效推进科学民主依法决策的协商，其目的是增强决策透明度和公众参与度，解决好人民最关心最直接最现实的利益问题，推进政府职能转变，提高政府治理能力和水平。人民团体协商是各级人民团体围绕做好新形势下党的群众工作开展的协商，其目的是更好地组织和代表所联系群众参与公共事务，有效反映群众意愿和利益诉求，发挥人民团体作为党和政府联系人民群众的桥梁和纽带作用。基层协商即乡镇、街道以及行政村、社区和企事业单位的协商，其目的是更好地解决人民群众的实际困难和问题，及时化解矛盾纠纷，促进社会和谐稳定。

习近平总书记在十九大报告中强调，要“发挥社会主义协商民主重要作

① 中共中央文献研究室编：《十八大以来重要文献选编（上）》，中央文献出版社2014年版，第21页。

用”，提出“有事好商量，众人的事情由众人商量，是人民民主的真谛”。[①] 协商民主，首先是民主的，其价值意蕴、制度设计、实践探索必然是遵循民主规则的。[②] 中国特色社会主义民主政治是政治文明不断发展进步的新型政治。中国特色社会主义协商民主具有巨大的政治优势，凸显出巨大的优越性和强大的生命力，它不仅有利于实现我国公民最广泛的政治参与以及提高党和政府决策的科学性、合理性；而且有利于促进社会公正、团结与和谐，并为解决一些世界性的民主难题提供有益启示。

（二）政党协商的概念界定

政党协商，顾名思义“政党”是协商的主体。在我国历史上，“党”一般只用于贬义，指为了共同的利益而结成的团伙，如唐朝的牛党与李党、宋朝的朋党、明朝的东林党等，各“党”之间势同水火，没有协商可言。现代国家中的政党主要指有着特定政治理念的社会团体，已经成为连接民众和公共权力的桥梁和实现民众有序政治参与的工具。政党间的关系在一定程度上集中反映着社会关系。

当前西方国家的政党协商普遍存在于实行两党制和多党制的国家，主要包括执政党同反对党、在野党之间的协商以及政党联盟内部的协商两种形式。西方政党协商一定程度上促进了决策合法，提高了公民素养，制约了行政权的膨胀，对社会公共管理起到了一定促进作用。但当前西方政党协商民主实践面临着重重困境和严峻挑战，如各个政党为了维护本党利益，并没有真正地摆脱政治冲突和权力角逐的弊端；各个政党之间存在着事实上的不平等；各个政党之间往往带有交易的性质；各个政党之间竞争有余而协商不足等。总体而言，西方国家的政党协商“还属于政治体制外的一种带有权宜色

---

① 习近平：《决胜全面建成小康社会 夺取新时代中国特色社会主义伟大胜利——在中国共产党第十九次全国代表大会上的报告》（2017 年 10 月 18 日），人民出版社 2017 年版，第 37—38 页。

② 陈家刚：《协商民主：制度设计及实践探索》，《国家行政学院学报》2017 年第 1 期。

彩的行为，并没有在国家制度层面上获得一席之地”。[①]

在我国，政党协商是中国共产党把马克思主义政党学说和统一战线理论与中国长期革命、建设和改革相结合的伟大创举，是中国共产党和各民主党派、无党派人士长期团结合作和友好协商的重大成果，是社会主义协商民主体系的重要组成部分。“没有政党协商的长期实践，就没有今天的社会主义协商民主的深厚根基。”[②] 中共中央颁布的《协商民主意见》首次规范了政党协商的具体内容与形式，并将政党协商列为社会主义协商民主七大协商渠道的首位，提出了加强政党协商的总体要求：“发挥中国特色社会主义政党制度优势，坚持长期共存、互相监督、肝胆相照、荣辱与共，加强中国共产党同民主党派的政治协商，搞好合作共事，巩固和发展和谐政党关系。”[③] 这就为我国政党协商进一步发展和完善指明了前进方向。

2015 年 12 月，中共中央办公厅颁发《政党协商意见》，明确规定：“政党协商是在中国共产党领导下，中国共产党同民主党派、无党派人士以及工商联基于共同的政治目标，就党和国家重大方针政策和重要事务，在决策之前和决策实施之中，直接进行政治协商的重要民主形式。”[④] 这一定义深刻揭示了政党协商的基本内涵。首先，它指出了政党协商的领导力量是中国共产党，这是政党协商的根本前提和根本保证。其次，指明了政党协商的主体是民主党派、无党派人士以及工商联。再次，提出了政党协商的内容是党和国家重大方针政策和重要事务。复次，确立了政党协商的重要原则是在决策之前和决策实施之中。最后，明确了政党协商的实质是一种民主形式。

习近平总书记指出：“中国共产党同各民主党派和无党派人士团结合作，是建立在共同思想政治基础之上的。今天，我们的共同思想政治基础就是

---

① 北京社会主义学院编：《加强政党协商制度化建设——2015 统一战线前沿问题研究文集》，学苑出版社 2017 年版，第 115—116 页。

② 张献生：《政党协商在社会主义协商民主中的地位和作用》，《中央社会主义学院学报》2015 年第 3 期。

③《中共中央印发〈关于加强社会主义协商民主建设的意见〉》，《人民日报》2015 年 2 月 10 日。

④《中办印发〈关于加强政党协商的实施意见〉》，《人民日报》2015 年 12 月 11 日。

中国特色社会主义。”[①] 我国的政党协商是与中国特色社会主义伟大事业紧密联系在一起的，无论是作为政党协商领导主体的中国共产党，还是作为政党协商参与主体的民主党派，都认同和坚持中国特色社会主义，通过坚持中国特色社会主义政治发展道路，坚持中国共产党领导的多党合作和政治协商制度，来增进政治共识、广泛凝心聚力，实现中华民族伟大复兴的中国梦。

（三）政协协商的概念界定

人民政协是中国共产党把马克思主义统一战线理论、政党理论和社会主义民主政治理论同中国具体实践相结合的伟大创造，是中国共产党同各民主党派和无党派人士、各人民团体和各族各界人士风雨同舟、团结奋斗的伟大成果。政协作为一个组织长期存在，其理论依据主要是以毛泽东为代表的中国共产党人提出的同党外民主人士长期合作的思想。人民政协在中国共产党的领导下，已经走过了60多年不平凡的历程。60多年来，人民政协以宪法、政协章程和相关政策为依据，以中国共产党领导的多党合作和政治协商制度为保障，集协商、监督、参与、合作为一体，是各党派团体和各族各界人士发扬民主、参与国事、团结合作的重要平台，是适合中国国情、具有鲜明中国特色的制度安排，成为我国政治制度体系中最富有特色、最具有代表性的协商民主渠道。

政协章程规定：“中国人民政治协商会议是中国人民爱国统一战线组织，是中国共产党领导的多党合作和政治协商的重要机构，是我国政治生活中发扬社会主义民主的重要形式。”[②] 人民政协的这种性质，决定它具有其他组织所不具有的以下特点：一是组织上的广泛代表性和政治上的巨大包容性。人

---

① 中共中央文献研究室编：《习近平关于社会主义政治文明建设论述摘编》，中央文献出版社2017年版，第123页。

② 政协全国委员会办公厅、中共中央文献研究室编：《人民政协重要文献选编》（下），中央文献出版社、中国文史出版社2009年版，第692页。2018年3月15日中国人民政治协商会议第十三届全国委员会第一次会议通过的《中国人民政治协商会议章程修正案》在此基础上增加了两句话，即（中国人民政治协商会议）是国家治理体系的重要组成部分，是具有中国特色的制度安排。

民政协在热爱中华人民共和国、拥护中国共产党的领导、拥护社会主义事业、共同致力于实现中华民族伟大复兴的政治基础上，最大限度调动一切积极因素，团结一切可以团结的人，汇聚起共襄伟业的强大力量。二是党派合作性质。人民政协以党派和团体为基础组成，是我国唯一由所有合法政党参加的并以本党派名义在其中活动的多党合作组织。三是民主协商性。人民政协履行职能、开展工作贯穿着民主精神，体现人民民主的真谛。

2015 年 6 月，中共中央办公厅颁发《政协协商意见》，明确指出："人民政协协商民主是在中国共产党领导下，参加人民政协的各党派团体、各族各界人士履行政治协商、民主监督、参政议政职能，围绕改革发展稳定重大问题和涉及群众切身利益的实际问题，在决策之前和决策实施之中广泛协商、凝聚共识的重要民主形式。"① 这一定义深刻揭示了政协协商的基本内涵。首先，它指出了政协协商的领导力量是中国共产党，这是政协协商的根本前提和根本保证。其次，指明了政协协商的主体是参加人民政协的各党派团体、各族各界人士。再次，提出了政协协商的内容是围绕改革发展稳定重大问题和涉及群众切身利益的实际问题。复次，确立了政协协商的重要原则是在决策之前和决策实施之中广泛协商、凝聚共识。最后，明确了政协协商的实质是一种民主形式。

习近平总书记在庆祝人民政协成立 65 周年大会上的重要讲话中，明确了人民政协作为"社会主义协商民主的重要渠道"和"专门协商机构"的基本定位，提出"把协商民主贯穿履行职能全过程"，"不断提高人民政协协商民主制度化、规范化、程序化水平。"② 在十九大报告中，习近平总书记再次强调，人民政协是"社会主义协商民主的重要渠道和专门协商机构"，③ 为新

---

①《中办印发〈关于加强人民政协协商民主建设的实施意见〉》，《人民日报》2015 年 6 月 26 日。

② 中共中央文献研究室编:《十八大以来重要文献选编（中）》，中央文献出版社 2016 年版，第 69—70 页。

③ 习近平:《决胜全面建成小康社会 夺取新时代中国特色社会主义伟大胜利——在中国共产党第十九次全国代表大会上的报告》（2017 年 10 月 18 日），人民出版社 2017 年版，第 38 页。

形势下加强人民政协协商民主建设、发挥人民政协的独特优势和重要作用提供了根本指导。

（四）政党协商与政协协商的联系

政党协商与政协协商，作为社会主义协商民主体系中需要重点加强的两种渠道，有着非常紧密的关系，两者相辅相成、优势互补。

政党协商与政协协商具有相同的基础。政党协商与政协协商的发展历程和脉络基本是同步的，都植根于中华民族长期形成的天下为公、兼容并蓄、求同存异等优秀政治文化，源自近代以后中国政治发展的现实进程，形成于中国共产党领导人民进行革命、建设、改革的长期实践，发展于新中国成立后各党派、各团体、各民族、各阶层、各界人士在政治制度上共同实现的伟大创造，完善于改革开放以来中国在政治体制上的不断创新，具有相同的文化基础、理论基础、实践基础、制度基础。

政党协商与政协协商具有共同的依据。中国共产党领导的多党合作和政治协商制度，是政党协商和政协协商的共同制度依据。该制度于 1993 年 3 月正式载入我国宪法。宪法明确规定“中国共产党领导的多党合作和政治协商制度将长期存在和发展”，① 从而为政党协商与政协协商进一步提供了法理依据。如果没有这个制度依据和法理依据，政党协商和政协协商将成无源之水、无本之木。与此同时，政党协商和政协协商又是推动中国共产党领导的多党合作和政治协商制度不断发展进步的车之两轮、鸟之两翼。

政党协商与政协协商具有重合的主体。政党协商的主体是中国共产党和八个民主党派，再加上无党派人士和工商联。无党派人士和工商联虽然不属于政党，但“无党派人士是政治协商的重要组成部分，参加政党协商”；“工商联是具有统战性质的人民团体和商会组织，参加政党协商”。② 人民政协“由中国共产党、各民主党派、无党派人士、人民团体、各少数民族和各界的代

① 政协全国委员会办公厅、中共中央文献研究室编：《人民政协重要文献选编》（中），中央文献出版社、中国文史出版社 2009 年版，第 531 页。

②《中办印发〈关于加强政党协商的实施意见〉》，《人民日报》2015 年 12 月 11 日。

表，香港特别行政区同胞、澳门特别行政区同胞、台湾同胞和归国侨胞的代表以及特别邀请的人士组成，设若干界别”。[①] 政协协商的主体包括上述所有参加人民政协的单位和个人，自然也就包括了所有政党协商的主体，因此两者具有重合的主体。

政党协商与政协协商具有交叉的内容。《政党协商意见》规定，政党协商的主要内容包括：中共全国代表大会、中共中央委员会的有关重要文件；宪法的修改建议，有关重要法律的制定、修改建议；国家领导人建议人选；国民经济和社会发展的中长期规划以及年度经济社会发展情况；关系改革发展稳定等重要问题；统一战线和多党合作的重大问题等。《政协协商意见》规定，政协协商的主要内容包括：国家大政方针和地方的重要举措以及政治、经济、文化和社会生活中的重要问题，有关爱国统一战线的其他重要问题等。通过对比可以看出，一些内容既属于政党协商，又属于政协协商，二者存在着内容上的交叉。

政党协商与政协协商具有一致的目标。推进政党协商和政协协商，其目标都是要坚持和完善中国共产党领导的多党合作和政治协商制度，致力于发展社会主义民主政治，建设社会主义政治文明，巩固政治团结、提高党和政府决策的科学性、合理性，推进国家治理体系和治理能力现代化，更好实现党的领导、人民当家作主和依法治国的有机统一，坚持和发展中国特色社会主义，为实现“两个一百年”奋斗目标、实现中华民族伟大复兴的中国梦凝聚智慧和力量。

政党协商与政协协商具有互补的功能。政党协商注重决策形成共识，小范围、面对面的对话沟通能够保证协商深入进行并容易形成共识。因此政党协商时效性更强，更有直接性和及时性。政协协商注重的是决策实施过程中的共识，先政党小范围协商，再政协大范围协商。人民政协在组织结构上更有包容性和开放性。此外，政党协商可以采取民主党派中央以调研报告、建

① 政协全国委员会办公厅、中共中央文献研究室编：《人民政协重要文献选编》（下），中央文献出版社、中国文史出版社 2009 年版，第 698 页。

议等形式直接向中共中央提出书面意见和建议，同时民主党派中央负责同志也可以个人名义向中共中央和国务院直接反映情况、提出建议，显示出“直通车”的渠道优势。与政党协商的小规模高层次专题性相比，政协协商表现为大规模、广范围、综合性协商，协商方式更加灵活，也更为经常。可以说，政党协商和政协协商在功能上互相补充，不可相互替代。

二、协商民主视野下政党协商与政协协商的边界

政党协商和政协协商作为社会主义协商民主中两种不同的协商渠道，并不存在泾渭分明的界限和非此即彼的对立，而是相互促进、共同发展。然而，由于政策文本上政党协商与政协协商存在许多重叠、交叉之处，所以也导致了两者在实践中面临一些问题：一是重复协商，即同一个议题分别进入政党协商和政协协商，但协商结果互不相干，从而降低了协商效率，造成资源浪费；二是代替协商，主要表现在以政协协商代替政党协商，没有充分体现民主党派作为参政党在我国协商民主体系中的地位和作用，造成政治资源的浪费。要解决这一问题，就必须梳理政党协商与政协协商的区别，分析二者的协商主体边界、协商内容边界和协商方式边界。

（一）协商主体边界

协商主体即协商各方的参与者，其回答的是谁和谁协商的问题。明确政党协商与政协协商的协商主体边界，有利于充分调动、发挥各个协商主体的积极性、主动性，进而也有利于各个协商主体有序、有效表达其所代表的利益诉求。协商主体不明，则会导致协商主体的缺位，意味着协商责任的不清，协商效果就会大打折扣。

政党协商在主体构成上有明确的范围，即包括中国共产党与各民主党派，同时依照政治惯例，无党派人士作为我国政治生活中的一支重要力量、工商联作为具有统战性的人民团体和商会组织，无党派人士代表和全国工商联主要负责同志也参加政党协商。其中，中国共产党处于执政地位，是政党

协商的积极组织者、有力促进者和自觉实践者，在政党协商中承担首要责任，起着主导作用；民主党派处于参政地位，是政党协商的参加者、推动者和实践者。换句话说，政党协商主要是执政党与参政党之间直接进行的协商。值得注意的是，一些人误以为，中国共产党处于执政和领导地位，因此就是政党协商的主体，各民主党派处于被领导地位，因此就是政党协商的客体。实际上，在中国共产党领导的多党合作和政治协商制度中，作为执政党的共产党和作为参政党的民主党派之间“不是机械的主体与客体的关系，而是双向互动的关系，是主体间性的关系：他们既是互为主体与客体的关系，又是主体与主体之间的关系”。[①] 现阶段政党协商实施的层级主要是在中高层，即中央、省（自治区、直辖市）、地市三级。尤其是在中央的政党协商，参与的主体往往是双方最高层领导人，中共中央是总书记和其他中央负责同志，会议由中共中央总书记或其他主要负责同志主持；民主党派是中央主席、常务副主席和有关副主席；同时，无党派人士代表和全国工商联主要负责同志也参加政党协商。因此，政党协商的主体具有高层次性的特点。

政协协商在协商主体的构成范围上比政党协商更广泛、更全面，覆盖了全国各阶层、各民族、各行业、各领域的代表。政协协商的主体不仅包括中国共产党在内的 9 个政党、还包括 8 个人民团体、56 个民族、5 大宗教、34 个界别。政协协商以界别为特色，代表性强、专业性人才优势突出，民意基础更加深厚。需要指出的是，人民政协在推进协商民主过程中发挥着不可替代的重要作用，但人民政协本身不是协商主体，不是作为协商的一方参与协商，而是一个协商平台、协商载体。协商的主体既可以是党委、政府、政府各职能部门、民主党派、人民团体，也可以是各阶层代表以及公民个人；既可以是团体（组织）与团体（组织）之间的协商，也可以是团体（组织）与个人之间的协商，甚至也包括个人之间的协商。

由此可见，政协协商是多元参与主体，政党只是其中的组成部分。因此，政党协商与政协协商的协商主体边界事实上只限定了政党协商的边界，即政

① 郑文贤：《民主党派在推进协商民主发展中的角色升级研究》，《东南学术》2015 年第 6 期。

协协商主体包含了政党协商主体。同时，政党协商主体在政协协商中担当最重要的角色和作用。政党协商主体与政协协商主体的区别，主要表现为：政党协商主体在兼顾政治惯例的同时突出强调其身份的政党性；政协协商中的中国共产党和各民主党派则强调其身份的界别性。

（二）协商内容边界

协商实质是一种交流，必须具有相应的内容。协商内容回答的是协商什么的问题。明确政党协商与政协协商的协商内容边界，有利于避免协商内容的无效重复，降低协商成本，从而提高协商实效。

前已述及，政党协商的主要内容包括中共全国代表大会、中共中央委员会的有关重要文件；宪法及有关重要法律的制定、修改建议；国家领导人建议人选；国民经济和社会发展的中长期规划以及年度经济社会发展情况；关系改革发展稳定等重要问题；统一战线和多党合作的重大问题等。从协商内容角度看，政党协商是“执政党在作出重大决策前与友党进行内部沟通、进行前期纠偏、补充和完善的一种协商机制”，① 是国家重大决定形成的第一步，协商问题一般具有较强的前瞻性、战略性、宏观性。

从协商内容上看，政协协商更多关注政治、经济、文化和社会生活中的热点问题，重点研究国家政策贯彻落实情况以及涉及群众切身利益的实际问题，如教育、就业、收入、社保、医疗、住房、环境、脱贫等，着重从权力实际运行过程中的方方面面研究解决一些在决策中后期、决策执行过程中的具体性问题，是国计民生政策出台前的重要一步，“协商问题一般具有较强的协调性、资政性、具体性”。② 此外，政协协商还包括党派参加政协工作的共同性事务，政协内部的重要事务等内容。

在协商内容上，政党协商注重全局性、根本性和方向性问题。这些问题只能是政党协商，不适宜政协协商。比如中共全国代表大会、中共中央委员

① 王江燕：《政党协商与政协协商的联系与区别》，《上海市社会主义学院学报》2014 年第 4 期。

② 魏晓文、郭一宁：《论政党协商与政协协商的互动关系》，《社会主义研究》2015 年第 5 期。

会的有关重要文件；宪法及有关重要法律的制定、修改建议；国家领导人建议人选；优化民主党派的政治安排和实职安排等相关问题。在协商内容上，政协协商注重现实性、广泛性、经常性的问题。这些问题，既可以是宏观上的问题，也可以是微观上的问题，有些微观上的问题就不适宜政党协商。比如党派参加政协工作的共同性事务问题；经营性投资项目问题；影响群众生活的一般问题等。

（三）协商方式边界

协商方式即协商所采用的方法和形式，其回答的是怎么协商的问题。“怎么协商是包括意见输入、意见整合到意见输出的整个过程，实质是程序民主。”[①] 这个过程运作如何，直接关系到协商的功能发挥、作用实现和价值体现。

政党协商主要是中国共产党主要领导人与民主党派主要领导人之间的最高层的直接面对面的协商，它不存在任何中间环节，属于政党最高核心层的协商。其主要由中共中央办公厅会同中共中央统战部等部门具体负责组织、安排、协调，执政党、参政党领导人以各种正式或非正式的形式参加。此外，政党协商也包括省市级中共党委和各省市级民主党派组织，通报或交流事关国计民生的重要情况，同民主党派充分讨论某些重要专题，听取民主党派的政策性建议，同时也可以从顶层设计上就国家大政方针等重大问题提出书面建议。我国的政党协商在长期的实践中，主要采取三种协商方式。一是会议协商，包括由中共中央主要负责人同志主持召开的专题协商座谈会、人事协商座谈会、调研协商座谈会以及其他协商座谈会。二是约谈协商，主要包括中共中央负责同志或委托中共中央统战部，不定期邀请民主党派中央负责同志就共同关心的问题开展小范围谈心活动，沟通情况、交换意见，以及民主党派中央主要负责同志约请中共中央负责同志个别交谈，就经济社会发展以及参政党自身建设等重要问题反映情况、沟通思想。三是书面协商，主要包括民主党派中央以书面形式反馈中共中央就有关重要文件、重要事项书面征

① 张献生、吴茜：《试论中国社会主义协商民主制度》，《政治学研究》2014 年第 1 期。

求民主党派中央的意见建议，以及民主党派中央以调研报告、建议等形式直接向中共中央提出意见和建议。同时，民主党派中央负责同志也可以个人名义向中共中央和国务院直接反映情况、提出建议。

政协协商是依托人民政协这一中国共产党领导的多党合作和政治协商的重要机构进行的间接协商。人民政协受党委委托组织召开座谈会、专题协商会、对口协商会等为党委和政府提供资政服务。政协协商的议题比较广泛，可由党委和政府交办，可由党委召开的秘书长联席会议研究提出，可由政协与党委和政府及有关部门沟通协商提出等，也可由各组成界别提出。政协协商的形式更为丰富多样，主要包括全体会议协商、议政性常务委员会会议协商、专题协商会协商、双周协商座谈会协商，以及对口协商、界别协商、提案办理协商等。另外还可以在视察、考察、专题调研等活动中开展协商，通过视察报告、调研报告、提案、建议案等形式开展协商，目前正在整合现有网络资源，探索网络议政、远程协商等新形式。

政党协商运作更快捷、更通畅，可以使执政党及时了解和准确把握全局，增强政治运行效能。因此，对于需要及时调整政策偏向，加速形成政治共识的协商，比较适宜政党协商。政协协商运作的效率比较舒缓，一份提案，要经过酝酿、调研、起草、提出、立案、审理、交办和复办等过程，协商结果较难及时显现，协商实效较难及时体现。因此，对于需要经过长时间的运作和繁复的周转环节的协商，比较适宜政协协商。

总之，政党协商与政协协商在协商主体、协商内容和协商方式之间存在着差异，有一定的边界，有些问题较为适宜政党协商，有些问题则较为适宜政协协商。然而，“绝对的协商边界是无法划定的，这种边界总是相对的。而且这种边界客观上会随着社会主义协商民主的发展及其制度的健全而不断作出调整”。① 但是，政党协商与政协协商的边界除了相对性之外，又具有暂时的稳定性，因而在对边界进行调整之前，它对政党协商和政协协商而言无

① 广东省社会主义学院课题组：《新常态下政党协商与政协协商的边界与融合研究》，《广州社会主义学院学报》2017 年第 1 期。

疑是有效的。

三、协商民主视野下政党协商与政协协商的有效衔接

《协商民主意见》明确要求："发挥各协商渠道自身优势，做好衔接配合，不断健全和完善社会主义协商民主制度。"[①] 政党协商和政协协商作为我国发育最为成熟，且规范化程度最高的协商渠道，对整个社会主义协商民主体系的健全和完善发挥着引领和示范作用。虽然政党协商与政协协商有着各自的边界，但政党协商与政协协商具有重合的主体、交叉的内容和互补的功能，两者之间可以说是你中有我，我中有你。"仅有政协协商，没有政党协商，协商共识就缺乏高层决策圈的支持，导致协商过程效率低下，难以取得一致意见，最终导致政策的合理性不强；仅有政党协商，没有政协协商，广泛的社情民声难以到达国家权力运行环节，利益诉求就难以通过协商渠道得到表达、整合、满足，协商的公共性、开放性就会受到损害，最终导致政策失去其合法性。"[②] 因此，如何正确把握和处理两者关系，从而使这两种协商能够科学而有效地衔接，是社会主义协商民主实践中需要研究和解决的重要问题。

（一）加强政党协商和政协协商主体建设

推进政党协商和政协协商有效衔接，首先要加强政党协商和政协协商主体建设，提升协商主体的协商能力。中国共产党和民主党派既是政党协商的主体，又是人民政协的参加单位和重要界别，因此，加强政党协商和政协协商主体建设，关键在于加强中国共产党和民主党派的协商能力建设。

坚持党的领导是推进政党协商和政协协商的根本保证。作为执政党，中国共产党担负着推进政党协商与政协协商有效衔接的首要责任。中共各级领导干部自身首先要提高协商能力，带头学习掌握政党协商理论和政协协商理

① 《中共中央印发〈关于加强社会主义协商民主建设的意见〉》，《人民日报》2015 年 2 月 10 日。

② 魏晓文、郭一宁：《论政党协商与政协协商的互动关系》，《社会主义研究》2015 年第 5 期。

论，熟悉政党协商和政协协商工作方法，把握政党协商和政协协商工作规律，明晰政党协商与政协协商在我国协商民主体系中的准确定位，努力成为政党协商和政协协商的积极参与者、实践者和推动者。要把政党协商和政协协商纳入总体工作部署和重要议事日程，对职责范围内各类协商活动进行统一领导、统一规划、统一部署。要做到协商于决策之前和决策实施之中，根据各方面的意见和建议来决定和调整决策和工作，从制度上保障协商成果落地。要通过整体协调、统筹兼顾、合理规划、理顺关系，“最大限度地发展好、利用好、巩固好不断优化的政党政治功能，明确政党协商和政协协商的各种要素，规范协商过程中的意见表达程序，健全协商反馈机制，充分满足政党协商和政协协商的发展需要”。①

为不断提高政党协商和政协协商水平和能力，民主党派要把加强协商能力建设放在工作的重要位置。民主党派既是政党协商的参与主体之一，也是政协协商的参与主体之一，作为两者的契合点，民主党派的建设将成为促进两者有效衔接的基点。民主党派要深刻理解和领会以习近平同志为核心的党中央的宏观战略，牢固树立政治意识、大局意识、核心意识、看齐意识，深入学习习近平总书记系列重要讲话精神，了解和把握中共中央统筹推进“五位一体”总体布局、协调推进“四个全面”战略布局，提升民主党派的参政能力与理论水平，使民主党派的协商参与始终围绕执政党的中心工作，使民主党派的意见建议对执政党的科学决策、民主决策有利有益。同时，要从整体上深刻了解和把握中国的国情，切实提高调查研究能力，使民主党派提出的协商意见和建议既符合中共要求，又切中现实问题和主题。

（二）健全政党协商和政协协商制度机制

目前，政党协商和政协协商制度机制尚不健全。要健全政党协商与政协协商的有效衔接，政党协商主体和政协协商主体应努力健全协商议题提出机

① 李金河、王江燕：《政党协商与政协协商的相互促进和协同发展研究》，《中共浙江省委党校学报》2016 年第 6 期。

制、协商资源整合机制、协商主体知情明政机制以及协商反馈机制等方面下功夫。

健全协商议题提出机制。由于各民主党派既是政党协商的主体，又以界别身份参加到政协协商中，因此完善协商议题提出机制关键在于完善界别协商议题的选定。界别协商议题的选定应紧贴“党政所需、群众所盼、界别所长”，采取请党政部门“点题”，界别小组“荐题”，向社会各界和人民群众“征题”等多种形式，规范协商议题提出机制，使协商议题的提出更加科学合理、切实可行。

健全协商资源整合机制。各民主党派与政协各界别要打破此疆彼界的狭隘观念，构建高效的资源整合机制。一是加强各党派、人民团体和界别各界内部资源整合，合理分工，优势互补，形成政党、政协的良性分工互动格局；二是加强整合党际资源和跨界别资源，建立资源共享平台，不同民主党派、人民团体和界别开展联合调研、实现资源共享；三是加强整合社会资源，可以通过社会服务加强与社会单位的合作与交流，了解民意的同时收集真实有效的社会资源。

健全知情明政机制。知情明政是政党协商和政协协商协商主体履职尽责、协商建言的重要基础。健全知情明政机制，要充分保障协商参与者的知情权，确保信息公开、信息共享，使协商各方信息更对称、交流更深入，确保议政议到关键处、议到点子上。首先，视情邀请相关民主党派成员参加由政协主办的高层次协商会议、专题调研、检查督导和重点提案督办等活动。其次，在开展党政领导与政协委员的对口协商工作时，在政协的日常监督、检查业务等各项民主监督活动中，邀请部分民主党派代表参加，并鼓励他们大胆发表自己的意见和建议。最后，在专门为政协委员举办的情况通报会、报告会、学习班中，适当扩大范围，邀请非政协委员身份的民主党派成员参加。

健全协商反馈机制。无论是政党协商，还是政协协商，协商后的反馈都很重要。政协要在反馈环节发挥主导作用，要在协商后督导相关部门将协商决策执行办理情况及时反馈给各民主党派，各民主党派可在政府落实政策的过程中继续提出建议与质疑。政协要在反馈环节中进一步为民主党派创造与政府各相关部门直接联系的机会，这样不仅有利于民主党派深度知情明政，也有利于民主党派在确定每年的参政议政重点时更加贴合政府的中心工作和重点工作。同时还要通过专题报告、政协信息、新闻报道、大会发言等多种途径促进协商成果的转化利用、激发民主党派委员积极性，提升协商的内在动力。

（三）规范政党协商和政协协商运行程序

规范政党协商与政协协商运行程序，是弥补政党协商和政协协商运行中的“空隙”和环节上的“断裂”的重要抓手。健全政党协商与政协协商的有效衔接，要进一步强化协商程序意识，完善协商程序建设，规范协商工作规程。

强化协商程序意识。意识是行动的先导，要规范政党协商和政协协商运行程序首要任务就是强化协商程序意识。要通过宣传、教育、引导，促进协商组织者和参与者自觉学习协商程序、自觉履行协商程序、自觉遵守协商程序，减少协商运行程序的随意性和盲目性。

完善协商程序建设。完善协商前的选题程序和交流程序，保障讨论的相关材料提前传递给各协商参与者，并利用新媒体技术将政情民意及时通报给各民主党派领导集体及政协委员，通过定期的相关重大问题通报会、报告会让其了解到较为及时的国家与社会动态，并从程序上将协商主体的考察调研实践固定下来，给予充分的政策保障和制度支持。明确各类协商的举行时间、与会人员、协商议题、发言谈论顺序等要素；规范协商意见表达程序，保证协商参与者在政党协商与政协协商中询问与质询的权力。

规范协商工作规程。细化协商范围、时限、反馈，确定责任人员和分工，从前期协商议题的提出、协商方案的制定、协商活动的筹备，到中期协商会议的召开或活动的举办、意见建议的整理汇总，协商成果的形成、报送、采纳与办理，再到后期协商成果落实的督查和效果的跟踪反馈，在流程上发现那一块缺位，及时做好补位，保证协商活动在有关各方能实现有效衔接。努力使政党协商与政协协商的各个环节相互契合，切实提高政党协商与政协协商衔接力度和实际效果。

（四）优化政党协商和政协协商同党委、政府之间的衔接

政党协商与政协协商的衔接必须依靠党的领导，如果缺乏与党委、政府工作的有效衔接，必将影响协商效果。因此，必须优化政党协商、政协协商与党委、政府之间的衔接，并在此基础上以党委和政府工作为轴心带动政党协商与政协协商的进一步衔接。

政党协商、政协协商与党委工作的衔接，在衔接原则上，必须始终坚持党的领导，坚决维护党的权威，这是政党协商和政协协商的根本前提和根本保证。在衔接内容上，一要坚持重大事项向党委报告；二要坚持积极向党委提出推进政党协商和政协协商工作的建议。在衔接方式上，要将政党协商和政协协商纳入各级党委的议事规则，实现政党协商、政协协商与党委工作规则和程序的有效衔接。

政党协商、政协协商与政府工作的衔接，在衔接关系上，是相互支持与配合的关系。最高人民法院、最高人民检察院和国务院有关部门应加强同民主党派中央的联系，视情邀请民主党派列席相关工作会议、参加专项调研和检查督导工作。政党也要提升开放性，加强与政府相关部门的联系。政协协商与政府工作的衔接更具有事务性的特点，有许多衔接的途径，如参加政协全会的委员列席人大会议听取和审议政府工作报告、政府和有关部门领导听取委员协商议政发言、政协委员协商提案交政府及其部门办理、政协协商的调研视察围绕政府工作的重点开展等，这些都是很好的衔接途径。

优化政党协商、政协协商与党委、政府工作的衔接，最重要的是加强民主党派成员、政协委员与中共党员、政府工作人员在政治协商范围内的合作与对话。建立由民主党派成员、政协委员、中共党员和人大专委会组成的日常联络机制，组成联合调查小组，就共同关心的问题展开调研，并向有关部门提出政策建议，在人大立法和国家重大决策前，事先征求党派组织的意见，尝试进一步合理调整政协会议、党代会、人大会议、政府工作会议召开的时

间顺序，提升政党协商与政协协商的实用效能。

四、结语

健全社会主义协商民主制度，推进协商民主广泛多层制度化发展，必须依靠不同协商渠道的衔接配合，其中政党协商与政协协商的有效衔接，必将对其他渠道的协商民主起到引领、示范作用，对社会主义协商民主体系建设产生极大的推动作用。此外，政党协商与政协协商的有效衔接必须依靠党的领导，如果缺乏与党委和政府工作的对接，将影响协商效能的发挥。相信，在中国共产党的领导下，各民主党派通过不断加强自身建设进一步提升协商能力，与人民政协一起共同努力，大力促进政党协商与政协协商有效衔接，定能推动社会主义协商民主迈向更高的层次。

本文系北京市社会科学基金研究基地一般项目《北京市政协协商民主的实践探索研究》（18JDZGB001）和北京市人民政协理论与实践研究会一般项目《协商民主视野下政党协商与政协协商的边界与衔接研究》（2017-03）研究成果。

社会治理研究

对高校党风廉政建设的再思考

张 楠*

党的十八大以来，高校党风廉政建设和反腐败工作不断取得新进展，为高等教育深化综合改革提供了有力保障。习近平总书记在十九届中央纪委二次全会上强调，党风廉政建设和反腐败工作要“重整行装再出发”。学习贯彻十九大精神，对高校党风廉政建设进行再思考不仅十分必要，而且非常重要。

一、高校党风廉政建设的特点

党的十八大以来，高校党风廉政建设和反腐败工作发生了诸多深刻变化，特别是党的十八届三中全会作出的《中共中央关于全面深化改革若干重大问题的决定》(以下简称《决定》)，全面开启了纪检工作体制机制改革创新的新征程。高校党风廉政建设和反腐败工作发生的变化具有方向性、明确性、实践性三个特点。

（一）方向性

党的十八大以来，高校党风廉政建设和反腐败工作作为全面从严治党的重要组成部分，具有与党的使命相一致的方向性。党的使命是“为中国人民谋幸福，为中华民族谋复兴”。从中央部署到高校贯彻落实再到每一项具体

* 张楠：北京联合大学纪委书记、教授。

工作都表现出这一方向性。习近平指出："我们党从关系党和国家生死存亡的高度，以强烈的历史责任感、深沉的使命忧患感、顽强的意志品质推进党风廉政建设和反腐败斗争，坚持无禁区、全覆盖、零容忍，严肃查处腐败分子，着力营造不敢腐、不能腐、不想腐的政治氛围。"[①] 高校不断加强和改进党对纪检监察工作的领导，紧紧围绕学校改革发展稳定大局，紧紧围绕立德树人目标，推进党风廉政建设和反腐败工作，始终保持党风廉政建设和反腐败工作的正确方向。

（二）明确性

党的十八大以来高校党风廉政建设和反腐败工作的职责定位、体制机制、党纪党规、态度决心等方面都具有清晰的明确性：《决定》提出，"落实党风廉政建设责任制，党委负主体责任，纪委负监督责任"的"两个主体"[②]，"查办腐败案件以上级纪委领导为主，线索处置和案件查办在向同级党委报告的同时必须向上级纪委报告。各级纪委书记、副书记的提名和考察以上级纪委会同组织部门为主"[③] 的"两个为主"清晰、具体。2014 年 5 月，王岐山在纪检监察机关"转职能、转方式、转作风"专题研讨班上强调，纪检监察机关要"明确职责定位，聚焦党风廉政建设和反腐败斗争，紧紧围绕监督执纪问责，深化转职能、转方式、转作风，全面提高履职能力"。运用好监督执纪"四种形态"、抓住"关键少数"、处理好"树木与森林"的关系要求明确。中央制定实施的《廉洁自律准则》《纪律处分条例》《问责条例》《党内监督条例》等党纪党规具体可操作。持续保持反腐败斗争的强震慑、零容忍、全覆盖的决心和态度，保持作风建设永远在路上的决心和态度坚决、鲜明。

（三）实践性

党的十八大以来，党风廉政建设和反腐败工作方向明晰、领导体制和工

① 习近平：《在中国共产党十八届中央纪委第三次全体会议上的讲话》，2014 年 1 月。
②《中共中央关于全面深化改革若干重大问题的决定》，2013 年 11 月。
③ 同上。

作机制明确、制度措施有力，使这一工作具有很强的实践性。“两个为主”加强了上级纪委对下级党委和纪委的领导和监督，推动党的纪律检查工作双重领导体制具体化、程序化、制度化。“两个责任”的落实改变原来党委当“甩手掌柜”的情况，党委把主体责任扛在肩上，纪委集中精力监督执纪问责。“四种形态”把纪律挺在前面，抓早抓小，使严肃党纪、严肃党内政治生活的党内法规落地见效。

二、高校党风廉政建设面临的困境

纪检监察工作“三转”是党的十八大以来的一项重要举措，“三转”的程度直接影响“两个责任”“两个为主”“四种形态”等要求的落实，影响党风廉政建设和反腐败工作成效。随着实践的不断发展，高校党风廉政建设和反腐败工作也面临一些困境，突出表现在纪检监察工作“三转”问题上。

（一）文献研究情况

截止到2018年1月底，中国知网关于纪检监察工作“三转”的研究论文23篇，其中19篇集中“三转”本身展开研究，另有4篇结合“三转”中的采购招投标、信访举报等方面进行阐述。23篇论文中，2014年3篇，2015年8篇，2016年7篇，2017年5篇，2015年和2016年两年研究量占总量的65%。作者是纪检监察干部或从事纪检监察工作研究者。邓洪禹[①]认为高校纪检监察部门推进“三转”中存在的问题是：思想认识缺位、方法措施缺乏、机构队伍薄弱。他提出四点应对对策：一是加强顶层设计，深化高校纪检监察体制机制改革；二是筑牢主责意识，突出主业转职能；三是筑牢问题意识，围绕中心转方式；四是筑牢宗旨意识，从严要求转作风。李彦涛[②]认为高校纪检监察部门“三转”面临四个困境：认识不够统一、思路不

① 邓洪禹：《高校纪检监察部门推进“三转”工作存在的问题及对策》，《廉政文化研究》2014年第6期。

② 李彦涛：《高校纪检监察工作实现“三转”的思考》，《河北工程大学学报》2015年第3期。

够开阔、办法不够多样、能力不够足，提出走出困境的六个途径：一是强化主体责任，为“三转”腾出空间；二是找准抓牢抓手，为“三转”确定着力点；三是加强学习培训，为“三转”增添动力；四是完善制度规定，为“三转”确定法理依据；五是制定规划方案，为“三转”有效落实做好政策指导；六是始终把纪律挺在前面，实现“三转”的深化与升华。刘银善认为“不少高校纪委还在管不该管的事，没有做到突出中心任务，聚焦主业主责，‘不愿转、不想转、不能转、不敢转、不会转’的问题仍然制约着高校纪检监察部门监督执纪问责职能的发挥”①。宋阳等提出“高校实践‘四种形态’，深化‘三转’工作决不能高校纪检监察部门‘千里走单骑’，要把党委主体责任和纪委监督责任落实到位”。②

上述研究不仅从纪检监察部门的思想认识、工作体制机制、制度规划、组织机构、干部队伍等多方面进行研究，还从“两个责任”落实、“四种形态”实践、“树木与森林”关系把握等多个视角对“三转”给予关注，提出许多有价值的观点和办法，很好地促进了高校纪检监察工作“三转”。但目前，“三转”中还存在一些问题，“三转”的效果仍不够十分明显，一定程度和范围内，还出现了“自转”“空转”“回转”的现象，对此需要给予足够重视。

（二）高校“三转”的症结

概括高校纪检监察工作“三转”的症结，主要表现为“三个不平衡”：一是“上转”与“下转”不平衡。“上转”是指上级纪委“三转”，“下转”是指高校纪检监察工作“三转”。上级纪委在贯彻落实“三转”要求过程中，部署及时，落实迅速，效果明显。比较而言，高校纪检监察工作“三转”相对滞后，出现了上级纪委与高校党委、纪委在“三转”工作中进度不够协调。二是“内转”与“外转”不平衡。“内转”是指高校纪检监察部门的“转职能、

---

① 刘银善：《适应新常态，全面履行监督执纪问责职能》，《吉林师范大学学报》2015 年第 4 期。

② 宋阳等：《高校纪检监察部门践行“四种形态”与深化“三转”的工作研究》，《科技经济导刊》2016 年第 36 期。

转方式、转作风”，“外转”是指高校纪检监察部门以外包括党委、党政职能部门等方面在党风廉政建设相关工作的转变。高校纪检监察部门按照上级纪委要求，积极推进“三转”，比较而言，党委和党政职能部门在“三转”工作中认识和行动滞后，产生“内转”与“外转”不够平衡的情况。三是“内转”不够到位且各方面不够平衡。目前，高校纪检监察部门越位和错位的情况还不同程度地存在；转方式的成效还不够明显，转方式有效途径还需要深入研究探索；转作风中的干部职数还没有完全解决，缺编运行状况仍有存在，干部监督执纪能力和水平仍有很大提升空间。

坚持全面从严治党，推进高校党风廉政建设和反腐败工作向纵深发展，必须着力解决“三转”工作中的“三个不平衡”症结，只有这样，才能使“两个责任”真正有效落实，党风廉政建设才能为高等教育深化改革和内涵发展提供有力保障。

三、高校深化纪检监察工作“三转”的对策

习近平指出：“各级纪检监察机关要聚焦党风廉政建设和反腐败斗争这个中心任务，强化监督执纪问责，深化转职能、转方式、转作风，更好履行党章赋予的职责。”① 赵乐际书记强调，纪检监察机关“三转”绝不能出现“空转”和“回转”。坚持全面从严治党，推进高校党风廉政建设和反腐败工作向纵深发展，重整行装再出发，要从两个方面着力解决高校纪检监察工作“三转”中存在的突出问题。

（一）上级要着力做好高校党风廉政建设和反腐败工作顶层设计

高校党风廉政建设和反腐败工作是一项系统工程，其顶层设计尤为重要。近年来，市委、市纪委、驻市委教育工委、市教委纪检监察组深入落实中央关于全面从严治党的各项重大决策部署，注重体制机制改革创新和对高

① 习近平：《在中国共产党十八届中央纪委五次全体会议上的讲话》，2015 年 1 月。

校党委、纪委工作的监督检查。以《北京市党风廉政建设责任制检查考核指标体系》(以下简称《指标体系》)为例，自2013年至2017年，经历三次调整。2013年《指标体系》基本框架延续十八大之前的做法，内容做了必要的调整，对高校检查仍是“高校党风廉政建设责任制落实情况检查”，学校党委汇报。2014年和2015年的《指标体系》从框架和内容上均作出较大调整，检查内容区分为党委主体责任、纪委监督责任、党委和纪委共同承担的工作任务。2016年和2017年的《指标体系》最大的调整是只对党委主体责任落实情况进行检查，纪委监督责任包含在党委主体责任之中，另外增加了民意调查。上述三次大的调整反映出市委、市纪委对高校党风廉政建设和反腐败工作顶层设计不断完善，使责任要求越来越明晰、体制机制要求越来越具体，但仍有需要进一步完善之处，比如，如何解决高校纪检监察工作“三转”中存在的“三个不平衡”，坚持问题导向，在下一步的《指标体系》调整中给予有效关注，在顶层设计上把文章做足，防止“三转”出现“自转”、“空转”和“回转”。

（二）高校要着力处理好三对关系

从高校自身来看，要处理好党委主体责任与纪委监督责任、党委监督与纪委监督、纪委主责与纪委协助三对关系。

1. 关于党委主体责任与纪委监督责任的关系

（1）党委主体责任与纪委监督责任。第一，从哲学意义上讲，主体与客体是一对范畴，主体是指对客体有认识和实践能力的人；从民法的角度看，主体是指享受权利和负担义务的公民或法人。由此，主体是认识和实践的组织或个人，有权利和义务的组织或个人。《决定》指出，“落实党风廉政建设责任制，党委负主体责任，纪委负监督责任”，因此，党委的主体责任，是认识和实践的主体，是与权利和义务相一致的主体，这一主体的客体是党风廉政建设的全部内容而不是部分内容，是党风廉政建设的整个过程而不是某些环节或阶段。正如习近平指出的：“强化党风廉政建设主体责任，各级党委（党组）要切实把党风廉政建设当作分内之事、应尽之责，进一步健全制度、细化责任、以上率下。”[①] 党委主体责任包括哪些内容，2017年《党章》规定：党的基层组织“对党员进行教育、管理、监督和服务，提高党员素质，坚定理想信念，增强党性，严格党的组织生活，开展批评和自我批评，维护和执行党的纪律，监督党员切实履行义务，保障党员的权利不受侵犯”[②]。第二，监督是对现场或某一特定环节、过程进行监视、督促和管理,使其结果能达到预定的目标，是对行使公权力的组织、党员干部、公职人员依规依纪进行监督。相对于党委主体而言，纪委履行监督责任，是监督主体。

（2）党委主体责任与纪委监督责任的关系。从时空上看，党委主体责任与纪委监督责任的关系有两种情形，一是“一先一后”，党委履行主体责任在先，纪委履行监督责任在后，所谓事后监督；二是“同在”，党委履行主体责任的同时，纪委履行监督责任，所谓事中监督。从性质上看，党委主体责任是第一位的，纪委监督责任是第二位的，党委主体责任的履行决定纪委监督责任的履行，反过来，纪委监督责任的履行会对党委主体责任履行起促进作用。

2. 关于党委监督与纪委监督的关系

（1）党委监督与纪委监督。党的十八届六中全会指出，“党委（党组）在党内监督中负主体责任”。党内监督条例第九条规定：“建立健全党中央统一领导，党委（党组）全面监督，纪律检查机关专责监督，党的工作部门职能监督，党的基层组织日常监督，党员民主监督的党内监督体系。”[③] 在党内监督体系中，党委负主体责任，履行全面监督职责，对党委行使的全部权力进行监督。纪委负监督责任，履行专责监督职责，对党委、党的工作部门、各级党组织、党员和干部进行监督。

（2）党委监督与纪委监督的关系。第一，党委监督是全面监督，包括自我监督和对纪委履行职责情况的监督。纪委监督是专责监督，包括对纪委的自我监督。党委监督本质上是自律、律他、他律的统一。党委全面监督党内

---

① 习近平：《在中国共产党十八届中央纪委第五次全体会议上的讲话》，2015年1月。

②《中国共产党章程》，2017年10月。

③《中国共产党党内监督条例》，2016年10月。

一切事务和党员干部这一律他的同时，对党委自身履行职责情况进行自律。党委是监督主体，党委监督本质上具有自觉性。同时，党委监督中的自我监督又具有一定的被动性，当党委监督自觉性不充分时，党委的自我监督会流于形式。党委履行监督职责情况要接受上级纪委和学校纪委的监督，这是对党委监督的他律。只有自律、律他、他律实现统一时，党委全面监督的效果才能够得以实现。第二，纪委专责监督本质上是一种纯粹的监督，具有刚性特征。纪委专责监督包括对纪委自身的监督，纪委的专责监督具有很强的自觉性和强制性。纪委监督的律他与律己是相互影响的。因此，党委监督与纪委监督是包含关系，党委监督包含纪委监督；党委监督与纪委监督又是内外关系，纪委监督党委履行党委主体责任和监督责任履行情况；党委监督与纪委监督还是上下关系，党委领导领导纪委、监督纪委，纪委接受党委领导、监督。党委监督与纪委监督有区别，又有联系，在认识和实践中需要准确把握，做到守土有责，守土尽责。

3. 关于纪委主责与纪委协助的关系

（1）纪委主责与纪委协助。《党章》第四十六条规定："党的各级纪律检查委员会是党内监督专责机关，主要任务是：维护党的章程和其他党内法规，检查党的路线、方针、政策和决议的执行情况，协助党的委员会推进全面从严治党、加强党风建设和组织协调反腐败工作。党的各级纪律检查委员会的职责是监督、执纪、问责……"[①] 纪委主责是监督执纪问责，纪委协助是协助党委推进全面从严治党、加强党风建设和组织协调反腐败工作。

（2）纪委主责与纪委协助的关系。《关于纪委协助党委组织协调反腐败工作的规定（试行）》第二条规定："纪委协助党委组织协调反腐败工作（以下简称组织协调工作），是指纪委在同级党委的领导下，按照同级党委和上级纪委的总体部署和要求，协助同级党委研究、部署、协调、督促检查反腐败各项工作。"[②]《决定》指出："各级纪委要履行协助党委加强党风建设和组

①《中国共产党章程》，2017 年 10 月。
②《关于纪委协助党委组织协调反腐败工作的规定（试行）》，2005 年 7 月。

织协调反腐败工作的职责。”[①] 纪委主责是第一位的，纪委履行主责要完全充分。协助职责是第二位的，对于协助职责，纪委要把握好分寸，避免出现协助变主抓，主抓变主责；党委更要把握好政策，要全面履行全面从严治党党委主体责任，把主体责任扛在肩上，不推脱、不卸责。

高校党风廉政建设和纪检监察工作“三转”是一个不断深入的认识和实践过程，重整行装再出发，要以习近平新时代中国特色社会主义思想为指引，坚持问题导向，着力破解高校党风廉政建设和反腐败工作中的难题，推进高校纪检监察工作不断取得新成效，为全面从严治党作出积极努力。

① 《中共中央关于全面深化改革的若干重大问题的决定》，2013 年 11 月。

中国廉洁故事的定义与梳理

郭　鹏*

中国廉洁故事，是指反映中华民族廉洁品质和传统、体现中国人的廉洁理念和价值追求、汇聚廉洁经验和行为规范的故事。中国廉洁故事是中国特色社会主义文化的重要组成部分，植根于中华优秀传统文化、革命文化和社会主义先进文化，服务于中国特色社会主义伟大实践。

中国廉洁故事涵盖传统廉洁故事、革命廉洁故事以及当代廉洁故事。对中国廉洁故事的历史梳理包括挖掘各阶段廉洁故事的思想内核、表现形式、精神特质及时代意义，并在此基础上提炼出贯彻始终的精神主线、整体表征、个性符号、话语体系，实现历史与当下的串联。做好对中国廉洁故事的历史梳理，是对“借鉴历史廉政文化提高拒腐防变能力”的深切回应，是对“反腐败斗争压倒性态势已经形成并巩固发展”的形象表达，是对共产党人清廉务实形象的正面树立，也是对普通百姓廉洁经验的生动演绎，既充分满足了对于反腐败宏大叙事中微观进程、细节真相的渴求，又有效表达、传播了当代中国的廉政声音，打造中国的“廉洁名片”。

一、强化系统思维，梳理传统廉洁故事

传统廉洁故事孕育于规模宏大、内容丰富、体系庞杂的中华优秀传统文

* 郭鹏：北京联合大学纪委办公室副主任。

化，梳理传统廉洁故事必须强化“系统”思维，将单纯量的优势转化为主旨鲜明、体例丰富、关联清晰、层次分明的体系优势，提炼精神内核，实现精准分类，打造廉洁符号，构建话语体系，发挥传统廉洁故事的整体效力。

（一）传统廉洁故事的精神内核

故事是思想的言行演绎和延伸表达，传统廉洁故事有不同的表现形式，却有着共同的思想根源和精神内核。在以儒家思想为核心的传统文化体系中，廉洁故事的精神内核主要包括：廉以修身、廉以齐家、廉以从政、廉以治国。传统文化中蕴含丰富的“修齐”思想，推崇“吾日三省吾身”，“见贤思齐，见不贤而内自省也”，尤其重视“廉”的修养，强调重义轻利，“君子喻于义，小人喻于利”；崇尚节俭，“静以修身，俭以养德”；注重廉洁家风的打造，“脏吏子孙，不得察举”。廉以从政则是对古代官员的基本要求，“吏不廉平则治道衰”(《汉书·宣帝记》)；《周礼·天官冢宰·小宰》中提出了官员的“六廉”：“一曰廉善，二曰廉能，三曰廉敬，四曰廉正，五曰廉法，六曰廉辨”；孔子提出“政者，正也。子率以正，孰敢不正”(《论语·颜渊》)。廉以治国受到古代君王的高度重视，尤其强调民本思想，“水能载舟亦能覆舟”；强调德治与法治相结合，“为政以德，譬如北辰，居其所而众星共之”(《论语·为政》)，“法者，国之权衡也”(《商君书·修权》)；强调“制衡”，治国必先治吏，通过完善制度加强对官员的监督监察。西周时期就设立了初步的监察制度，自秦汉起有了比较完备的覆盖中央到地方官员的监察体系，并在后来的历史演进中不断完善。

（二）传统廉洁故事的表现形式

传统廉洁故事表现形式包括：修身故事、家风故事、廉吏故事、廉政故事。中华优秀传统文化中蕴含着丰富的廉洁故事，以不同的形式表达从不同层面、不同角度展现廉洁的理想信念和价值追求。习近平同志在多个场合讲述过传统廉洁故事。2013 年 6 月 28 日在全国组织工作会议上，习近平讲述了正考父“三命而俯”的故事[①]，这个故事充分体现了谦虚谨慎、节俭持家的修身、持家理念：春秋时期宋国大夫正考父是几朝元老，但他对自己要求很严，他在家庙的鼎上铸下铭训：“一命而偻，再命而伛，三命而俯。循墙而走，亦莫余敢侮。饘于是，鬻于是，以糊余口。”意思是说，每逢有任命提拔时都越来越谨慎，一次提拔要低着头，再次提拔要屈背，三次提拔要弯腰，连走路都靠墙走。生活中只要有这只鼎煮粥糊口就可以了。2017 年 1 月 7 日在第十八届中央纪律检查委员会第七次全体会议上，习近平讲述了“杨震四知拒金”的故事，这个故事充分体现了古代官员的廉洁操守：东汉王密深夜给太守杨震送来十斤黄金，并告知没有人知道，但杨震坚守廉洁，以“天知、地知、你知、我知”拒绝了王密的黄金，让他觉得十分羞愧。2013 年 1 月 22 日在第十八届中央纪律检查委员会第二次全体会议上，习近平用反面的“亡国之音”故事强调廉政的重要性：南北朝时期南朝陈国皇帝陈叔宝，在位时生活奢侈、不理朝政，后来隋军南下，其军队不堪一击，陈叔宝被俘病死。他所作的诗《玉树后庭花》被后人称为“亡国之音”。唐代诗人刘禹锡在《金陵五题·台城》中写道：“台城六代竞豪华，结绮临春事最奢。万户千门成野草，只缘一曲后庭花。”

（三）传统廉洁故事的经典提炼

植根于中华优秀传统文化五千年的沃土，不同类型的传统廉洁故事在历史的传承和不断提炼中，逐渐形成审美的趋同，出现一批具有中国作风和中国气派的廉洁符号，形成一批具有高识别度的中国廉洁品牌故事。传统廉洁故事的廉洁符号包括莲（荷）花、青竹、菊花、梅花、兰花等。以莲（荷）花为例，其洁净无尘的外在品相被历代文人推崇，并被赋予高洁的精神品格，成为个人廉洁修身、廉以为官的符号象征。战国时期爱国诗人屈原为了表达自己不与世俗同流合污的决心，要“制芰（荷出水的荷花）以为衣兮，集芙蓉以为裳”，即要穿上用莲花做成的香气馥郁的衣服；北宋周敦颐为人清廉

① 人民日报评论部：《习近平讲故事》，人民出版社 2017 年版。

正直，襟怀淡泊，平生酷爱莲花，以“予独爱莲之出淤泥而不染，濯清涟而不妖，中通外直、不蔓不枝”，盛赞了莲花正直高洁的精神品格；唐代白居易《莲石》中“青石一两片，白莲三四枝。寄将东洛去，心与物相随”，以莲花赠友人，相互勉励寄托情怀。传统廉洁故事中孕育的中国廉洁故事品牌包括包公故事、海瑞故事、于成龙故事等。以包公故事为例，北宋官员包拯因关心民生、清正简朴、断案公正、铁面无私被尊称为“包公”，后人将他的故事不断进行编辑演绎，使得“包青天”的形象深入人心，成为清正廉洁的代名词，包公故事也成为中国廉洁故事的经典品牌。

二、强化政治意识，梳理革命廉洁故事

革命廉洁故事是革命文化的一部分，革命文化产生于中国共产党领导的新民主主义革命、社会主义革命历史实践，梳理革命廉洁故事必须强化政治意识，以党的领导为中心，以廉洁故事演绎党全心全意为人民服务的初心，诠释党在艰难困苦条件下领导人民取得革命胜利的历史必然性。

（一）革命廉洁故事的精神内核

革命廉洁故事的精神内核就是为人民服务。中国共产党是马克思主义的政党，中国共产党的党性就是人民性。马克思、恩格斯高度重视革命政党的“人民性”，提出要“防止国家和国家机关由社会公仆变为社会主人”①；毛泽东则提出：“我们共产党人区别于其他政党的又一个显著标志，就是和最广大的人民群众取得最密切的联系。全心全意为人民服务，一刻也不脱离群众；一切从人民的利益出发，而不是从个人或小团体的利益出发。”②因此，革命廉洁故事也打上了深深的“人民性”的政治烙印，集中体现为爱民护民、服务于民。

---

① 恩格斯：《〈法兰西内战〉再版导言》。

② 毛泽东：《论联合政府》。

（二）革命廉洁故事的表现形式

围绕党的全心全意为人民服务的宗旨，革命廉洁故事的表现形式包括：党的纪律规章故事、革命生产建设故事、革命人物廉洁故事等。党的纪律规章产生、完善的进程中蕴含着丰富的人民意识。以《三大纪律八项注意》产生的故事为例，1927 年 9 月，毛泽东领导湘赣边秋收起义时，就要求部队官兵对待人民群众说话和气，买卖公平，不拉夫，不打人，不骂人。同年 10 月，在江西省遂川县荆竹山动员部队向井冈山进发时，规定了三项纪律：行动听指挥，不拿群众一个红薯，打土豪要归公。1928 年 1 月，部队进驻遂川县城，分散到县城周围农村发动群众时，提出了六项注意：上门板，捆铺草，说话和气，买卖公平，借东西要还，损坏东西要赔。同年 3 月 30 日，部队到达湖南省桂东县沙田村，毛泽东向全体官兵正式宣布《三大纪律六项注意》，从而奠定了中国工农红军统一纪律的基础。1929 年以后，根据形势的发展和部队的实践经验，《三大纪律六项注意》内容不断完善，六项注意内容扩充为八项注意。1947 年 10 月 10 日，毛泽东起草《中国人民解放军总部关于重新颁布三大纪律八项注意的训令》，对其内容做了统一规定，成为党领导下的人民军队的行动指南。革命生产建设故事，以抗日战争时期的“大生产运动”为代表，广大军民走向生产一线，“自己动手，丰衣足食”，既满足了根据地的物资需要，又密切了党群关系、军民关系。在革命过程中，也出现了一批以张思德为代表的全心全意为人民服务的典型，构筑了丰富的革命人物廉洁故事。

（三）革命廉洁故事的精神升华

伟大的实践孕育伟大的精神，在革命实践中诞生的革命文化铸就了丰富的党的精神成果，并在革命廉洁故事中得到充分的演绎体现。党在革命时期的精神成果包括建党初期的五四精神、红船精神，土地革命时期的井冈山精神、长征精神，抗日战争时期的延安精神和解放战争时期的西柏坡精神等。五四精神中的忧国忧民，红船精神中的立党为公、忠诚为民，井冈山精神中的密切联系人民群众的思想作风、艰苦奋斗的作风，长征精神中的团结互助、百折不挠、克服困难、忠诚爱国，延安精神中的全心全意为人民服务的根本宗旨，自力更生、艰苦奋斗的创业精神，西柏坡精神中的戒骄戒躁的谦虚精神、艰苦奋斗的创业精神等，都体现了共产党人依靠人民、服务人民、廉洁为公、艰苦奋斗的廉洁精神品质。革命廉洁故事是对这些精神品质的形象演绎和生动注解，回答了在革命期间共产党人是为谁服务、怎么服务的问题，为党获得执政地位必然性提供了依据。

三、明确时代方位，梳理当代廉洁故事

当代廉洁故事作为社会主义先进文化的重要组成部分，体现出鲜明的时代特征，是对社会主义改革、建设、发展过程中廉洁经验、廉政反腐举措的生动演绎。尤其是自党的十八大以来，中国特色社会主义建设进入“新时代”，以“四个全面”为指引，全面从严治党成为贯穿其中的一条主线，服务改革与发展成为其重要的目标指引，让人民有更多的获得感成为其明确的职能归宿，在此背景下的当代廉洁故事有了新的时代主题和表现形式。

（一）当代廉洁故事的精神内核

当代廉洁故事的精神内核是：全面从严治党，坚持人民中心，服务改革发展。只有全面从严治党，切实推进党风廉政建设和反腐败斗争，增强党的先进性和纯洁性，才能更好地带领人民推进中国特色社会主义建设，满足人民的发展需求。党的十九大旗帜鲜明地提出“坚持以人民为中心”，强调必须坚持人民主体地位，坚持立党为公、执政为民，践行全心全意为人民服务的根本宗旨。必须牢固树立“以人民为中心”意识，忠诚履责、执纪为民，推动全面从严治党向纵深发展。[①] 当代廉洁故事就是对党全面从严治党“伟大斗争”的生动演绎，是党领导人民针对社会主义改革和建设发展过程中的

---

① http：//paper.people.com.cn/rmrb/html/2018-01/12/nw.D110000renmrb_20180112_2-01.htm.

腐败问题提供的"中国经验"和"中国方案"。

（二）当代廉洁故事的表现形式

当代廉洁故事的表现形式包括：反腐故事、党纪党规故事、改革建设故事、民风故事、廉洁人物故事等。中国共产党历来重视反腐败工作，尤其是十八大以来反腐败斗争的伟大实践为反腐故事的书写提供了最新鲜、最丰富、最生动的素材，其中既有惩治周永康、薄熙来、郭伯雄、徐才厚、令计划、苏荣等的"打虎故事"，又有惩治基层腐败官员的"拍蝇故事"，还有针对外逃腐败分子的"猎狐故事"。此外，中央八项规定等党内法规的制定实施也产生了巨大的导向作用，让整个社会的风气为之一新。白岩松讲到在中央八项规定实施以后，自己第一次敢带着家人在江苏的饭店吃螃蟹，四两的螃蟹以前成百上千元一只现在只要 38 元，这无疑是中央严刹"吃喝风"带来的直接效应。受到广泛认同的"光盘行动"故事，彰显了整个社风民风的廉洁走向。廉洁故事也发生在社会主义改革建设过程中，一批廉洁人物成为好党员、好干部的典型，比如焦裕禄、孔繁森等。

（三）当代廉洁故事的时代特征

我们党历来重视党风廉政建设和反腐败工作，尤其是十八大以来，中国进入了解决腐败问题的"廉洁拐点"，在这一历史进程中，当代廉洁故事自然承担了向世界传递中国廉洁声音、演绎治理腐败中国方案的宏大叙事使命，同时又要将反腐败的酣畅淋漓更好地带入人民的直观体验，增强人民对反腐败斗争的参与感和获得感。这就要求当代廉洁故事的书写必须大处着眼，站在构建人类命运共同体的高度，实现世界范围内反腐理念的互联、策略的沟通，同时又在小处用心，主动继承、呼应中国传统文化、革命文化中的廉洁要素和特质，深刻理解当下反腐败斗争的历史意义，以"经历者"而非"旁观者"的视角，真诚讲述中国廉洁故事。

四、中国廉洁故事的整体关照

传统廉洁故事、革命廉洁故事和当代廉洁故事，共同构成了内容宏大、种类丰富、内涵深远的中国廉洁故事体系，属于中国特色社会主义文化的重要组成部分，承担着增强文化自信、渲染廉洁氛围、提高廉政水平、传播廉洁声音的历史使命。通过对中华民族跨越5000年的廉洁故事体系的系统梳理，可以发现贯穿其中的精神主线、整体表征和个性符号，体现了鲜明的中国作风和中国气派，共同构筑了中国廉洁故事的整体品格。

（一）中国廉洁故事的精神主线

中国廉洁故事的精神主线是以人民为中心。在以人民为主体的廉洁故事中，人民是廉洁文化的创造者，是廉洁修身持家的实践者；在以官员、国家为主体的廉洁故事中，人民是廉洁从政的见证（监督）者，是国家廉洁发展的推动者。无论是传统廉洁故事中提倡的“民本思想”，革命廉洁故事中渲染的“为人民服务”，还是当代廉洁故事中强调的“坚持人民中心”，都把服务于人民作为廉洁治理的出发点和落脚点。如果没有为人民谋利益的思想，一旦手中掌握权力，就会产生谋取私利的想法，走上贪污腐败的道路。中国廉洁故事形象表达了人民在社会廉洁发展历史进程中的重要作用，也成为中国廉洁治理的重要特色和标志。

（二）中国廉洁故事的整体表征

中国廉洁故事具有内容全面、类型丰富、时代性强的整体表征。中国廉洁故事所涵盖的内容十分广阔，既有对个人廉以修身理念的演绎，又有对廉洁家风打造的描述；既有对廉洁从政事迹的记录，又有对国家廉洁治理的概括，实现了个体与整体、宏观与微观、主观与客观的全面覆盖和高度融合。依托于丰富的内容体系，中国廉洁故事也有了多样的故事类型：个人修身故事、家风民风故事、社会生产（改革）故事、廉洁人物故事、廉洁治理故事、反腐故事等。中国廉洁故事还体现出了鲜明的时代性，时代的主题和精神特性在廉洁故事中得到了充分的体现，以儒家思想为核心的传统文化在传统廉洁故事中得到充分贯穿，革命中形成的红色精神在革命廉洁故事中得到生动演绎，全面从严治党、坚持人民中心的理念在当代廉洁故事中得到全面体现。

（三）中国廉洁故事的文化表达

中国廉洁故事发源于中华优秀传统文化，在革命文化、社会主义先进文化中不断汲取养料丰富发展，逐渐形成了具有中国特色的廉洁文化表达。中国廉洁故事孕育了自己的廉洁文化符号，比如莲（荷）花、青竹、包公等，它们带有鲜明的廉洁指向性，在不同时代不同类型廉洁故事中重复出现并最终突破故事的范围延伸到整个社会层面，成为被普遍接受、广泛认可的带有鲜明中国作风和中国气派的廉洁文化符号。中国廉洁故事中构建了廉洁话语体系，比如强调党员个人修养的“打铁还需自身硬”等，尤其是其强调的廉以修身、廉以齐家、廉以用权、廉以从政，渗透于个人道德修养、社会生产生活、改革建设发展、国家宏观治理各个层面，在廉洁文化以及中国特色社会主义文化的建设发展中发挥了重要作用。

（四）中国廉洁故事的当代价值

对中国廉洁故事的定义和梳理，是为了更好地继承和发扬优秀传统文化、革命文化、社会主义先进文化中的廉洁理念、廉洁经验、廉政举措，服务于党的建设、人民生活以及中国特色社会主义建设，增强廉政建设、廉政治理、惩治腐败的文化自信，并为世界廉政建设提供形象化的中国方案，为中华民族伟大复兴、为人类命运共同体的构建贡献廉洁的力量。

参考文献：

[1] 高波：《廉洁拐点》，中信出版社 2017 年版。
[2] 陈治治：《讲好中国反腐故事》，中国方正出版社 2017 年版。

[3] 卜万红:《中国古代廉政文化形态述论》,《广州大学学报（社会科学版）》2012年9月刊。

[4] 李康平:《中国革命文化基本理论问题研究》,《马克思主义研究》2015年7月刊。

[5] 王宗峰:《修复集体记忆——对近年来革命文化再度勃兴的思考》,《河南大学学报（社会科学版）》2013年1月刊。

“为官不为”动力机制问题探究

王维国　郭　鹏*

一、“为官不为”动力问题及其解决方式的历史考察

（一）“为官不为”动力问题

为官不为，是指在权力运行过程中，作为权力行使主体的干部不能及时、准确、有效地履行岗位职责，甚至不履行岗位职责，导致干部权力行使无法适应社会治理的新变化，无法满足广大人民群众的利益需求。2016年1月18日，习近平在省部级主要领导干部学习贯彻党的十八届五中全会精神专题研讨班上指出：“综合各方面反映，当前‘为官不为’主要有三种情况：一是能力不足而‘不能为’，二是动力不足而‘不想为’，三是担当不足而‘不敢为’。”其中，“不想为”是动力问题，实质是人生观、价值观的扭曲。

（二）解决“为官不为”动力问题的制度演变及历史启示

以史为鉴，官员“尸位素餐”“在其位不谋其政”等问题历来都有，只是在不同的历史时期有不同的表现。此外，每当党的事业进入新的历史转型时期，干部队伍中都会产生这样那样的问题，都有一个适应和转型的过程。从某种意义上看，当前的“为官不为”问题也是领导干部不适应新形势的具体表现。解决这个问题，可以从党的历史上寻求借鉴。特别是党在新中国成

* 王维国：西安交通大学教授；郭鹏：北京联合大学纪委办公室副主任。

立初期和改革开放初期解决领导干部队伍中各种问题的制度探索和经验做法，可以为今天解决“为官不为”动力问题提供很多启示。

新中国成立初期，随着党的执政地位的确立和工作重心的转移，当时干部队伍的数量和质量都不适应新的需要，突出表现在三个方面：一是有些党员干部思想上发生变化，革命意志消退，“认为中国革命胜利就是中国革命业已完成”，以后的事情就是享受革命胜利的果实。二是在武装斗争的环境中成长起来的干部，过去的经验与经济社会各项事业发展的需要不相适应，本领不够用了。三是新政权建设对领导干部的需求规模前所未有，很多人员未经严格审查和筛选就加入干部队伍，很多干部被快速选拔、工作频繁调动，干部队伍纯洁性、稳定性不够。针对这些问题，中央从干部教育、选拔、管理等方面采取了有力措施。比如，在干部教育方面，先后作出了关于在职干部学习、加强理论教育、加强干部文化教育以及轮训全党高、中级干部等一系列部署。在干部选拔方面，逐步从大规模快速提拔干部改为稳定干部职务、提高干部能力，并明确提出了“才德兼备”“又红又专”的干部选拔标准。在干部管理方面，逐步建立分部分级管理制度，在组织部门统一管理下，由中央和各级党委的各部对干部分别进行管理，并建立了职务职级工资、国家机关工作人员奖惩等制度。在干部监督方面，早在1949年11月就作出《关于成立中央及各级党的纪律检查委员会的决定》，建立了党内监督制度。这些措施从根本上加强了各级领导班子和干部队伍建设，为巩固新生政权、完成社会主义改造等历史性任务提供了重要保障。

改革开放初期，随着全党将工作重心转移到社会主义现代化建设上来，很多干部的政治、业务素质跟不上事业发展的需要，干部队伍中也出现很多不适应的问题。特别是有的干部思想上仍习惯过去“左”的一套，对党的十一届三中全会的路线方针政策不理解、不支持，甚至公开抵触；有的习惯于在计划经济体制下工作，对于如何打破条条框框、放手发展经济等感到比较迷茫；等等。为解决这些问题，当时采取了一系列有针对性的措施。一是提出了干部“四化”方针，大规模选拔中青年干部。据统计，从1982年初到1984年夏，全国共提拔200多万中青年干部，到1985年底共有46万名中青年干部走上县以上领导岗位。二是废除干部领导职务终身制，建立干部离退休制度和退居二线制度，从制度上保证了新老干部适当交替的顺利进行。三是大规模开展干部教育培训工作，逐步恢复和新建了各级党校，推动干部教育经常化、制度化、正规化，着力提升各级干部的专业知识水平和现代管理水平。四是建立和完善干部考核制度，中央组织部于1979年11月下发《中共中央组织部关于实行干部考核制度的意见》，明确规定按照各类干部胜任现职所应具备的条件，从德、能、勤、绩四个方面进行考核，以防止“因为是非功过不清，赏罚不明，干和不干一个样，甚至干得好的反而受打击，什么事不干的，四平八稳的，都成了‘不倒翁’”等现象。五是探索调整不胜任现职领导干部的职务，针对大批年轻干部走上领导岗位之后出现的少数干部不胜任的情况，中央组织部于1986年11月发出《中共中央组织部关于调整不胜任现职领导干部职务几个问题的通知》，明确要求对存在“实践证明决策水平低，组织领导能力差，同所任职务的要求不相称，完不成任务，打不开局面，多数干部、群众不满意的”等情况的领导干部，都要进行及时调整，“坚决实行干部职务能上能下，能下能上，逐步从制度上保证德才兼备、具有开创精神的干部能够脱颖而出”。这些措施有效推动了干部制度改革，从根本上解决了当时干部队伍中存在的突出问题，为开创改革开放新局面奠定了重要基础。

当前，党和国家事业发展进入了一个新的历史时期，特别是全面建成小康社会进入决定性阶段，改革进入攻坚期和深水区，法治成为治国理政的基本方式，全面从严治党成为新的常态，对领导干部队伍的思想状态、履职能力、工作方式等提出了新的挑战。与历史上出现过的情况一样，面对新形势新任务，各级领导干部可能都需要一个转变和适应的过程。在这个过程中，一部分干部思想上有所顾虑、行动上有所迟疑，看似“为官不为”，实际上是适应大环境的正常反应。对于这部分同志，应该以更多的宽容和耐心来帮助他们加快转变和适应。同时，对于一部分确实存在“不想作为”等问题的干部，应该实事求是、辩证分析，采取有针对性的解决措施。

二、“为官不为”现状与“为官从政”动力缺失的原因探析

（一）“为官不为”现状

科学把握“为官不为”现状，首先应确定“为官不为”的内涵。一是要对“官”有明确的界定。实际生活中很多普通公务员甚至社区、村的干部也被看作“官”，但从群众关注的重点和我国领导干部队伍实际来看，“官”应该主要是指处级以上的领导干部。二是要对“不为”从狭义和广义两方面来理解。狭义的“不为”，就是李克强总理在 2015 年的政府工作报告中所指出的“在其位不谋其政，该办的事不办”；广义的“不为”，还包括各种原因造成的干部履职不积极、不到位，特别是没有做到敢于担当、奋发有为。

从整体上来看，在当前的干部队伍中，狭义的、绝对的“为官不为”应该只是个别现象，但广义的、相对的“为官不为”现象还是在一定范围内存在。对于“为官不为”问题，既要看到在现实中并未成为主流，不必过度解读，但也绝不可低估其负面影响。如果少数人的问题得不到妥善解决，造成“为官不为”的干部得利、积极干事的干部吃亏，就会让愿意干事的干部受伤害，久而久之就可能产生“逆淘汰”现象，损害整个干部队伍的健康。

具体来说，“为官不为”有如下表现：

第一，消极懈怠，不想作为。有些领导干部精神不振奋，工作不在状态，想干事的劲头不那么足。具体表现：一是心不在焉。没把心思和主要精力放在工作上，沉迷于附庸风雅、吃喝玩乐，热衷于拉关系、交朋友。二是意志消退。看摊子、守位子，不思进取，工作没有热情。摆老资格、居功自傲，认为自己该歇歇脚、享享福，甚至要求调分工、换岗位，追求“无事一身轻”。三是拖拉懒散。工作不积极，没有马上就办的精神，拖拖拉拉，效率低下。四是上推下卸。事事请示汇报，坐等上级指示，把矛盾上交。责任转移、任务下派，当甩手掌柜。借口重心下移、属地管理，把难题甩给基层，只图自己方便，不管基层困难。五是无利不为。只想当官不想做事，信奉“少干就是多得”，能不干就不干、能少干不多干。拈轻怕重，挑三拣四，遇到有利

可图的事就做、没有好处的事就躲。

第二，畏首畏尾，不敢作为。很多同志反映，当前领导干部队伍中存在一些畏难情绪，不像以前那么敢闯敢干了。具体表现：一是怕担责任。怕工作失误、冒风险，不敢面对矛盾，不敢果断决策，宁肯不干事，但求不出事。遇事推诿扯皮，强调“不归我管”，机械照章办事、重复设置“关卡”，“只依法不办事”，“只摇头不点头”，不对大局负责。二是怕得罪人。不分管的工作不发言，触及利益的事往后退，面对错误言行不批评，不敢真抓真管，怕差评、怕丢票，搞中庸之道，明哲保身，当“老好人”。三是怕成焦点。不习惯在媒体关注和公众监督下推进工作，该宣传的不宣传，该说话的不说话。怕过去工作中的缺点和瑕疵被曝光，遮遮掩掩，唯恐被抓小辫子。

第三，花拳绣腿，不真作为。很多同志提到，解决“为官不为”问题要特别注意实事求是，防止被一些干部看似忙忙碌碌、其实华而不实的假象迷惑。具体表现：一是光说不练。坐而论道，空喊口号，表态积极、落实不力，“只打雷不下雨”。接任务时表决心、作保证，完不成时找原因、找借口，争功诿过。对上级决策部署和他人工作挑毛病、找缺点，旁观看戏，说风凉话、泄气话。二是表面文章。表里不一、见风使舵，说一套、做一套，领导看得见时是一个样子，看不见时是另一个样子。抓工作浮在面上，习惯于听汇报、看材料，不深入实际调查研究；习惯于派任务、要结果，不检查指导、不破解难题；靠“总结”出典型、出经验，夸大其词、文过饰非。热衷于政绩工程、面子工程，实际成绩经不起问、经不起看、经不起查。三是敷衍塞责。以会议落实会议，以文件落实文件，搞上有政策下有对策。工作标准低，糊弄过关、交差了事，不求过得硬、只求过得去。

第四，能力不足，不善作为。很多同志谈到，有些干部态度很好，也愿意干点事，但就是扛不起硬活，干不成实事。具体表现：一是观念保守。首都意识不强，对当前改革发展面临的新形势新任务认识不到位，自觉履行首都工作重大职责的使命感、责任感不强。创新意识缺乏，满足于已经取得的成绩，习惯于凭过去经验办事，对新情况新问题不学习、不研究，不善于创造性地谋划推动工作。二是本领不够。缺乏大局视野和战略思维，面对落实首都城市战略定位、推动京津冀协同发展等重大任务，在落实过程中抓不到位、抓不出实效，特别是对疏解功能谋发展存在矛盾认识，不知道该怎么干。工作方法不对头，抓工作“撒胡椒面”，分不清轻重缓急，抓不住主要矛盾，统筹协调不够。三是平庸混事。综合素质、工作能力不胜任岗位需求，政策不熟、业务不精，小事不愿做、大事做不了，混日子、熬年头，得过且过。

（二）“为官从政”的动力缺失类型

当前，“为官从政”动力缺失主要有以下六种类型：

一是没有崇高的理想信念，缺少精神动力，是“缺钙”型干部，所以不想为。这类干部工作缺乏热情和激情，“在岗却不在状态，在位却不在谋事”，既虚度自己年华，又贻误党和人民事业。

二是安于现状，缺少进取精神，是安逸型干部，所以不想为。在工作中不求“过得硬”，但求“过得去”，缺乏创新意识、进取意识，甘居中游。“不求有功，但求无过”。

三是怕苦怕累，缺少奋斗精神，是享乐型干部，所以不想为。这类干部工作缺乏主动性，习惯于多一事不如少一事，做一天和尚撞一天钟，混日子，熬年头，寄希望于按资排辈、组织照顾。

四是奉行中庸主义，想做“老好人”，想靠人脉取胜，怕作为了得罪人，所以不想为。这类干部工作上躲躲闪闪，不推不动，甚至推而不动，总强调客观因素，不尽主观努力，有问题左躲右闪，遇矛盾上推下卸，对基层需求无动于衷，对群众疾苦麻木不仁。

五是怕“枪打出头鸟”“出头的椽子先烂”，想“韬光养晦”，所以不想为。这类干部摆作风漂浮、光说不练，只有“唱功”，没有“做功”，照搬照套，不求实效，以会议贯彻上级会议部署，以文件落实上级文件精神，会议讲空话讲套话，调研走形式凑天数。

六是怕做事出问题，影响以前已经取得的“政绩”，所以不想为。这类干部想靠“吃老本”赢得机会再上位。

（三）"为官从政"动力缺失的原因探析

造成"为官从政"动力缺失的原因是多方面的，既有传统原因也有现代原因，既有体制机制因素也有干部个人因素。习近平指出："除了一些干部自身素质不适应新形势新任务要求外，也有我们工作上的原因，还有社会上种种复杂因素的影响。"

1. 从干部自身来看，主要是思想滑坡、能力欠缺

部分领导干部"为官从政"动力缺失，主要是受个体性因素的影响。一是工作价值观不端正。党性修养不够，宗旨意识淡化，政绩观有偏差，对个人的荣辱得失看得过重，缺乏总书记所强调的"做人一世，为官一任，要有肝胆，要有担当精神"的积极进取态度，缺乏干事创业的热情和激情，甚至只想当官不想干事、只想揽权不想担责、只想出彩不想出力。二是对遵规守纪存在错误认识。面对当前反腐高压态势和正风肃纪要求，怕踩红线、怕犯错误，认为"多干事多出错，少干事少出错，不干事不出错"；人为地把"讲规矩"和"敢担当"、把"干净"与"干事"对立起来，认为规矩多了、要求严了，束手束脚，什么也干不了。三是能力素质上有欠缺。个人能力素质跟不上形势和任务的发展变化，在履职方式、工作方法等方面摆脱不了对过去的路径依赖，"过去能干的事不让干了、用惯的招儿不让用了，就不知道怎么办了"；面对新情况新问题，知识储备不够、专业能力不强，缺乏真本事、硬功夫，导致工作上"心有余而力不足"。习近平指出："从我们工作来看，主要是一些地方和单位贯彻党中央决策部署的实施细则和配套措施不够完善，政策尺度把握不够准确，方式方法有些简单生硬，对干部教育引导不够及时到位，在思想、理念、作风、经济社会发展的具体操作上，一些地方和单位还没有按照党的十八大以来的新要求进行调整，或者还没有调整到位，出现了不适应的状态。"

2. 从干部管理工作来看，主要是激励有为、惩戒不为的制度导向不鲜明

目前，在干部选拔任用和管理监督等方面还存在一些不足，没有充分发挥选人用人对干部干事创业的激励引导作用。一是正面激励不够到位。主要

是在选拔任用上，没有完全体现能者上庸者让的导向，还存在干事的吃亏、老好人得利等现象。在考核评价上，还存在考不准、考不实，考核结果与干部选拔任用和管理监督结合不够，“干多干少、干好干坏一个样”等问题。在激励保障上，干部普遍感到晋升空间有限、工资待遇不高，能够有效调动积极性的激励手段不多，还存在主要“靠觉悟干活”的问题。二是负面约束不够有力。当前，对领导干部“乱作为”的治理措施比较明确，但对“不作为”特别是得过且过、无功无过等“隐性失职”行为，还缺乏有效管用的刚性管理措施，即使处理一些干部，往往也是批评教育的多、严肃问责的少，造成有些干部存在侥幸心理，认为只要不犯错误，无所作为也不会有问题。

3. 从干部履职环境来看，主要是缺乏鼓励干事创业的良好氛围

一是缺乏鼓励创新、包容失误的工作环境。现实中，如果干部干出了成绩，往往都归功于集体的努力，而出了问题则要追究个人的责任，“干成了不一定能当英雄，但干不成就是狗熊”，造成很多干部不求有功、但求无过。有时候对干部从严管理的方式简单化，“不干活用鞭子抽，干错了用枪打”，于是有的干部“宁可被鞭子抽也不愿被枪打”。特别是面对一些改革创新的工作，由于面临很多不确定性、需要冒一定的风险，谁也不能保证自己不出错，往往就等待观望，不敢试、不敢闯。二是缺乏积极宽松的舆论环境。习近平指出：“从社会因素来看，主要是负面舆论和恶意炒作使一些干部模糊了视线、增加了困惑。”当前，各种媒体对领导干部的监督无处不在，并且负面消息曝光多，对正面典型宣传少，舆论当中缺乏催人奋进、昂扬向上的正能量，一定程度上造成了“无论干部做什么，群众都不叫好”的现象，使领导干部普遍面临较大的心理压力，影响干事创业的热情。

三、“为官从政”动力机制的一般分析

（一）事业追求

2000 年出版的第 7 期《中华儿女》杂志曾刊登了一篇对时任福建省省长习近平的专访文章。习近平当时指出，从政是一种事业的追求。他特别强

调走上从政的道路必须要立志当“公仆”，做大事，而不是当大官。为官从政的事业必须体现在为人民服务的实践中，把人民群众的根本利益作为根本出发点和落脚点，作为为官从政的事业动力。党员干部必须强化责任担当意识和服务意识，尤其需要发扬苦干、实干、科学干的作风，把责任担当作为第一品格，把服务群众作为第一追求，牢固树立“昼无为、夜难寐”的事业心和责任心，敢于作为，善于作为，不当甩手掌柜，不当“撞钟的和尚”。要时刻摆正自己的位置和心态，牢记“公仆”身份，“怀”为民之心，“为”勤政之善，“去”贪腐之念。

（二）制度规范激励与约束

制度是人类社会生活中达成的共同遵守的办事规程和行动准则，是实现某种功能和特定目标的一系列规范体系。在现代社会里，制度已愈加成为一种强大的动力源。在当代中国，推进国家治理体系和治理能力现代化，领导制度、组织制度、干部制度起着至关重要的作用。正如邓小平说的，它带有根本性、全局性、稳定性和长期性。在好的制度的推动下，可以催发一支浩浩荡荡的勤政务实、干事创业的大军。反之，则将出现万马齐喑，死水一塘的颓败景象。由此可见，当代中国特色社会主义的领导制度、组织制度、干部制度等一系列制度机制，是决定着公务员和干部能否勤政务实、干事创业的强大的制度动力。

（三）文化认同与自信

2016 年，习近平同志在“七一”重要讲话中指出：坚持不忘初心、继续前进，就要坚持中国特色社会主义道路自信、理论自信、制度自信、文化自信。他还特别强调，文化自信，是更基础、更广泛、更深厚的自信。对于领导干部来说，无论是传统文化中的“修身齐家治国平天下”，革命文化中的“井冈山精神”“西柏坡精神”，还是社会主义先进文化中的“社会主义核心价值观”等，都深深影响着他们的人生观、价值观、事业观、权力观，成为其为官从政的文化动力。

四、人民公仆角色定位及其养成路径

习近平强调：“制度一经形成，就要严格遵守，坚持制度面前人人平等、执行制度没有例外，坚决维护制度的严肃性和权威性，坚决纠正有令不行、有禁不止的各种行为，使制度真正成为党员、干部联系和服务群众的硬约束。”

（一）制度规范的激励作用

要使公共行政充满活力，就应通过制度规范引进竞争激励机制。“为官不为”消解干部队伍造血功能，降低公共行政的进步动力与活力。其原因很多，其中就包括竞争激励机制不完善或激励机制与干部管理无关的因素。在有些行政机关中，干多干少、干好干坏一个样，成绩人人有功、失误个个有责，受奖励人人有份、遭处罚个个不少；人人不是创先争优，而是“做一天和尚，撞一天钟”，碌碌无为。改变这种局面就要完善相关制度规范：科学设定绩效考核的指标、程序，客观公正评估政绩，褒勤贬懒，奖优罚劣；推行公开承诺制，根据职责承诺的事必须按时保质保量完成，实施阶段性考核与结果性考核相结合；全面考评干部德能勤绩廉，健全优胜劣汰机制，重用积极干事创业的优秀干部，淘汰消极不为、品低能差的平庸干部；实行公开选拔、民主评议、竞争上岗，为那些德才兼备、工作勤奋、业绩显著、清正廉洁，赢得群众拥护、同事认可、下级满意、领导肯定的干部提供充分的进步空间。

（二）制度规范的约束作用

行政权力依法获得与行使，是一种来自于民、用之于民的公共权力。按照洛克（John Locke）的说法，公共权力“既然只是为社会谋幸福，因而不应该是专断的和凭一时高兴的，而是应该根据既定的和公布的法律来行使；这样，一方面使人民可以知道他们的责任并在法律范围内得到安全和保障，另一方面，也使统治者被限制在他们的适当范围之内，不致为他们所拥有的权力所诱惑，利用他们本来不熟悉的或不愿承认的手段来行使权力，以达到上述目的”。“为官不为”、有权不作为、有职不尽责，甚至脱离法定轨道滥用权力，这就改变了公共权力“只是为社会谋幸福”的初衷。因此，治理“为官不为”必须通过制度规范来发挥约束和监督作用：在权力集中的部门实行分岗设权、分级授权、分事行权，定期轮岗，强化工作流程控制；实行政务公开，让权力在阳光下运行。同时，“为官不为”的突出特征是不履行或未正确履行法定职责，为此，必须严格行政问责。行政问责制是对因故意或过失不履行法定职责或未正确履行法定职责，使行政的秩序失常或效率下降，或者对损害行政相对人合法权益，败坏行政机关形象和威信的行为进行内部监督和责任追究的制度。我国现已制定了承担行政不作为责任的标准及其处理办法，这虽是道德层面的问责，但标志着对官员工作有了制度性要求。具体就是：严格实行事先定责、事中查责、事后追责制度；按照权责一致原则问责，权大担大责、权小担小责，责大重处理，责小轻处理；敢于问责，无论官大官小、有无“靠山”，一旦发现“为官不为”就问责；正确处理问责结果，健全责令公开道歉、停职检查、引咎辞职、责令辞职、罢免等问责方式。

（三）为民服务的深厚情怀和克己修身的养成模式

为民服务是公共行政的核心理念，以良好行为为民服务是行政官员的根本职责。威尔逊认为，所谓良好行为，一是“对其为之服务的政府的政策具有坚定而强烈的忠诚”；二是“经常感兴趣的是尽他的才智做最大的努力，用他的良心”为公众做最大的服务。“全心全意为人民服务”是我国政府及其人员的根本宗旨，它决定着行政官员的世界观、权力观和事业观。据此，行政官员要情系人民、权为民用、满足民需、造福于民。而“为官不为”丧失或淡化为民服务的核心理念，工作中过多地考虑个人得失，尸位素餐，占着职位不做事，对其绝不可等闲视之。因此，要通过经常性的为民服务教育，使行政官员不断提升为民服务的自觉，牢固树立为民服务的良好动机，充分认识为官要有为、有为必勤政，把为民服务实实在在体现在最崇高的工作事业当中。具备为民情怀，需坚定政治信念，提升个人修养。

好学是修身的前提条件。治学必重修身，修身必先治学。一是学以立德。我们既要加强党性修养，站稳党和人民立场，牢固树立正确的世界观、人生观、价值观和公私观、是非观、义利观，也要保持高尚道德情操和健康生活情操，始终保持共产党员的先进性和纯洁性。二是学以益智。读书可以增长知识，提升能力，通过持之以恒的读书学习，可以不断提高自身驾驭全局能力、决策部署能力、综合协调能力和处理复杂问题能力。三是学以致用。学习的目的在于指导实践、推动工作。学习要在把握规律上下功夫，在总结经验上下功夫，在提升工作质量和效果上下功夫，不断增强决策的科学性和做好各项工作的实效性。

内省是修身的重要方法。修身，讲的是内省，“见贤思齐，见不贤而内自省”。我们应时常对照党的理想信念和宗旨要求，时刻进行自我评价，自我检查；要时常“扪心自问”，照一照自己的思想，量一量自己的行为，想一想自己做人的境界够不够；要用好批评和自我批评的武器，自觉接受严格的组织生活锻炼；要多向优秀人物、先进典型学习，向人民群众学习，向实践学习；要从错误中学习，找到错误的原因和避免再犯的方法；要遇事反求诸己，要求自己，把自己摆进去，紧密结合个人实际，联系自己分管领域的工作实际，时时处处严以修身。

力行是修身的必要途径。严以修身，必须身体力行。一是发挥领导干部带头示范作用。领导干部应靠前指挥，以身作则，带头工作，不仅要做决策，也要深入基层。二是发挥主观能动性。应积极投身实践，坚持理论联系实际，切实弥补自身能力缺陷，不断提高实际动手能力。三是完善评价培养机制。评价一个人，不仅要观其言，还要观其行，要遵循能力养成规律，完善考核评价办法和培养方式，加快培养一批既懂理论、又能动手，既能独当一面、又能团结协作的实务人才，以推动各项事业科学发展。

克己是修身的基本要求。克己修身就要坚持常修为政之德，常思贪欲之害，常怀律己之心。一是心要正。要心无旁骛，心无杂念，胸中所怀是事业，心里所想是百姓，不给贪欲和私利留下任何容身之地。二是眼要明。要明辨是非，明察秋毫，公私分明，能正确判断哪些事能做，哪些事碰不得，不给不法分子和别有用心者提供任何可乘之机。三是行要端。要堂堂正正做人，干干净净做事，清清白白做官，走正道，不走邪路，走大道，不走岔道，一举一动都正气凛然，光明磊落，抵制和远离歪门邪道、歪风邪气。坚守是修身的关键要素。严以修身，贵在持之以恒，贵在保持定力。一是持之以恒地锤炼党性，保持政治定力。要坚定政治立场，保持强大政治定力，不为困难风险所惧，不为传闻谣言所惑，面对大是大非敢于亮剑，面对歪风邪气敢于斗争。二是持之以恒地坚守德行，保持修为定力。要正确认识自己在社会中的地位、影响和责任，自觉承担起应负的各种责任，做好重德修为的表率。三是持之以恒地注重细节，保持行为定力。从细节入手，从小事做起，勿以恶小而为之，勿以善小而不为。

五、解决“为官不为”动力问题的对策

（一）完善事业导航机制

一是健全选任机制。选任机制的健全，是解决为官不为的重要举措。完善的干部选任机制、考核和奖惩机制，可以在很大程度上根治“为官不为”这一现象。在选任机制健全过程中，要注重把握“有为”这一点，提拔一些年轻敢为的干部，给敢作为的官员一个发展舞台，充分发挥敢为干部的一腔热忱，促进当下社会经济的发展和进步。选任机制的健全，要注重从以下两点进行考虑：一、要对行政权力的运行采取法制化管理，对权力范围、职责进行明确，保证官员能够对权力进行合理应用；二、强化敢于担当、攻坚克难的用人导向，任用一些敢为的官员，可以对现阶段经济发展过程中存在的难题进行有效解决，为敢为的官员创造发展机会。

二是构建立体化的干部培训机制。当前，一些干部“不为”的重要原因是缺乏“为”的能力和素质，因此，必须建构立体化的干部培训机制，提升干部的综合素质。建构立体化的干部培训机制要注意四个方面：一、建立长效化的教育培训制度，实现各级干部教育培训定期化、规范化、制度化，尤其要把基层党员干部作为教育培训的重点对象。二、在教育培训的内容上坚

持政治思想道德建设与能力素质提升并重，加强对干部的经济发展能力、服务民生能力、依法行政能力、社会矛盾冲突化解能力、政策理论运用能力和信息技术运用能力的培训提升力度。三、坚持运用学历教育、岗前培训、挂职锻炼、专业培训等多种方式提升干部“善政”的能力与素质，根据不同干部的岗位需要及其特点采用集中教育培训与个体学习相结合的方式，提升干部教育培训的针对性和有效性。四是建立能力素质教育培训考核制度，加强干部能力素质教育培训的过程与结果管理，同时把干部教育培训考核结果与干部晋升结合起来，提高干部参与教育培训的积极性和主动性。

三是构建干部保障机制。马克思曾说：“人们为之奋斗的一切，都同他们的利益有关。”当前，各地公务员收入不高、工作效益与物质待遇不相称等问题不同程度地存在。鉴于此，要构建全面的干部保障机制，切实解决干部的后顾之忧和精神动力不足问题。其一，建立并实施干部职务与职级并行制度，切实解决干部晋升难，特别是基层干部晋升空间小、待遇偏低等问题。其二，建立科学、灵活的干部薪酬制度，使干部薪酬增长与经济发展速度相一致、与所在地生活消费水平相匹配，提高激励性薪酬的比例，切实调动干部的工作积极性。其三，构建干部精神关爱与激励机制，加大对干部的精神关爱力度，加强对干部的心理疏导。其四，探索建立并实行干部荣誉勋章制度，对工作实绩突出的干部由主要领导颁发荣誉勋章和证书并进行谈话激励，增强干部精神激励的层次性。

（二）完善制度规范激励与约束机制

一是构建有效的干部选任考核监督机制，激发干部“勇于作为”的内生动力。有效的干部选任考核监督机制是解决干部为官不为问题的利器，该机制有利于把各级干部的思想和行为引导到干事创业上来，增强干部勇于作为的内生动力，形成“有为者有位，不为者让位”的政治新常态。构建有效的干部选任考核监督机制的基本路径有四条：其一，建立健全干部选任机制。干部选任要坚持公开公正、德才兼备、以德为先的原则，真正形成“有为者有位”的用人导向。其二，构建科学的、常态化的干部考核机制。首先要优化考核指标设计，坚持共性考核指标与分类考核指标相结合，实现精准考核。其次要改变考核的方式、方法，坚持平时考核、专项考核与年度考核相统一，实现上级、平级、下级评价与群众评价有机结合，增强考核结果的真实性。最后要充分运用考核结果，把考核结果作为干部晋升的一个重要衡量因素。其三，构建干部良性退出机制。要根据《推进领导干部能上能下若干规定（试行）》，制定相关配套制度，科学认定干部的“德、能、勤、绩、廉”，建立干部“能下”的通道，形成干部“能下”的社会氛围。其四，建立健全干部监督机制。在强化党内监督的基础上，建立覆盖全社会的监督网，充分发挥人民群众对干部监督的主体作用，积极发挥网络等新媒体对干部监督的作用，实现对各级干部工作状态的立体化监督，使为官不为者随时可以被发现、被问责，从而推动干部积极有为。

二是构建人性化的容错机制，形成干部“敢于作为”的制度保障。当前，我国已进入全面改革的攻坚期、深水区。改革涉及的利益复杂，打破利益固化藩篱面临的阻力和困难较大，迫切需要各级干部敢于探索、创新、担当，不断寻求破解改革发展难题的新思路新方法，突破改革的“中梗阻”。为保证干部在全面改革的攻坚战中“敢于作为”，必须建构人性化的容错机制，保障干部“积极进取，敢于担当”，避免出现干部流血流汗又流泪的现象。构建人性化的容错机制要注意三个方面：其一，合理聚焦适用对象的范围。要坚持以“三个区分开来”为标准确定容错机制适用对象的范围。所谓“三个区分开来”，就是“把干部在推进改革中因缺乏经验、先行先试出现的失误和错误，同明知故犯的违纪违法行为区分开来；把上级尚无明确限制的探索性实验中的失误和错误，同上级明令禁止后依然我行我素的违纪违法行为区分开来；把为推动改革的无意过失与为谋取私利的故意行为区分开来”。其二，在民主化、法治化轨道内进行。必须依法建立健全容错机制，并根据社会发展变化及时予以修正完善，实现容错的制度化、规范化、可操作化。其三，将容错机制与纠错机制有机融合。容错不是要遮掩干部的失误，而是要及时纠正干部的错误。因此，要将容错机制与纠错机制协调建构、有机融合，使二者协同发挥作用。

（三）完善文化滋养机制

习近平总书记在十八届中央纪委七次全会上指出，党员、干部要不断提升人文素养和精神境界，去庸俗、远低俗、不媚俗，做到修身慎行、怀德自重、清廉自守，永葆共产党人政治本色。落实这一要求的重要方面，就是要善于运用中华优秀传统文化中凝结的哲学思想、人文精神、道德理念来明是非、辨善恶、知廉耻，滋养我们的信仰信念，自觉做为政以德、正心修身的模范。

一是树立理想理念。为官不为行为的出现，与官员自身的思想有着较大的关联性。在对这一问题进行解决时，要注重树立正确的思想理念。在进行改革开放攻坚战过程中，社会经济的发展，必须要求官员能够对实际情况进行仔细分析，大刀阔斧地进行改革，敢作敢为，这样一来，才能够更好地实现经济的发展和社会的进步。正确思想理念的树立，是为官不为行为改进的一个关键。对此，必须要树立“为官有为”的思想理念。对此，在树立思想理念过程中，可从以下几点进行考虑：加强干部宗旨教育，要让干部明确在其位、谋其政的观点，能够切实地考虑到人民群众的根本利益，一切活动从人民群众的根本利益出发。树立人民公仆理念，能够勤政、廉政，更好地为人民群众解决实际问题，提升党和政府在人民群众心中的地位；“将‘三严三实’作为干部发展的一个基本思想理念，能够借此对官员自身进行严格要求，做到心中有责不倦怠，更好地为社会经济发展建设贡献自身的力量”。注重对正确是非观、价值观的引导，明确为官应该做什么，不应该做什么，应该怎样为人民群众谋福利。这样一来，在进行思想教育过程中，必须树立正确的施政理念，并能够根据地方实际发展情况，制定正确的发展方针、战略，实现地区经济发展，提升人民群众的生活水平。

二是践行为民服务宗旨。为人民服务是我党发展的宗旨，也是我党立足的根本。在进行社会主义市场经济建设过程中，必须切实把握人民群众的根本利益，满足人民群众的实际需要。为官有为，就要践行为民服务的宗旨，并且坚持这一理念不动摇，这样一来，才能够真正地实现为官有为目标。习近平总书记指出:“当下我国社会经济发展进入了一个新的历史发展时期,在这一阶段,我们将面临较大的困难。在克服现阶段经济发展存在困难的过程中,我党干部需要上下一心,团结一致,这样一来,才能够更好地实现经济发展目标。”同时,经济发展过程中,政府政策的实施,要注重与人民群众利益进行有机结合,站在人民群众的角度看问题,考虑问题。践行为民服务的宗旨,将这一理念扎根于我党干部心中,可以提升官员作为,从思想上解决“为官不为”这一问题。

新时期高校大学生廉洁教育多维思考与实践路径研究

王　琪*

一、廉洁教育的必要性和重要性

大力加强廉政文化进校园建设，全面开展大学生廉洁教育，是建立健全党风廉政建设和反腐败工作长效机制的必然要求，是高校反腐倡廉工作拓展新途径、创造新形式的有效载体，也是加强和改进大学生思想政治教育的重要任务。高校的廉洁文化教育作为校园文化的一个重要组成部分，同时也是社会主义和谐社会先进文化的重要内容之一。大力推进廉洁文化进校园活动，全面开展大学生廉洁教育，把其纳入整个反腐倡廉的大格局之中，这是我党反腐倡廉工作的深入与创新。当前，在部分大学生身上出现了一些不廉洁现象，主要是由于这些大学生在思想上对廉洁认识的偏差，如果让这些错误思想意识生根发芽，并在大学生成长过程中不断强化，那么当其步入社会后便会产生不良后果。因此在高校开展大学生廉洁教育是一项刻不容缓的紧迫工程，具有十分重要的现实意义。

近年来，全国各大高校都在大力推广大学生廉洁教育，希望通过廉洁教育使当代大学生树立正确的世界观、人生观、价值观以及正确的事业观、权力观、地位观、利益观、交友观等，在大学校园环境中形成“以廉为荣、以

* 王琪：北京联合大学纪委干部。

贪为耻”的良好风尚和文化氛围，这对国家、社会、个人发展都具有重要的意义。

（一）廉洁教育是传承中华民族廉政文化的重要方式

“文化”一词源于拉丁语，原义是指耕耘栽培，蕴含着古人对天地的崇敬。“文化”一词在中国最早见于《易经》：“关乎天文，以参时变，关乎人文，以化天象。”是说以文和德来转化天下。《辞海》对文化的解释是：“广义指人类社会历史实践过程中所创造的物质财富和精神财富的总合，狭义指社会的意识形态，以及与之相适应的制度和组织机构。”社会意义的文化概念指所有的人文现象，包括各种行为方式、态度、价值或信仰。文化是一种历史现象，每一个社会都有与其相适应的文化，并随着社会物质生产的发展而发展。辩证唯物主义认为，文化是人类在改造客观世界和主观世界过程中形成的书本知识和实践知识的总和。文化属于社会意识的范畴，有先进和落后之分。文化，根本在“化”。这个“化”就是内化、融合、升华和超越，把做人处事之道渗透到灵魂里，因而，文化对人的影响是潜移默化、和风细雨的，这种影响一旦被人们所接受，其作用却是根本性、长期性的；校园文化哺育和传承了学校精神，滋养着学校的生命力，激发着学校的创造力，铸造着学校的凝聚力。文化在大学生成长、成才中的作用越来越突出。培养人才，与学校的文化底蕴、学校的精神密切相关。

廉政文化是人们关于廉政的价值、观念、知识、规范及其行为方式的总和，是以廉洁从政为理念和目标，以廉政理论、廉洁思想、廉政制度、廉政纪律和廉政文艺等为表现形式的一种文化。从这个定义来看，廉政文化既体现在廉洁理念的树立上，也体现在廉洁从政行为的规范上。其基本的功能是通过丰富的廉政文化建设实践，在全社会形成尊廉崇洁的价值判断和社会风尚，对社会有较强的导向性。其核心是宣扬正气，褒扬勤政廉政人物，抨击各种不廉洁的思想行为和价值观念。廉政文化是文化大概念的一个分支，寓于文化的大环境中，具有丰富而独特的内涵。廉政知识体现人的素质，廉政规范体现社会的文明程度，廉政信仰推动人们形成良好的廉政修养和生活方式，随之产生巨大的精神和物质力量。其内涵可分三个层面：一是精神层，包括廉政的认知程度、廉政的思想素质、文化素质、生活观念、价值取向等；二是制度层，包括廉洁从政的规章制度、行为习惯等；三是物质层，包括廉洁教育场所、廉政主题公园、廉政文化景观等。社会主义廉政文化，是以培育立党为公、执政为民的理想信念为宗旨，以倡导廉洁奉公、弘扬清风正气为主要内容，以增强党的执政能力为目的，其核心在于树立正确的世界观、人生观、价值观和正确的地位观、权力观、利益观。社会主义廉政文化的内涵应包括三个方面：一是营造“以廉为荣、以贪为耻”的健康向上的社会廉洁氛围，构成社会廉政文化，这是廉政文化形成和发展的社会土壤。二是营造权为民所用、情为民所系、利为民所谋的政府廉洁氛围，构成政府廉政文化，这是廉政文化的主体。三是营造遵纪守法、办事公道、克己奉公的公职廉洁氛围，构成公职廉政文化，这是廉政文化的核心。社会廉政文化、政府廉政文化和公职廉政文化三者相互联系、相互渗透和影响，是不可分割的整体。

廉洁教育是廉政文化的表现形式，是传播廉政文化的重要方式，是廉政文化建设的一个重要组成部分。廉政文化有较高的战略地位，对廉洁教育有指导作用。运用廉政文化的感染力、凝聚力、震撼力和穿透力，进一步优化廉洁环境，强化廉洁教育。大学生廉洁教育主要是用廉政文化的理论内涵和社会道德规范对大学生施加影响，发挥廉政文化潜在的熏陶、引导、渗透力量，来感化、优化大学生尚未成熟的价值观，侧重于敬廉崇洁的价值观内化为人格的修养。中华民族是一个历史悠久的民族，具有丰富的文化遗产，其中不乏被广为传颂的廉洁文化遗产。历代的思想家、政治家、文化家关于加强自身修养、树立诚实守信品格的经典表述，是中华民族廉洁文化的重要部分。中国的历史上涌现了一大批清官和文人，例如包拯、海瑞等，他们创作了丰富的廉诗廉文廉言，为我们留下了耳熟能详的廉洁格言，为进一步传播廉洁文化提供载体。加强大学生廉洁教育，不仅能增强大学生的反腐拒变能力，为廉洁社会建设打下坚实的基础，同时能够促进高校的廉政制度建设，进一步完善国家廉政制度体制，更能创造广泛的社会廉洁氛围，增强社会廉政文化的辐射力，从而更好地传承中华民族廉洁文化，弘扬中华民族传统美德。

（二）廉洁教育是建设社会主义核心价值体系不可或缺的重要环节

加强大学生廉洁教育是推动社会主义核心价值体系建设的需要。社会主义核心价值体系在中国整体社会价值体系中居于核心地位，发挥着主导作用，决定着整个价值体系的基本特征和基本方向。社会主义核心价值体系也是高校思想政治教育的核心部分，统领思想政治教育的各个方面。在建设社会主义先进文化的伟大工程中，高校占有极其重要的地位。高校是先进文化的传播阵地，将廉洁文化引入高校，在廉洁文化和大学生的这一结合点上，探讨开展反腐倡廉的新途径和高校对大学生进行思想政治教育的新思路，这将会极大地促进大学生思想道德建设，丰富大学生思想道德建设的内涵，如此探索出一条以高校廉政文化建设拉动素质教育发展的新路子。高校是培养新世纪社会主义现代化建设人才和接班人的地方，是为社会培养输送合格人才的基地。高校所培养的人才，将会一批批走到社会的各个方面，他们所带去的除了所学得的专业知识，还有所受到的文化熏陶。因此，高校作为社会的一个子系统，必须从不同的视角，运用多种方法来研究高等教育，大学生廉洁教育作为高等教育的组成部分，是高校拓展思想政治教育新途径、创造新的德育形式的有效载体，可以说是对高等教育研究的发展进步。大学生廉洁教育是当前高校思想政治教育的必然要求，也是必要措施。从目前高校学生思想现状与我国防腐与反腐形势来看，大学生廉洁教育都是一种有效的教育形式，不仅仅是对未来我国人才链接打下坚实的思想基础，也必将成为我国思想政治教育内容的主要组成部分。长远来看，大学生廉洁教育是社会主义人才培养的重要工程，在思想政治教育中将扮演着重要的角色。廉洁教育通过推向大学，进而推向整个社会，成为社会主义核心价值体系的重要部分和有效补充，也是社会主义核心价值体系的必要完善，有助于推动我国社会主义核心价值体系建设。

（三）廉洁教育是构建社会主义和谐社会的有力推手

“和谐”源于儒家，“和”的基本涵义在《说文解字》中为“和，相应也”。“和谐”在《现代汉语词典》中解释为：“配合得适当和匀称。”而“和谐社会”，则是指社会结构均衡、社会系统良性运行、相互协调，人与人之间相互友爱、相互帮助，社会成员各尽其能、各得其所，人与自然之间协调发展的社会。中央一直将“社会更加和谐”作为全面建设小康社会的目标之一，明确提出把“提高构建社会主义和谐社会的能力”作为党执政能力的一个重要方面；国家领导人也多次强调：“我们所要建设的社会主义和谐社会，应该是民主法治、公平正义、诚信友爱、充满活力、安定有序、人与自然和谐相处的社会。”人是和谐社会的主体，社会成员的道德自律、社会群体的和谐相处、社会风尚的良好导向，对于推动社会和谐十分重要。大学生的健康成长是构建和谐社会的重要基础。高校在教育观、发展观上应主动为构建和谐社会服务，要把这种观念渗透到人才培养、科学研究和社会服务、文化传承的各个方面，开展对大学生的廉洁教育，引导学生树立强烈的社会责任意识，对构建和谐社会应更多一份责任、更多一份贡献；在实践中启发大学生的道德觉悟，引导广大大学生在现实生活中正确认识和处理个人与他人、个人与集体、个人与社会的关系，注重学生德、智、体、美的全面发展，大力提高学生的综合素质，使祖国的观念、人民的观念、社会主义的观念、集体的观念牢牢地树立起来，对于形成以廉为荣、以贪为耻的社会风尚，形成团结互助、平等友爱、共同前进的新型人际关系，促进社会稳定和谐，具有十分重要的作用。

（四）廉洁教育是建设我国反腐败体系的重要基石

我国的反腐败体系在现在一个阶段仅仅是政党行为或者是政治行为。当然，随着国家社会、公民社会的发展，反腐败的主体与范围也将扩大到国家与社会层面。我国反腐败体系的构建也是一个不断深化与发展的过程，也需要不断地探索与实践。我们将会看到，大学生廉洁教育在不远的将来进入反腐败体系的构建主体当中。如果把反腐败体系比喻成一条长河，那么大学生廉洁教育将是这条长河的源头，源远则流长。在当前的反腐败形势中，高校越来越成为众矢之的，因为学术腐败、高校领导腐败落马的案件接踵而至。在缺乏有效的廉洁教育与权力监督体系下，高校也越来越不是一片“纯净”的沃土，滋生了许多腐败思想。我们只有从源头抓起，不断进行大学生廉洁教育，将大学生廉洁教育融入我国的反腐败体系当中，那么反腐败的成效将事半功倍。

反腐败是世界各国的共识，每一个国家都非常重视反腐工作。反腐倡廉国际合作已成为当今的流行趋势，国际和地区间反腐交流活动不断进行。不少国家和地区在对青少年的廉洁教育方面有着成功经验，这些成功经验我们虽不能照搬照抄，但可结合我国的国情加以借鉴。国际非政府组织“透明国际”（也称国际透明组织）2013 年 12 月 3 日公布“2013 年全球清廉指数”报告。丹麦和新西兰并列全球最清廉的国家，美国排名中等，中国在排行榜上名列第 80 位，评分连续三年上升。索马里、朝鲜和阿富汗仍然是全球贪腐问题最严重的国家。政府清廉与公民的道德素质水平密不可分，而公民的道德素质正是得益于良好的学校教育环境，从儿童开始的公民道德教育；新加坡是亚洲唯一连续十年进入廉洁排行榜前十名的经济体，新加坡在廉洁教育上，也是得益于从娃娃抓起，他们提倡国家至上，社会为先，使廉洁、诚实、公正的核心价值观深深植根于娃娃心中；香港是世界公认的最廉洁的地区之一，可在 30 多年前廉政公署成立之初，社会风气可以说是乌烟瘴气，贪污腐败已被人们所接受，且已成为人们生活的一部分，反腐工作被认为是不可能完成的任务，而今天在著名的国际反腐败组织——透明国际每年公布的国际清廉指数（CPI）排名中，香港一直名列前茅——2013 年度 CPI 排名中，香港在亚洲仅次于新加坡。“廉洁之都”究其原因，就在于香港 1974 年成立廉政公署 30 多年来，在香港各阶层中不懈地推广廉政文化，廉政文化建设、廉洁文化的教育已经推广到了大专院校，大学生在专业培训过程中，廉洁价值观早早深入人心。在大学生中开展系统科学的廉洁教育已是全球共识。2003 年 10 月，第 58 届联大通过了《联合国反腐败公约》，其中便包含开展“包括中小学和大学课程在内的公共教育”的内容。由此可见，在建立健全教育、制度、监督并重的惩治和预防腐败的体系中，大学生廉洁教育是不可或缺的一环。对大学生进行廉洁教育是将全社会反腐倡廉的预防教育的“关口”前移，是一项具有前瞻性的从源头上遏制腐败现象的重要举措，是对大学生进行一种人格上的教化，净化社会环境，陶冶学生情操。如果说反腐败斗争是一项系统工程，廉洁教育从大学生抓起就是一项基础工程，对于反腐败工作可以起到事半功倍的效果。因此，在高校大学生中开展廉洁教育关系到一代又一代年轻人能否健康成长，关系到我国能否培养出千百万合格的社会主义现代化事业的建设者和接班人，关系到民族文化的现在和未来能否始终朝着中国先进文化前进的方向发展，加强大学生的人生价值观教育是刻不容缓和势在必行的。廉洁教育进校园，让学生从小具有抵抗腐败的免疫力，以确保成长为健康的社会主流力量，对促进全社会的反腐败斗争也具有重要影响，对引领社会风气向更好的方向发展将产生积极作用，对开展反腐败斗争从源头上治理腐败具有重要的意义，对今后社会发展大方向具有战略意义。因此，要结合党风廉政建设，不断深化发展廉洁教育，在大学生中传播廉政知识，弘扬廉政精神，培育和建设高校廉政文化。

（五）廉洁教育是加强和改进高校德育体系的重要内容

德育是教育的核心与灵魂，是完善大学生人格、品德、素质等人生观和价值观最重要的教育方式。当前高校德育体系的内容大致包括以下几个方面：爱国主义教育、集体主义教育、人道主义与社会公德教育、理想主义教育、劳动教育、自觉纪律教育、民主与法制观念教育、科学世界观和人生观教育等。虽然我国自改革开放以来，随着经济社会的发展和教育事业的不断推进，特别是高等教育的普及，在德育体系建设方面取得了一定的进步，但还需要不断地完善和发展。伴随着我国反腐败斗争任务的严重性和社会拜金主义、享乐主义的不断滋生，大学生廉洁教育无疑弥补了高校德育体系的缺陷。在对大学生进行德育教育的过程中，廉洁教育必将对其人生观和价值观产生积极的影响，也将进一步完善我国高校的德育体系建设。高校承载着人才培养、科学研究、社会服务、传承文化四大历史性重任，是为国家和社会培养高素质合格人才的重要阵地。大学生作为国家未来社会发展的重要力量，其思想道德素质将直接影响到整个中华民族的整体道德素质水平，直接关系着中华民族伟大事业的兴衰成败。廉洁教育是中华民族传统道德规范与新时期的时代道德规范相结合的产物，是当代社会主义核心价值观的道德表现，也是当代大学生思想政治教育的重要内容。在大学生心理尚未完全成熟、踏入社会之前对其开展的廉洁教育，将有利于引导和培养其形成积极、健康的理想信念、道德观念、法制意识和社会责任，养成良好的思想品德和道德情操，进而有助于形成和巩固其健康人格，提高自身的综合素质。在进入社会后，面对各种利益的诱惑，能够做到廉洁自律，防腐拒变。大学生成才必须拥有扎实的理论功底、较强的实践能力、诚实守信的态度和奉公守法的品质，这也是大学生在激烈的社会竞争中能脱颖而出的最佳资本和最有利的砝码。因此，开展大学生廉洁教育是进一步加强和改进大学生思想政治教育、培养党的事业合格接班人的客观需要，是高校思想政治教育不可或缺的内容之一。从 2005 年中央颁布《建立健全教育、制度、监督并重的惩治和预防腐败体系实施纲要》至今，国家采取得力措施，确保实施纲要部署的廉政文化建设、廉洁教育进校园和青少年廉洁教育工作任务落到实处。通过对大学生廉洁教育，实现国家对青年一代的培养目标。

（六）廉洁教育是保证大学生健康成长的防腐剂

对大学生进行廉洁教育是将全社会反腐倡廉的预防教育的“关口”前移，是一项具有前瞻性的从源头上遏制腐败现象的重要举措，是对大学生进行一种人格上的教化，有助于抵制腐朽思想，对净化社会空气，陶冶学生情操有重要作用。学生不是终身职业，而各种职业的预备队。从社会整体讲，学校教育是学生社会化的一部分，要为学生走上工作岗位所从事的职业服务，学生时期的道德状况、综合素质直接关系他们以后走上各种职业岗位的职业道德面貌。高校倡导廉洁文化教育是为了培养大学生的道德品质，腐败虽然是后天形成的，但是如果能在学校塑造好人格，到了工作岗位抵御各种腐朽思想的能力会更强，既不会是“土壤”，也不会成为“蛀虫”。因此，大学生廉洁教育是大学生健康成长的必修课。推进廉洁教育进高校，让大学生在尚未进入社会时，接受廉洁教育，具备抵抗腐败的免疫力，确保其能够成为健康积极向上的社会建设主导力量。高校大学生所处阶段，正是他们世界观、人生观、价值观形成的关键时期，这时的道德状况将直接影响他们以后工作的职业道德面貌。但由于当前我国正处于改革攻坚时期，社会中不断曝光一些党内领导干部贪污受贿事件和一些行业的不正之风现象，加上部分庸俗的人生哲学和拜金主义文化的影响，大学生可能一时难辨是非，导致其急功近利，投机取巧。在目前高校大学生的成长过程中，面临着诸多环境问题。大学生的生活丰富多彩，在对大学生进行教育的过程中，专业知识教育并不是与思想政治教育、心理健康教育有着同等的分量。甚至，思想政治教育与心理健康教育不断弱化，或者仅仅流于形式。在这种环境当中，部分大学生也往往偏离了健康成长的轨道，例如，大学生之间的“争权夺利”，只索取不贡献，相互攀比及拜金主义等。这些问题严重影响了大学生的健康成长，并对其人生观和价值观产生严重的误导。因此，对大学生加强廉洁教育，扭转他们的“官本位”思想、享乐主义思想、拜金主义思想等，提高大学生的道德自律和拒腐防变意识，逐步形成廉洁自律、诚实守信的良好素质，对大学生思想素质的提高起到十分关键的作用。让大学生的人生观和价值观中时刻拥有着“廉洁奉公”“廉政为民”的高尚情操，让他们在廉洁的“阳光”里健康成长，成为真正的社会主义建设者和接班人。大学生是未来国家公务人员的重要后备群体，是社会建设大业中的中坚力量，他们的整体素质直接决定了未来国家建设队伍的整体水平。所以，加强大学生廉洁教育，提高其综合素质，为其健康成长保驾护航，使其成为国家需要的人才，是当下大学生思想政治教育的重要任务。

二、优化大学生廉洁教育的内容

教育部《关于在大中小学开展廉洁教育试点工作的意见》中明确提出了：

“大学阶段，主要教育学生自觉遵守法律法规和社会道德规范，切实增强反腐倡廉的自觉性。要求大学阶段廉洁教育的主要内容包括：中国共产党反腐倡廉的理论与实践；社会主义政治文明建设理论；党风廉政建设和反腐败方面的政策法规；我国古代廉政思想。”根据廉洁教育的目标要求，可将大学生廉洁教育的内容细化为：社会主义核心价值体系教育；法制观教育；中国共产党反腐倡廉理论教育；古代廉政文化教育。

（一）社会主义核心价值体系教育

社会主义核心价值体系作为我党在思想文化建设上的重大理论创新，其基本内容包括马克思主义指导思想、中国特色社会主义共同理想，以爱国主义为核心的民族精神和以改革创新为核心的时代精神、社会主义荣辱观等。《中共中央关于构建社会主义和谐社会若干重大问题的决定》中明确指出：“坚持把社会主义核心价值体系融入国民教育和精神文明建设全过程、贯穿现代化建设各方面。”我们应当充分理解这一体系的深刻内涵以及实践意义，充分发挥其内在的凝聚力量，运用到高校思想政治教育中可以理解为要求当代大学生应当以共产主义的远大理想来武装自己的头脑，争当社会主义合格建设者和可靠接班人，这是社会主义办学的教育目标。加强大学生廉洁教育需要延续以社会主义核心价值体系为主要导向，即以马克思主义指导思想、中国特色社会主义共同理想、以爱国主义为核心的民族精神和以改革创新为核心的时代精神、社会主义荣辱观为教育的主要内容和评价标准，引导我国高校大学生掌握和运用马克思主义科学理论的立场、观点、方法，树立科学正确的世界观、人生观和价值观，服务于社会主义人才培养目标。

（二）法制观教育

法制观是人们关于一定社会的法律制度和社会秩序的根本看法以及对一定社会的法律制度和社会秩序的认同意识，它包括对民主、法制和纪律的认识。社会主义法制观教育就是对人们进行社会主义民主和法制教育，以使人们正确认识社会主义民主、正确行使民主权利，自觉遵守国家法律和纪律，维护社会主义的法制秩序。组织政治理论及法律法规、方针政策学习是廉洁文化建设的根本措施之一，以此增强学生的自我约束和自我管理，展开思想教育，引导学生树立正确的世界观、人生观、价值观，全面提高思想政治素质。在思想上杜绝严重的拜金主义、享乐主义和极端个人主义；在理论上打下坚实的廉洁基石；在行动上以科学的理论作为指导，牢固树立正确的廉洁观。大学生廉洁教育要以社会主义核心价值体系为主旋律，学习党和国家有关党风廉政建设的方针政策，不断加强民主教育、法制教育和遵守纪律的教育，通过到法庭旁听、参观监狱等社会实践活动，不断增强大学生廉洁教育的警示效果。

（三）中国共产党反腐倡廉理论教育

前事不忘，后事之师。中国共产党人一向重视总结历史的经验教训。在我党 90 多年的革命、建设和改革实践中，我们党高度重视党风廉政建设，注重从严治党，始终把反腐倡廉作为关系党和国家生死存亡的大事来抓。所以在高校廉洁教育工作中组织广大学生学习了解我党的反腐倡廉的科学理论以及相关的法规政策是必不可少的，通过了解学习我党通过长期实践所得经验及所得成果，鼓舞广大学生自觉参与到廉政建设中来。中国共产党 90 多年的奋斗史也是反腐倡廉的斗争史。反腐倡廉工作一直是我党的主要工作之一，尤其近年来我党为了进一步巩固执政地位，不断加强党风廉政建设。改革开放以来，我党在不断地摸索前进中，积累的宝贵的反腐工作经验，形成了较为系统的理论体系。通过加强大学生对这些理论的学习，积极引导广大学生树立党风廉政建设的基本立场和正确观点，学会辩证地看待分析反腐倡廉问题。如高校可结合建党周年纪念活动等开展廉政社会调查、参加反腐倡廉宣传、参观革命纪念地和警示教育基地等，不断丰富大学生廉洁教育的内容，增强其实效性和针对性。

（四）古代廉政文化教育

中华悠悠五千年有着悠久的廉政文化传统，在中国古代历代王朝的治国策略中都十分重视对廉政的倡导，“清正廉明”“吏治清廉”一直被视作从政者的主要行为规范，在儒家的修身治国平天下的政治理念中，“廉洁”“廉平”“廉正”“廉直”“廉谨”也是主要的道德准则。所谓“廉者，民之表”，“廉者，仕之本”，“廉耻，立人之大节”，“廉耻者，士人之美节”等说教，可谓俯拾即是。历代思想家和政治家们身体力行廉政亲为所创立的廉政思想和主张措施，不仅对当时政治经济发展有着重要促进作用，也是非常珍贵的历史遗产，在今天仍给我们以重大的启示。我们应当积极地汲取古今中外的一切廉政文化，从而丰富和完善自身的廉政制度，开展大学生廉洁教育，大力研究和学习中国古代的廉政思想，不断进行总结，推陈出新，挖掘出更深层次的廉政文化资源，使之成为大学生廉洁教育的能量之源。除此之外，高校廉洁教育的开展还应对大学生进行有关公民的基本权利和义务、守法、权力问责等多个方面的教育，向其介绍《联合国反腐败公约》以及其他国家在廉政建设和反腐败方面的政策法规与经验，并展示所取得的成果，在大学毕业前夕，还应集中开展与公共权力有关的法律法规教育和警示教育，同时教给学生们应如何妥善处理其步入社会后可能接触到的腐败行为等，在学生走向工作岗位之前，提高廉洁教育的实效性和针对性，把工作落到实处。

三、拓宽大学生廉洁教育的载体

（一）发挥课堂教学主渠道作用

加强理论知识灌输课堂教学作为一种生活，是对意义的寻求过程，是发现人生存的意义、展开人的各种可能性、寻求人的价值实现过程；是学生学会选择的生活，是形成智慧与德性的生活。当前我国高校的廉洁教育大多以主题教育活动、社会实践活动等方式为主体进行，而对于深入课堂教育这一方面没有建立完善的教学体系。课堂教学作为教学的主要形式，其规模效应、统一要求、明晰制度等特点，在目标上反映着强烈的社会意志，在方法论上体现着鲜明的科学特征。要加强大学生廉洁教育，必须要发挥课堂教学的重要作用，尤其需要大力发挥思想政治理论课形式的主要渠道作用。为此应该将该类课堂教学作为学生廉洁品质培养的切入点和契机。将廉洁自律与当前高等教育的相关内容紧密结合起来，对大学生进行廉洁防腐的教育，促使大学生树立正确的人生观、价值观，做社会主义事业合格建设者和接班人。要将廉洁目标的实现和教学内容的完善合并为同一轨道，将廉洁教育纳入本科生教学计划，在师资、学时等方面均予以充分保证，充分发挥课堂的载体作用，引导学生摒弃享乐主义、盲目攀比、官僚主义等错误思想认识，进而提高学生诚信意识，树立坚固廉洁意识。

（二）建立健全廉洁教育机制，注重教育的系统性

亚里士多德认为：没有一种令人信服的理解能够形成良好的根深蒂固的习惯，良好的道德并不是来自认识而是来自行动。这表明了对廉洁教育工作的各个环节进行实效性评估的重要性。加强大学生廉洁教育是一项长期性、系统性的工程，为了保证实现廉洁教育工程的总目标，高校教育机构必须坚持一切从实际出发，从学生的实际情况出发，将廉洁教育融入社区教育、学校教育、家庭教育和校园文化之中，融会贯通，相辅相成，多样化教育形式，拓宽渠道，优化配置，竭力打造“四位一体”的整体合力。因此，要不断建立并完善廉洁教育机制，使廉洁教育成为高校思想政治教育理论体系中重要的组成部分，并将其纳入基础课程的教学计划中，确定明确的教学步骤，有计划性地开展教学任务，以达到事半功倍的效果。同时还应当针对大学生的特殊性，重点发挥学校在廉洁教育中的主阵地作用，结合家庭教育等阵地的向心力，调动积极因素，发挥各阵地的强大作用和自身优势，不断健全廉洁教育机制，形成高效廉洁教育系统化网络。

（三）丰富校园文化载体，有机融入校园文化建设

文化对人的影响是深远、持久的，校园文化是学校发展进步的灵魂。把

廉政文化融入校园文化建设，用先进健康、积极向上的廉政文化引导大学生健康成长，使他们真正成为德才兼备的社会主义建设栋梁，是大学培养和教育人才的基本任务。首先，校园文化活动形式多样，吸引度高，可参与性强，是大学生提高综合素质，全面发展的重要途径。把高校学生廉洁教育融入校园文化活动中，可以更系统、更高效地开展。这就要求依托校园文化和网络阵地，将大学生廉洁教育融入校园文化建设中，通过各种形式和载体陶冶大学生情操。在学术比赛、科技创新、文化艺术演出等学生活动中，让学生自觉参与到弘扬良好社会风尚的各类活动中来，比如还可以开展反腐倡廉为主题的演讲征文比赛等。抓好“一头一尾”入学和毕业两个重要时段，开展廉洁教育主题活动，通过多样的活动形式加之浓郁校园廉政文化氛围的渲染，增强大学生的廉洁意识。其次，廉洁文化建设要立足校园，必须在学生工作中，让学生在自我管理中进行初步的廉洁实践锻炼和实际体验。并要以此为基点，引人向廉。大学生廉洁教育是一项与文化建设密不可分的人才建设工程，其间需要不断探索教育方法，丰富教育内容，使廉洁观念深入人心，在大学校园中构筑起廉洁的前沿阵地。最后，将廉洁教育融入校园文化建设还需要加强师德师风改进工作，营造良好的育人氛围。教师是“人类灵魂的工程师”，对大学生具有榜样示范作用，教师的思想政治素质和职业道德水平直接影响到工作的总体成效和学生的健康成长。为搞好廉洁教育“进校园、进课堂、进教材”工作，必须着重抓好的一个重要环节，就是要抓好教师，争取发言权。教师只有真学、真信、真懂、真用，才能很好地教育学生、培养学生。在高校，任课教师既是传道授业解惑的主体，也是廉洁教育的传播者，所以教师要不断提高自身的师德和业务水平，率先垂范、言传身教。

（四）强化信息化建设，占领网络新阵地

随着我国信息化建设越来越完善，大学生思想政治教育也应当采取相应的新措施，强化廉洁教育的信息化建设，针对网络信息对学生思想的多重影响采取与之对应的相关措施和手段。加强大学生廉洁教育要充分发挥现代信

息技术优势，促进廉洁教育进入大学生头脑。抓住网络这个大学生接触面更为广泛的平台，开拓创新，使得大学生更乐于接受廉洁教育，而达到预期教育效果，比如可以在校园网站上开辟“反腐倡廉”专题网页及“廉洁文化进校园”的专项栏目等，还可以将大学生喜闻乐见、朗朗上口的廉政故事制作成 flash 上传供学生分享传播，同时，注意将学生对信息技术的热情引导到廉洁品质的培养上，引导学生自觉地摒弃网络中与清正廉洁相悖的信息，正面引导教育，开展诸如廉政动画制作比赛等活动。

（五）深化“知行合一”教育

在社会实践中践行廉洁思维是大学生了解社会、了解国情、增长才干、奉献社会、锻炼能力、培养品格、增强社会使命感的重要途径。高校的思想政治教育工作应当紧密结合廉洁教育与社会实践，在社会实践中践行廉洁思维，发挥社会实践这个重要载体和媒介的作用。一方面要不断深入组织学生进行社会实践，引导大学生深入社会、了解社会、服务社会。培养大学生知法、守法观念和职业道德，积极组织大学生参加生产劳动、社会调查、公益活动、志愿服务和勤工助学等社会实践活动，使大学生在社会实践活动中接受教育，增强社会责任感和使命感。另一方面，要充分利用这一契机，在实践过程中展开廉洁教育，改正学生在认识过程中的个人认知偏差，弥补学校教育的不尽完善之处。正确对待社会因素影响，树立大学生廉洁观，保障廉洁教育目标的有效实现。

（六）加强职业生涯规划教育中的廉洁教育

高校的思想政治教育还需要把廉洁教育融入大学生职业生涯规划教育中，引导大学生树立正确的职业价值观。要将廉洁教育融入大学生职业道德教育之中，在职业道德规范教育中融入廉洁教育，并且要将廉洁教育渗透于职业知识、职业技能培训中，将深刻的廉洁教育内涵贯穿于职业生涯规划教育之中，使廉洁教育犹如涓涓细流，慢慢内化在学生头脑之中。任课教师要结合学生专业等的特点，有针对性地对学生进行本专业的职业理想、职业道德、职业纪律教育，使学生自觉认识到自己将来所从事职业的社会价值，深感自己肩负的社会责任和使命，分别对自己提出具体的职业廉洁目标和要求，如教育会计专业的学生“不做假账”，教育新闻专业的学生“不写虚假新闻”，使廉洁教育更具针对性。廉洁教育要贴近学生、贴近生活、贴近实际，才会使廉洁教育的目标更明晰、更具体、更生动形象，从而增强廉洁教育的实效性。

大学生廉洁教育研究与思考

姚志敏 *

教育是一种有目的、有组织、有计划、系统地传授知识和技术规范等的社会活动。教育的根本价值是为国家培养具有崇高信仰、道德高尚、诚实守法、技艺精湛、博学多才、多专多能的人才，培养和养育经济与社会发展需要的劳动力，培养合格公民，为国、为家、为社会创造科学知识和物质财富，推动经济增长，推动民族兴旺，促进人的发展，推动世界和平和人类发展。廉洁教育是指社会为唤醒人的廉洁意识、培养廉洁情感、增强廉洁意志和促使廉洁行为习惯的社会活动。大学生廉洁教育在民族和国家发展过程中发挥着重要的作用，是世界各国公民廉洁教育的有机组成部分，是世界各国反腐倡廉工作的一个重要抓手。2003 年第五十八届联合国大会通过了《联合国反腐败公约》，要求其成员国将廉洁教育作为“中小学和大学课程在内的公共教育的内容”。放眼古今中外，不同历史时期，不同国家和地区都十分重视大学生廉洁教育，在学校开展科学系统的廉洁教育已是全球共识。

人类文明源远流长，廉洁文化是人类文明成果的重要组成部分，是古今中外各国倡导的主流文化，代表着先进文化的发展方向。廉洁文化存在于社会的各个方面，它通过“他律”到“自律”再到“律他”的循环路径，潜移默化地影响人们的道德观念和社会行为，促进人们树立正确的世界观、人生观和价值观，有助于形成良好的社会风气，促进社会的和谐与经济发展的良

* 姚志敏：北京联合大学纪委干部。

性循环。一个国家和民族的存在、发展、壮大，离不开这种文化，一个人的成长、进步、发展同样也离不开这种文化。作家柳青说："人生的道路虽然漫长，但紧要处常常只有几步，特别是当人年轻的时候。没有一个人的生活道路是笔直的，没有岔道口，譬如政治上岔道口，事业上岔道口，个人生活上的岔道口，你走错一步，可以影响人生的一个时期，也可以影响一生。"

大学时光是人生重要的阶段，青年学子在大学的殿堂汲取文化知识，锻造人格品质。廉洁文化作为人修身养性的一个重要资源，能够培养人的精神品格，锤炼人的意志品质，帮助大学生自强、自立、自信、自助，引领青年学子在校期间就养成自我调节、自我约束、自觉自省的良好品质，抵制诱惑，诚信做人。从理论上来说，廉洁修身与未来社会的主流价值观相一致，它将有利于大学生参与社会整合，让大学生更好地融入社会。从实践上来说，一个人的任何生活习惯作风都不是一下子就能养成的，需要长期的努力，慢慢养成。勤以修身，俭以养德，大学生在成长的道路上应该从一点一滴锤炼，筑起幸福人生的丰碑。

一、中外廉洁教育

校园廉洁教育是世界性的反腐措施，也是培育法制观念、营造遵纪守法氛围的重要途径。面对日益增多的校园不廉洁问题，青少年廉洁教育已经引起国际社会的重视。世界上的廉洁国家，贯穿于知识教育中的廉洁教育已成为反腐的一条成功经验。开拓国际视野，各国互相借鉴，有利于探索加强大学生廉洁教育的长效机制。各国大学生廉洁教育重视教育的渗透性、长效性、社会性，在加强大学生道德教育的同时，积极利用媒体、网络、宗教等进行廉政品质的培养和廉政文化知识的普及，并依靠专门的廉政机构或民间组织实现大学生廉洁教育与公民廉洁教育的衔接。

（一）新西兰廉洁教育

新西兰的廉洁教育是从青少年就抓起的，如以小故事的形式为青少年编写廉洁教育读本免费送到学校图书馆。政府经常宣传反腐的知识和法律，在学校也开设这类课程，从青少年开始，就不断灌输反腐意识。正是这种从小的教育，使得公民对官员有很高的期望，因此政府官员出现腐败行为，很可能会引发大规模的示威游行。新西兰的廉洁教育还与社会、媒体、家庭、民间团体的教育结合起来，让年轻人明白什么可为、什么不可为，遇到腐败如何处理等。新西兰的廉政体系建设的成功很大程度上得益于公民强大的责任感和使命感。从小抓起的廉洁教育、深入人心的反腐意识，让新西兰政府官员在行政过程中比较廉洁自律。

（二）丹麦廉洁教育

在丹麦，道德教育、廉洁教育和法制教育，是学校教育的重要组成。对公务员，则更加重视廉政教育。丹麦政府通过廉政教育塑造“零腐败”，年轻学生大学毕业初入公务员系统，接二连三的培训使其清楚“腐败”的界限。丹麦驻华大使裴德盛说，丹麦的反腐败是一个“内置”概念，“因为有良好的（道德、廉洁、法制）教育、可以信赖的政府、好的私营部门，因此我们不需要做像贪污腐败这种危险的、复杂的事情”。丹麦有句谚语，叫作“不要认为你有什么特殊——你和我们每个人都一样”。丹麦民众觉得，没有腐败才是正常的政治和社会现象。在这种理念下，丹麦拥有世界上最公平的收入和财产分配制度——以高额税收为重新分配收入和财产的手段，确保社会的公平公正，并以此实现高福利。

（三）英国廉洁教育

英国专门成立了“公共生活标准委员会”，并早在1995年发表的报告中，就提出了无私、正直、客观、负责任、公开、诚实和发挥典范作用的七项原则。全英大学生联合会积极参与公民宪章运动，颁布了大学生公民宪章，把公共服务的内容、标准、责任等公之于众，自觉接受监督并提高服务质量。英国高校的道德教育主要通过增加人文学科的比重来实现。牛津大学、爱丁堡大学等许多高校都设立了道德研究和实验机构，这些机构的理论与实践研究极大地推动了学校道德教育的深入发展。20 世纪 70 年代以来，英国各级各类学校普遍使用了《生命线》系列教科书，通过课程教学提高学生的道德判断力，养成诚信、守法的廉洁品质。英国 1998 年的教育改革法规定，要为所有在校注册的学生开设宗教教育课，向学生介绍与宗教领域相关的历史文化知识，尤其是对英国文化有着深远影响的宗教传统。

（四）法国廉洁教育

法国政府非常重视廉洁和诚信教育，营造以廉洁为荣、贪污为耻的道德传统和社会氛围，对公务员的廉洁自律有极大的影响力。法国的公务员队伍相对整齐，有从政的热情，素质较高。他们大多来自国家行政学院、司法学院和高等商学院等名校，受过严格的教育，对国家行政管理人员应遵循的道德规范、国家法令、法律法规及司法制度都有深入的了解，使他们自觉遵守相关的法令打下了良好的基础。法国注重从教育角度着手预防腐败，除了引导大学生参与民间组织的大规模廉洁教育活动，更多地通过在大学和某些职业培训中心开设专门课程来完成大学生廉洁教育。2003 年，法国以大学生为主要对象，出版了题为《面对腐败》的专项教材。

（五）德国廉洁教育

德国将远离腐败和抵制腐败明确纳入学校道德教育的总目标，把预防职务犯罪列为学校教材及公务员教材的重要内容，在高校和职业培训中心开设廉洁教育专门课程，通过各种形式进行经常性的预防职务犯罪教育。德国的“联邦政治教育中心”通过下设的时事评论组、大众媒体工作组等引导大学生关于政治问题的认识。德国的学校中，宗教课程往往直接承担着专门的德育课程任务。除了每周一般 2 到 4 节正式的宗教课，学校还组织开展宗教仪式活动，使学生利用传统的宗教观念来理解现代社会中宗教和文化的多样性，潜移默化地培养学生具有诚实、勤奋、正直、守法等品质。

（六）美国廉洁教育

美国高校普遍重视大学生诚信、法治等品格教育，广泛开展校园伦理道德教育项目。基于研究腐败的目的，美国纽约大学、哥伦比亚大学等许多高校开设了关于腐败的相关课程，在为反腐败斗争进行分析、评估、培训、技术支持和信息等方面发挥了重要作用。美国政府道德署与媒体部门合作开展黑幕揭发运动，开展腐败的调查性报道。针对高校腐败和财政丑闻问题，美国积极准备进行“大学信息应该透明化”的改革。2002 年以来，在国际透明组织分支机构帮助下，哥伦比亚政府在大学推行廉洁教育项目“椅子”计划。该计划通过提供教学工具，并着力推动公共和私营组织的领导人、高校学者和学生的共同参与，以校际全体会议、案例分析研讨会、“行动中的价值”研究班和教师相互交流道德教育的经验等形式来实现教育目标。

（七）新加坡廉洁教育

新加坡在廉洁教育上，从娃娃抓起，提倡国家至上，社会优先，使廉洁、诚实、公正的核心价值观根植于娃娃心中。新加坡把儒家文化倡导的忠、孝、仁、爱、礼、义、廉、耻这“八德”作为整个社会尊崇的道德准则和行为规范，每年开展 20 多场社会道德教育活动，倡导诚信、廉洁。20 世纪 80 年代，新加坡开始实行并不断加强全民道德教育；90 年代，政府颁布了《共同价值观白皮书》作为长期指导新加坡公民道德教育的纲领性文件，提出新加坡的五大“共同价值观”，即“国家至上，社会优先；家庭为根，社会为本；关怀扶持，同舟共济；求同存异，协商共识；种族和谐，宗教宽容”。经过日积月累、锲而不舍的教育，新加坡国民思廉、倡廉、践廉的氛围浓厚，行动自觉。新加坡“儒家伦理教育”科目的设置有利于廉洁教育，教学使用的《儒家伦理》教材具有十分重要的现实意义，强化思想政治教育以培育大学生的廉洁意识。新加坡的学生廉洁教育直接和公务员制度接轨，国家从小学三年级就开始高标准选拔培养从政人才，并送往国外留学深造。新加坡大学生廉洁教育已经形成一个比较成熟的体系，即注重以思想政治课堂教育培养大学生廉洁意识、以校园文化建设熏陶大学生廉洁信念、以校外社会廉政实践氛围增进大学生廉政信仰。

（八）韩国廉洁教育

儒家文化重视教育的传统为韩国的廉政建设提供了有利条件。韩国政府非常重视教育，特别是社会的廉洁教育。2001年，韩国人力资源部特地委托专门机构开发反腐教材。目前，韩国政府在中小学课程里就设置了反腐败的内容，从小抓起，加深让未来一代对腐败危害的认识。反腐败教育还在妇女学校、老年人大学和其他文化教育及培训机构进行。积极利用电视、广播和网络等工具进行反腐宣传，制作、播放以反腐为主题的节目，为教育和公开反腐提供各种反腐材料。注重建立人人接受廉洁教育的社会环境。韩国政府设立了专门的腐败防止委员会，拟订和执行为防止腐败而采取的教育和透明度计划。“YMCA”“经实联”等市民团体则共同举办防止腐败自醒运动，以公演话剧、定期收集并公布腐败新闻等方式开展市民教育。韩国腐败防止委员会定期开展腐败防止政策的宣传活动，通过开展“廉洁之岛”国民运动确立社会及其公职人员的伦理意识。

（九）中国廉洁教育

中华文明历史源远流长，几千年的文明积淀了中国特色的廉洁理念，自古以来，中国历代王朝就十分重视对民众和官员进行道德品质教育，其教育内容主要包括“仁、义、礼、智”，“忠、信、诚、勇”，“勤、俭、节、廉”，“公生明，廉生威”等伦理道德观念。中国古代廉洁教育的主要途径有三种，一是学校教育，二是家庭教育，三是皇帝的教育。近现代，特别是新中国成立以来，中国共产党和中国政府十分重视对青少年进行廉洁教育。许多大、中、小学专门开设廉洁教育课程，编写相关教材，有的还配备专门师资力量。同时，充分利用大学生社会实践和校园文化建设等课外活动开展廉洁教育，培养青少年廉洁、诚信、守法的良好道德意识和法治观念，推动全社会形成崇尚廉洁的良好风尚。理论上，中国从国家、社会到公民个人对大学生加强廉洁修身已经达成共识。实践中，许多高校作出了有益探索，依托办学专业，以学生自身喜闻乐见的形式开展廉洁教育，比如依托艺术设计专业开展廉洁文化作品创建活动，依托法律专业、表演专业开展法制宣传，开展各类校园廉洁文化创建活动，同时引领大学生走出校园，进社区、进家庭、进微博、进“朋友圈”，以自身行动带动周边人，发挥廉洁文化的辐射作用，传递正能量。但从中国大学生廉洁教育的总体情况看，大学生廉洁教育的理论和实践还相当薄弱，开设课程并拥有专门教材的高校很少，廉洁教育的教材开发、教师培训、课程教学方面普遍存在不足，一些高校的廉洁教育还停留在形式层面上，偏离了大学生群体的认知和心理特点。

二、大学生廉洁教育的内容

大学生廉洁教育以行为教育和具象教育为主，既包括一定意义上的日常政治生活参与，也包括社会环境中的职场行为教育。“大学之道，在明明德，在亲民，在止于至善。”通过“格物、致知、诚意、正心”来“修身”，并进而通过“修身”来“齐家、治国、平天下”。修身本身就要求人们潜心道德修养，恪守道德规范，将“修身”作为立身处世之根本。而廉洁正是这修身养性的重要一环，个人的行为廉与不廉，取决于道德素养的高低。有道德的人往往廉洁，不廉洁的人必不道德。因此，培养青年学子廉洁、诚信、守法的良好道德意识和法治观念十分重要。培养什么人，如何培养人，是中国社会主义教育事业发展中必须解决好的根本问题。教育事业是培养人才的行业，教育系统是社会的文化高地，是保存、传承、传播和创造先进文化的重要场所，对社会的文化建设具有强烈的辐射功能、提升功能和示范功能。开展廉洁文化教育要符合培养应用型人才素质要求，以社会主义核心价值体系为根本的廉洁教育，有助于提升应用型人才的职业素质，有助于培养应用型人才的社会公德、职业道德、家庭美德和个人品德，引导青年学子树立报效祖国、服务人民的信念，不断提高道德自律意识，增强拒腐防变的良好心理品质，实现综合素质的全面提升，这是廉洁教育最重要的旨意。

大学生廉洁教育，要牢牢把握社会主义核心价值体系这个兴国之魂，深入开展理想信念和宗旨教育、党性党风党纪教育、法制教育、诚信教育、行为养成教育、传统美德教育、家庭美德教育、职业道德教育，通过深入开展大学生廉洁教育，建立健全分类分层施教机制，增强教育的针对性和实效性，帮助青年学子内外兼修筑牢反腐倡廉的思想防线，帮助青年学子树立廉洁理念，增强法制观念，将来走出校门，步入社会，能够做到“以正确的世界观立身、正确的权力观用权、正确的事业观做事”，在生活和工作中成为恪守道德规范，遵纪守法，明辨是非荣辱。具体地讲，大学生廉洁教育内容包括以下几个方面。

（一）理想信念和宗旨教育

1. 理想信念宗旨的内涵

理想是人生的奋斗目标，是对未来生活的向往和追求，是一个人政治立场和世界观的集中反映，也是确立正确的人生观首先需要解决的一个重大问题。诗人流沙河曾经说过：“理想是石，敲出星星之火；理想是火，点燃熄灭的灯；理想是灯，照亮夜行的路；理想是路，引你走向黎明。”青少年失去了理想，生活就会失去光彩，生命就会枯萎。信念，就是指人们坚信自己所干的事业、所追求的目标是正确的，因而在任何情况下都毫不动摇地为之奋斗。宗旨是指主要目的和意图。共产党员的理想信念是共产主义和中国特色社会主义。党的根本宗旨是全心全意为人民服务。

2. 树立崇高的理想信念

俗话说“人无志，非人也”。坚定的理想信念作为人生的奋斗目标，是人生目的的直接反映，是人生的灵魂和精神支柱。理想与信念是联系在一起的。在人生道路上，每个人都有自己的理想、信念和追求，只是层次不同而已。比如，有的人以人民幸福为理想，把有限的生命投入无限的为人民服务之中，为全社会所敬仰；有的人一生庸庸碌碌，不思进取，似是看破“红尘”，实则是在虚度年华；有的人以追逐金钱为生活目的，沉溺于纸醉金迷、及时行乐之中不能自拔，甚至走上违法犯罪的道路，毁掉人生。可以说，有什么样的理想，就有什么样的人生；不同的理想抱负，决定着不同的人生轨迹。因此，只有树立崇高的理想，人生追求才更高尚，信念才更坚定，人生才更有价值和意义。

3. 坚定理想信念宗旨

要坚定理想信念，就要主动地、自觉地学习党的最新理论成果，切实加强党性自我修养，将崇高的信仰变成强烈的为人民服务的使命感。同时，要了解和把握不断发展变化着的世情、国情、党情，理清思想困惑，坚定信党、爱党、兴党的理想信念，强化服务人民群众的意识。经过这一阶段多种形式的学习教育，进一步净化了自己的灵魂，坚定了自己的信念，为不断修正自身言行打下信念之基。要加强宗旨意识，就要严于律己，刻苦努力，学知识长本领，不断增强将来在实践中为人民服务的综合素质。

（二）诚信教育

1. 诚信的内涵

“诚信”作为一种道德原则和行为规范，是为人的基本素质。在《说文解字》中的解释是：“诚，信也”，“信，诚也。”诚信的本义就是要诚实、诚恳、守信、有信，反对隐瞒欺诈、反对伪劣假冒、反对弄虚作假。诚信的思想内涵主要有两层意义：“诚”就是诚实，真诚，说老实话，办老实事，不欺人。“信”就是守信，就是一言一行都要遵守自己的诺言，不论对自己和他人，凡是自己承诺的便一定要兑现。孔子云：“言必诚信，行必忠正”。（《孔子家语·儒行解》）“诚”是基础，有诚才有信，无诚则无信；而信者即为诚的典范。诚是思、言、行、待己、待人、接物等方面终身恪守的准则和规范；信是立身处世、为政、交友、自我修养的基本准则。“诚信”即诚实而信用，为人表里如一、言行一致、知行合一。

2. 诚信的现实意义

“诚信”理论在现代社会中具有不可忽视的重要意义，与民族的自强、社会的进步和自我的发展息息相关。“人无信不诚，民无信不立，国无信不兴。”诚信对人格塑造、品德培养能够产生重要影响。诚信对维护社会稳定、提升社会经济发展等方面都具有重大意义。加强公民的诚信教育，特别是加强作为优良传统的继承者、现代文明的传播者和未来社会的开拓者的当代大学生的诚信教育，既是社会主义市场经济建设的需要，又是社会主义思想道德建设的基本要求。诚信是社会的黏合剂，无论是在政治生活、经济活动，还是国际民生、人际交往中都显示出无可替代的巨大价值。它是健全社会主义市场经济体制、推进社会信用体制建设的外部环境支持，是联系、沟通国际社会，参与国际竞争的有力保障。没有诚信，一切社会活动都将处于无序状态，不利于社会的文明与进步。故而，凡人类存在的地方，必不能离开诚信。诚信作为一种基本价值观和道德观，是立身之本、处世之道，具有不可抗拒的人格魅力和强大的向心力、凝聚力。它同平等、和谐、民主、自由等基本价值观念一样，是完善个人德行、提升民族素质的一个十分重要的道德行为准则！一个不诚信的人怎会有健全的人格和身心统一的自我？一个不诚信的民族又怎能立于世界民族之林？诚信是实现自我和民族发展的重要途径，诚信是立国之本，是宝贵的社会民族财富，也是个人完备人格的必备品质，是一个人做学问、成才干、谋事业的根本。

3. 努力做诚信之人

培养诚信之人是一个系统工程，需要国家、集体与公民个人共同努力。如何帮助大学生做诚信之人，育栋梁之才？第一，国家要积极构建诚信环境，制定公平、合理的社会制度，让社会成员只要努力就能得到应有的回报。第二，政府公权部门要加大对各种不诚信、恶的打击、惩罚，让他们知道失去诚信的代价是高昂的；同时大力宣传诚信、善良、文明的社会风气，重要的是政府公职人员要身先垂范。第三，学校、家长对孩子的教育要用道德、良知去教好孩子，加强诚信教育引导，完善大学生诚信制度规范，形成自律与他律相结合的约束机制。第四，每个人面临现阶段社会矛盾突出，诚信流失，道德滑坡的情况，要经得住诱惑，坚守道德底线。

（三）养成教育

1. 养成教育的内涵

小而言之，养成教育关乎人的全面发展；大而言之，养成教育关乎全民族综合素质的提高。著名教育家叶圣陶先生说："教育就是养成良好的习惯。"著名心理学家威廉·詹姆士曾经指出："播下一个行动，收获一种习惯；播下一种习惯，收获一种性格；播下一种性格，收获一种命运。"著名教育家乌申斯基也有一个精彩的比喻："好习惯是人在神经系统中存放的道德资本，这个资本会不断地增值，一个人毕生就可以享用它的利息。而坏习惯是道德上无法偿还的债务，这种债务能以不断增长的利息折磨人，使他最好的创举失败，并把他引到道德破产的地步。"养成教育是培养人养成良好习惯的教育。习惯能够影响人生成败，好习惯是加速器，是助人腾飞的双翼；坏习惯是枷锁，是难以挣脱的羁绊。"玉不琢，不成器。人不学，不知义。"大学是人生教育的新起点，作为未来社会精英的大学生，更要立志高远，注重对自己的个性磨砺，养成好习惯。

2. 养成教育的内容

叶圣陶先生说："德育就是要养成良好的行为习惯，智育就是要养成良好的学习习惯，体育就是要养成良好的锻炼身体的习惯。"可见，养成教育内容十分广泛，涉及德、智、体、美、劳诸多方面。概括来讲，大学生的养成教育，主要包括生命教育、生活教育和习惯养成教育三个方面，这三方面的教育做好了，养成教育的成效就彰显了。

3. 生命教育

复旦大学投毒案已经宣判，被告人林森浩一审被判死刑，剥夺政治权利终身。案子已然了结，可是人们有关于此的震惊与思考却尚未结束。从清华大学铊盐投毒事件、扬州大学秋水仙碱投毒事件和中国矿业大学铊盐投毒案到近日发生的广西某艺术院校亚硝酸盐中毒案，一次次悲剧的发生，让我们看到一个个扭曲的灵魂，一颗颗漠视生命的心。究竟是什么让高学历、高智商的学子沦为犯罪者，让他们对他人生命如此漠视？只关注一个人的学历和知识，生命教育的缺失，是悲剧发生的根源。北京师范大学教授肖川博士认为：所谓生命教育，就是为了生命主体的自由和幸福所进行的生命化的教育，它是教育的一种价值追求，也是教育的一种存在形态。生命教育的四个目标：让学生体会生命的无常，珍惜自己，关怀别人；让学生阐扬生命的光辉，乐于助人，良好人际关系；让学生了解生命的意义，感恩惜福，爱护大自然；让学生珍惜生命的价值，乐观进取，树立正确人生观。生命教育必须是学校、家庭和社会共同努力的结果。生命教育不仅仅是学校的事情，更是全社会的事情，社会各方面应该全力配合，形成一个尊重生命、热爱生命的氛围，共同担负起对学生生命教育的责任。学校要在教育的全过程中有机的融入生命教育。家庭要从生命诞生开始融入生命教育。

4. 习惯养成

孔子说："少成若天性，习惯如自然。"小时候养成的习惯会像人的天性一样自然、坚固，以至以后取得成功，创造奇迹。伟大的物理学家伽利略、牛顿、爱因斯坦等，勤奋好学，善于观察，善于思考的良好习惯，使他们为人类的进步与科学的发展作出了不可磨灭的贡献；鲁迅先生"随便翻翻"的读书习惯，使他看书着迷，成为伟大文学家；华罗庚"刻苦自学"的习惯，终使"勤奋"出"天才"，成为著名的数学家。这些名人的良好习惯并不是与生俱来，而是后天养成的。培养学生良好的行为习惯，一要从小事做起，从身边的事做起。"不积跬步无以至千里，不积细流无以成江海"，"勿以善小而不为，勿以恶小而为之"。二要持之以恒。冰冻三尺，非一日之寒，习惯的养成是一项长期、细致的工作。只有不断坚持，好的习惯成自然，才能成为优良天性，才能成为助力人生的翅膀。

（四）美德教育

1. 集体主义精神

自古以来，中华民族就形成了"夙夜在公""以公灭私"的特有的民族精神，中国社会在很长时期内是一个以血缘为纽带，以家族为本位的社会。在伦理道德上提倡"国而忘家，公而忘私"，强调个人、集体（群体）与国家三者之间的辩证关系。它要求每一个中国人都应以集体、国家、民族的利益为重，以大局为重，必要时不惜牺牲个人利益或局部利益，以服从和保全整体利益、民族利益、国家利益。“杀身成仁”“舍生取义”“精忠报国”“先公后私”“一心为公”已成为人们所尊奉的崇高道德品质。现在提倡的集体主义价值观念，就是要坚持国家、集体、个人利益的一致性，提倡一切以国家和整体的全面发展为重，识大局、顾大体。同时，强调尊重个人的价值和尊严。面对纷繁复杂、风云变幻的国际大环境，这种重整体利益的传统美德对国家的凝聚力与在21世纪民族的振兴中，有着重大而积极的历史价值。因此，要对大学生进行以集体主义为核心的价值观教育，强化爱国意识和群体意识，树立“见利思义”的人生准则。要教育大学生明确：建立社会主义市场经济体制，仍需要倡导集体主义正确处理个人、集体、国家之间的利益关系，发扬对国家和人民的奉献精神，坚决反对为一己之利不惜损害集体、国家和民族的利益和尊严的行为，否定和消除社会上的拜金主义、极端个人主义和贪图物质享受的享乐主义所带来的一切消极影响。使大学生更深刻地认识到：道高业精才是我们大学生的完美追求。

2. 和谐的人际关系

儒家创始人孔子要求学生终身奉行的一句格言就是：“己所不欲，勿施于人。”凡是自己不愿意做的事情，不要强加于别人身上，这就是人们在处理个人同他人关系时的一条道德规范。在人与己日常交往中，孔子主要实行五种品德：“恭、宽、信、敏、惠。”“恭则不侮，宽则得众。信则人任焉，敏则有功，惠则足以使人。”就是说对人恭敬庄重，有礼貌，不致遭受对方的侮辱：对人宽厚，对己严格的人，会获得群众的好评和拥护。待人处事讲信用，全取得人们的信任；办事勤敏，不仅高效，而且有望成功；求助于人应给予实惠。以上这些道德原则，在发展社会主义市场经济条件下，仍然有其存在的价值。大学生更应该弘扬这些传统美德，在社会化的过程中，逐步学会正确处理各种社会关系和人际关系，并形成立身处世、待人接物的良好行为习惯。

3. 高尚的道德、理想、人格

中国传统的重德思想表现在道德修养上十分重视“自省”“自律”。主张“为仁由己”“见贤思齐，见不贤而内自省”“吾日三省吾身”“三人行必有吾师。”社会的用人之道则是“举贤才”，重视道德评价。强调良心在择善去恶中的作用，认为能否“慎独”是提高道德水平的关键。强调要想做一个专门知识上有所成就的人，首先应在道德上提高自己，这与我国的德智体全面发展的教育方针是一致的，这种高尚道德境界的追求总是同自强不息、开拓进取的人生信条相联系，总是同发奋忘食、乐以忘忧的人生态度共同发展，它是中华民族富有顽强生命力及创造精神的集中表现。正是从这种追求高尚的精神境界出发，中国传统伦理道德重视独立人格的精神力量。强调：“三军可夺帅也，匹夫不可夺志也”“富贵不能淫，贫贱不能移，威武不能屈”的大丈夫品格，保持一个人不受屈辱的、独立的、高尚的人格。这是我们中华民族赖以存在的脊梁。大学生是层次较高的社会成员，应该有较高的道德追求和表现，这不仅是个人成才的要求，也是社会的期望。因此，在发展市场经济和现代化建设事业中，对大学生进行传统美德教育，使中华民族传统美德在大学生身上发扬光大，形成一种中华民族特有的社会主义道德、规范和价值观念，形成一种中华民族特有的社会主义道德人格，从而使他们担当起振兴中华、使中华民族更加强大的历史重担。

4. 人伦关系和人伦价值

中华民族传统美德非常重视人伦关系和人伦价值。儒家创始人孔子非常重视君臣关系，提出了“君使臣以礼，臣事君以忠”的道德原则。孟子则概括了封建社会中最重要的五种人伦关系：“父子有亲，君臣有义，长幼有序，朋友有信，夫妇有别。”在这些关系中，中国传统道德特别重视父母子女之间的关系。但在中国传统的人伦关系中，“君为臣纲，父为子纲，夫为妻纲”的所谓三纲要求抹杀了臣、子、妻的独立人格，是为等级制度服务的，是不可取的。但从总体上看，这种人沦关系也有其合理的因素，在社会主义市场经济条件下，发展合理的因素对于我们协调各种人伦关系是非常重要的，一个民族要搞现代化，必须振兴民族精神，提高民族自尊心、自信心和凝聚力。

我们必须在大学生中进行中华民族传统美德教育，将传统美德教育与“有理想、有道德、有文化、有纪律”四有教育衔接起来，把中华民族五千年文明史和近百年革命斗争史和四十多年社会主义建设的历史贯穿起来，让大学生从中华民族五千年美德中，获得如何做人、如何处事、如何“完善自我、报效国家”的启示，形成有中国特色的价值观、道德观和行为规范体系，克服并改变对社会、个人有害的观念，把大学生培养成为新世纪的合格人才。

（五）廉洁文化教育

廉洁文化是社会主义先进文化的重要组成部分。在构筑惩治和预防腐败体系的过程中，应高度重视廉洁文化建设。廉洁，即公正不贪，清白无污。廉洁文化是廉洁的理论和行为方式及其相互关系的文化总和，是关于廉洁的知识、理念、制度及与之相对应的生活方式、行为规范的总概括。廉洁文化主要有四个特征：一是主体的大众性，主要表现为在全社会营造良好的廉洁氛围，以健康向上的廉洁文化充实社会公众的精神世界；二是指向的权力性，主要表现为掌握社会公共权力的管理者廉洁自律，恪守宗旨，执政为民；三是实施的职业性，主要表现为各职业阶层的从业人员爱岗敬业，遵纪守法；四是组织的公共性，主要表现为机关、团体等社会公共组织处事公道正派，诚实守信，廉洁高效。

廉洁文化教育应善于兼收并蓄。坚持古为今用，充分利用中国历史文化传统和中国共产党优良传统中的廉洁文化成果；坚持洋为中用，善于吸收和借鉴国外在廉洁文化建设方面的有益做法。要建立健全廉洁文化建设的体制和机制，以制度和规范作保障，特别是建立起与廉洁文化相适应的社会政治规范和法律规范，使廉洁成为一种习惯、成为一种文化自觉，让廉洁文化深入社会生活的每个方面。

（六）纪律教育

1. 纪律的内涵

纪律，是指一定社会组织要求成员共同遵守的行为准则。凡是有人群的地方就会有集体活动，而有集体活动就需要有纪律约束。社会越发展，越需要有纪律。纪律教育是使受教育者提高执行纪律的自觉性，养成遵守纪律习惯的教育。主要内容是：正确认识自由与纪律的关系；自觉抵制自由主义和无政府主义，坚持个人服从集体、少数服从多数的原则；严格遵守学生守则规定和学校的规章制度；自觉遵守社会公德、社会秩序和国家的宪法、法律。

2. 遵守纪律的重要性

“没有规矩，不成方圆。”遵纪守法是我们每个公民应尽的社会责任和道德义务。无论何行何业，都将纪律、规章制度放在首要位置，纪律面前，人人平等。“师出以律”，古今中外，莫不如此。新时期的大学生更要明白纪律的重要性。纪律是一种全球化的素质，德国人遵守纪律的习惯更是一种素养，一种美德，尤其是在军队中，纪律就是一种信仰。在学校中，培养学生的纪律意识能间接地促进学生严谨的作风、社会责任感和集体荣誉感，这些对一个学生的人生将非常重要。没有纪律的人大都没有很强的责任感。纪律是会束缚一些东西，但不会束缚性格的发展，你要把自己和纪律融合在一起，体会纪律存在的必要性和一种抽象的美感。相反，纪律还会促进性格的完善。纪律的存在会束缚一些不良的行为习惯，给我们的成长提供一个良好的环境。良好的纪律是学好科学文化知识的保障。在一个有良好的校风、班风环境中，必然受到良好学风的熏陶。一个纪律涣散的集体，不可能有良好的学风，学习也就得不到保证。因此，好的环境，好的秩序，必须靠健全严明的规章制度和纪律来维持。

3. 做遵守纪律的典范

社会主义的纪律和法律，反映的是人民利益，其中包含着每个社会成员的利益。因此，作为当代大学生更应做遵纪守法的模范，其基本要求是：第一，提高法律意识，增强法制观念，做到知法、懂法、守法、护法。第二，严格遵守各项法律和纪律，不做任何违法违纪的事，将法律条文内容化作自己的自觉行动，使守法由“要我做”变为“我要做”。第三，自觉遵守和维护公共秩序。第四，坚决同一切违法违纪行为做斗争。

（七）法制教育

1. 适应依法治国需求，增强法制意识

随着我国依法治国的深入开展，我国公民的法制意识得到了很大程度的提高，但总体上看，还是急需进一步加强。大学生，作为一个知识分子的集团，是我国社会发展的生力军。从某个角度上讲，大学生的素质极大影响和决定着我国人口的素质。随着高等教育的普及化，我国在校大学生人数居世界首位。大学生的法制意识提高了，不仅有利于培养大学生自身群体的发展，还将极大提高我国公民法制意识以及我国法制化进程。

早在 1980 年邓小平就明确指出："在党政机关、军队、企业、学校和全体人民中，都必须加强纪律教育和法制教育。"1986 年他更加明确地指出："加强法制重要的是要进行教育，根本问题是教育人。"这一论断深刻揭示了法制教育在建立法治国家过程中的地位和作用，指明了提高全体公民的法律意识和法律修养的根本途径。高校承担着为国家培养各类高级专门人才、后备干部和各级管理人才的重任。加强对大学生的法制教育，引导大学生学法、知法，使他们形成较强的法律意识和法制观念，进而做到守法、用法、护法，对于实现"依法治国，建设社会主义法治国家"的目标，具有重大的战略意义。

2. 法治思维成为人才的必备素养

法律素质主要指大学生要能正确认识民主与法制、自由与纪律、道德与法律的关系，掌握法律基础知识，具有社会主义法制意识和法律观念，自觉履行公民的权利与义务，遵纪守法，运用法律武器维护正当权益并与违法犯罪做斗争。即要学法、知法、守法、用法、护法。从社会学角度讲，中国正在融入法治社会。对置身于未来社会的任何一个人，是无法摆脱法律而生存的。随着社会主义市场经济体制的构建，所有市场主体都得遵循统一的规则或制度，在这种高度规则化的社会里，"法制手段"将越来越广泛地运用于我们的现实社会关系中。这意味着，从个体人的日常生活行为到丰功伟业之创造，均离不开一定的法律知识或法律技能。当我们以审思发展和关切生活的态度来判断实践视域时，自然会发现，必备的法律素养，已成为现代市民特别是青年学生们立足社会的不可或缺的基本要件。大学生肩负着全面建设小康社会的历史重任，他们在学习科学知识的同时，其法律意识、法制观念如何，将直接关系和影响着我国社会的法制建设。特别是在当前青少年违法犯罪率不断上升的情况下，切实加强对大学生的法制教育，使他们知法、懂法、守法，提高他们的综合素质，就显得尤为重要。大学生要成为学法、守法、用法的典范。认真学习社会主义法学的基本理论和基础知识，以实际行动宣传宪法和有关法律的基本精神和主要规定，不断增强社会主义法制观念和法律意识，提高遵纪守法，依法办事的自觉性，做社会主义现代化建设的“四有”人才。

3. 大学生法制教育的紧迫性

在高校，素质教育还没有得到认真、全面、深入的实施是不争的事实。如：在现代社会中，法律渗透到社会生活的方方面面，时时处处规范着公民的行为，只有具有较高的法律素质才能更好地适应现代社会生活。法律素质是思想道德素质的重要要素之一，而高校思想政治教育中的法律素质教育远不适应现代社会的需要。首先，观念陈旧，认为只要不违法、不犯罪，法律跟自己就没关系。因而法制教育活动少、渠道单一，除法律基础课以外，缺少其他渠道和形式的法制教育活动。学校有各种教育内容的“活动月”，但没有“法制教育活动月”；有各种讲座但缺少法制讲座；有各种社会实践但缺少法制教育实践。其次，就法律基础课而言，局限于传统的课堂教学形式，方法简单、手段落后，且因内容庞杂课时少、教师理论说教和对法律条文的解释多、实践环节少等，造成该课枯燥乏味，学生只是为了应付考试而死记硬背。很多学生在权利与义务、纪律与自由、法律与道德的关系问题上的认识仍是模模糊糊，虽然学法、知法，但守法、用法意识差的现象普遍存在，甚至有些大学生知法犯法、违法犯罪。

4. 大学生法制教育的必要性

近年来一升再升的大学生犯罪数据，频频向我们告示：校园并不平静，大学生们的法律素养还十分贫瘠。2003 年 3 月 28 日，在南京市浦口区检察院挂牌成立了全国首家大学生犯罪预防中心，南京大学、东南大学等南京

10所高校成为首批中心成员。之所以要建立这个“大学生犯罪预防中心”，是因为该院通过调查分析发现，2001年该区在校大学生的犯罪率比上年上升300%，2002年比2001年上升120%，并且还得出结论，大学生犯罪大多是因为不懂法。面对这些触目惊心的大学生犯罪数据，能够予之以较为恰当的解释是：学生根本没有真正懂法。正如“硫酸伤熊”案当事人刘海洋（清华大学学生）所言：“我们上大一就学了法律基础课，学了民法和刑法等，但我只知道猎杀野生动物违法，但用试剂烧伤动物园里的动物是不是违法就不清楚了。”

面对当代大学生法制教育中出现的新情况、新问题，我们应该反思原有法制教育存在的问题，在一定程度上存在着教育观念滞后、内容僵化、方法简单等问题，不能及时适应形式发展的需要。信息社会、知识经济时代的到来对高校人才培养提出了新的要求，法治社会要求高校的法制教育在主体、客体、内容以及方法上有所创新，当前，高校招生规模不断扩大，学生类型增多，教育的形式不断多样化，以上种种新变化都对高校的法制教育提出了新要求。

5. 多渠道加强大学生法制教育

今天的大学生，就是明天的社会主义现代化建设事业的生力军，必须把提高他们的法律素质摆在教育工作的重要位置，认真予以贯彻落实。加强对在校大学生的法制教育，是减少大学生违法行为，维护校园安全与稳定的需要；加强法制教育是大学生综合素质提升和发展的内在要求；加强对在校大学生的法制教育是构建和谐社会的迫切任务。通过学校教育、学生自身的学习、社会和家庭的方方面面的影响和渗透，来加强大学生的法制教育。

三、大学生廉洁教育的途径

开展廉洁教育，无论对于大学生个体而言，还是对于大学生这个群体而言，都要考虑青年学生成长成才实际，遵循青年人才成长客观规律。加强大学生廉洁教育的途径，按照组织实施主体性质不同可以分为国民廉洁教育、高校廉洁教育、家庭廉洁教育。

（一）国民廉洁教育

国民廉洁教育的对象是社会全体公民，具体讲既包括国家公职人员、社会人士，也包括承载国家希望的青少年。大学生应该在全民廉洁教育体系中汲取正能量，传递正能量。中国共产党的十八大提出“将廉洁教育纳入国民教育体系，使廉洁价值理念深入人心”。在全民中深入开展廉政文化产品的创作生产，多渠道多形式加强全民的廉洁教育，提高全社会的文明程度，大力营造以廉为荣、以贪为耻的社会氛围。这是大学生廉洁教育的一个广阔天地。

（二）学校廉洁教育

学校要用社会主义核心价值观指导校园廉洁文化建设，从大处着眼，从小处着手，构建校园廉政文化。根据不同年级学生的具体情况，按照知识性、科学性、生动性与政治性、思想性相统一的原则，融入其他教育的内容与方式中。把廉洁教育与邓小平理论和“三个代表”重要思想、科学发展观学习紧密结合起来，与马克思主义世界观、人生观、价值观和正确的地位观、权力观、利益观教育结合起来，与党内反腐倡廉工作结合起来，与大学生思想品德教育结合起来，与各类校园文化活动结合起来，以多种形式开展廉洁教育，全方位帮助大学生筑牢思想道德防线，促进大学生扬善弃恶的基本价值取向和生活观念的形成，培养“以廉为荣、以贪为耻”的良好风尚，为反腐倡廉提供智力支持和思想保证。

1. 廉洁文化进课堂

廉洁文化进课堂有三个途径，一是开设廉洁教育课程，科学制订教学计划，加强教材建设和师资队伍建设，保证教学课时，确保廉洁教育的全面性、系统性和长效性；二是发挥思想政治理论课的主渠道作用，注重加强社会主义核心价值观教育，这是进行廉洁教育的重要途径之一；三是廉政教育和专业课有机结合，专业教师在教学中，要将专业知识传授和技能培训与道德教育、廉洁教育结合起来，要挖掘不同学科所蕴含的廉政观、道德观，要充分把握不同学生的特点，因材施教。通过这“三位一体”的课堂阵地建设，循序渐进地推进廉洁文化进课堂，实现廉洁理念使大学生“入心、入脑、见行动”。

2. 校园廉洁文化建设

廉洁文化建设是校园文化建设的组成部分。利用校园环境、公告栏、广播电视、网络新媒体等传播文化的阵地进行廉洁文化宣传。注重挖掘各个学校的特色文化和历史底蕴，利用走廊、操场、围墙等空间，制作校训校史、格言警句、书画作品等人文景观，张贴以廉政警句、格言为内容的标语，建立反腐倡廉网站，增设廉洁文化栏目，宣传古今廉洁人物、格言警句、廉洁故事；在校报、广播台、电视台、宣传栏开辟廉洁教育专栏；利用宣传橱窗举办反腐倡廉图片展、书画展；建设廉洁长廊；组织学生举办和参加党风廉政教育专题讲座、专题座谈、模拟法庭、辩论会、擂台赛、赛歌会和戏剧小品表演；组织学生观看反腐倡廉电影片、电视片；开展“为民、务实、清廉”主题教育、征文比赛、征集警句格言、写心得体会和毕业生离校前“廉洁人生路”教育活动。

3. 廉洁教育的课外活动

（1）组建学生廉洁社团。通过组建学生廉洁社团，引领学生共建共享校园廉洁文化成果。学生社团自发地参与校园廉洁文化建设，这本身就是一种廉洁教育。2011 年 7 月 21 日至 27 日，由高校廉政研究与教育学会、清华大学廉政研究中心主办，湖南大学廉政研究中心承办的“第一届全国大学生廉洁社团领袖夏令营”在湖南长沙举行，共有来自清华大学、北京大学、中国人民大学等 18 所高校的 23 位廉洁社团骨干参加，各代表签署了《首届全国大学生廉洁社团领袖夏令营湘江宣言》，决定在全国范围内推动各高校廉洁社团的成立与活动开展。

年轻干部，要想做到不为名利失心、不为权欲熏心，就要慎始、慎独、慎微。要时刻警醒自己，处理好公与私的关系，正确对待名、权、位，不做不法之事，不取不义之财，不交不良之友，注意防止攀比心理、从众心理、侥幸心理。有的同志谈到，年轻干部必须搞清楚自己是谁、为了谁和想成为谁的问题，加强廉洁自律意识，提高拒腐防变能力。

（2）文化理论和政策法规学习。组织学生认真学好学业知识，要多注重学习政治理论，包括马列著作、毛泽东著作，特别是重点学好中国特色社会主义理论体系及习近平同志一系列重要论述。学习经济理论，包括市场经济理论、循环经济理论等。学习现代管理理论，包括现代行政管理理论、现代企业管理理论、现代社会管理理论等。在此基础上，还要扩大覆盖面，学习相关的科技、法律、文化、军事等方面的新知识理论，完善知识结构，提高综合素质，培养战略思维，懂得政策法规，能够知法用法，以法治之人参与社会生活，既可以做懂法守法公民，又能够拿起法律武器维护权益，维护社会秩序。

（3）读史读经活动。《礼记经解篇》警示："其为人也温柔敦厚,《诗》教也。疏通知远,《书》教也。广博易良,《乐》教也。洁静精微,《易》教也。恭俭庄敬,《礼》教也。属辞比事,《春秋》教也。故《诗》之失，愚;《书》之失，诬;《乐》之失，奢;《易》之失，贼;《礼》之失，烦;《春秋》之失，乱。"读史可以明智、知古方能鉴今。历史或者历史性演义的一些典故能够传递人生智慧。读经可以树德，帮助人们树立起基本的是非善恶观，而多少具有道德和政治判断力。结合自身文史知识储备，深入学习中国历史、世界历史和社会主义发展历史，广泛精读各国文史经典巨著，在读书读经过程中，通过人物、典故所蕴含的优良品质和精神精华，汲取廉洁文化知识。

（4）参与廉洁文化活动。鼓励大学生积极主动参加各类廉洁文化活动，发挥知识分子的文化示范辐射作用，引领社会廉洁风尚。同时关注廉政建设时事，开拓国际视野。在校内积极主动参加各类廉洁主题活动，还要走出校园，走入社会，进家庭、进社区、进企业、进微博、进"朋友圈"等，践行廉洁理念，传递正能量。

（5）参观廉洁教育基地。组织大学生参观党风廉政教育图片展览、廉洁人物事迹展览，实地观看监狱、看守所等犯罪服刑场所，倾听职务犯罪服刑人员现身说法等。通过具有较强显示度的实景实物，让青年学子直面廉洁的气场和腐败的下场，切实感知廉洁的价值和意义以及廉洁行为所产生的历史效应。

（6）观看廉洁教育影视资料。观看《情暖万家》《张思德》《大道如天》《公仆》等融思想性、艺术性、观赏性和教育性于一体的优秀廉政影片。在休闲娱乐中既享受到健康高雅的“精神大餐”，又能受到廉政教育。通过富有亲和力、吸引力、渗透力的人物形象，感受他们的英雄事迹和革命气概，接受优秀廉政传统的熏陶，从而坚定大学生的理想信念。

（三）家庭廉洁教育

家庭廉洁教育是反腐倡廉教育思路和方法的创新，是将反腐败从事后查处转为事前预防的重要环节之一。家庭对大学生廉洁素质的培养起着重要的作用。家庭对大学生进行廉洁教育的主要途径是提高家庭成员个人素质，培养子女良好的价值观念；发扬家庭民主，培养子女独立生活的能力；注意自己的生活作风，引导子女的思想行为；理解教育者的意图，形成教育合力。家庭廉洁教育要立足传统道德风尚，结合新的时代背景；重视对配偶的廉洁教育；引导子女树立正确的财富观和价值观；加强法制建设，提高家庭成员的廉洁自律意识等。

国家监察体制改革背景下高校监察工作趋势初探

刘　川*

高校监察工作属于内部监察，高校的监察工作在长时间内是依靠学校的实际工作需要和历史经验进行。当前，国家监察体制改革全面铺开，2018年3月20日，第十三届全国人大一次会议表决通过了《中华人民共和国监察法》，国家主席习近平签署第3号主席令予以公布，监察法自公布之日起施行。《中华人民共和国行政监察法》同时废止。《中华人民共和国监察法》的出台为推进全面依法治国，实现国家监察全面覆盖，深入开展反腐败工作起到了决定性的作用。坚持中国共产党对国家监察工作的领导，构建具有中国特色的国家监察体系，建立集中统一、权威高效的反腐败体制，强化党和国家的自我监督，推进国家治理体系和治理能力现代化是我党对监察工作提出的明确方向和奋斗目标。在国家监察体制改革背景下，高校监察工作必将作出深刻变革，更好地为高校建设和发展保驾护航。

一、国家监察体制改革现状与趋势

（一）国家监察体制改革的重要意义

十八大以来，中央强力反腐，以雷霆万钧之势横扫腐败官场，以霹雳手段重拳出击，创造了史无前例的反腐纪录。看到反腐巨大成效的同时，也应

* 刘川：北京联合大学纪委干部。

当清醒地认识到，这是一场输不起的斗争，形成不敢腐只是反腐第一步，要实现不能腐、不愿腐尚需长远的战略谋划、严密的制度体系和完备的法治保障。实践证明，惩治是最好的预防，制度是最大的保障。只有集中全党力量，形成高压态势，通过严厉惩治，才能形成巨大的震慑效果，有效预防腐败；也只有加快建立制度体系，把权力关进制度的笼子里，才能重建政治生态，建设廉洁政治。

为了推进全面从严治党，坚持思想建党和制度治党紧密结合，十八届六中全会通过了《关于新形势下党内政治生活的若干准则》和《中国共产党党内监督条例》（以下称《条例》）。《条例》第三十七条明确规定："各级党委应当支持和保证同级人大、政府、监察机关、司法机关等对国家机关及公职人员依法进行监督。"随后，中共中央办公厅印发《关于在北京市、山西省、浙江省开展国家监察体制改革试点方案》，部署在3省市设立各级监察委员会，从体制机制、制度建设上先行先试、探索实践，为在全国推开积累经验。

1. 国家监察体制改革是全面从严治党、实现党内监督与人民监督有机结合的需要

十八大以来的经验告诉我们，只有坚持全面从严治党，集中有效的反腐败力量，才能从根本上解决腐败问题。推进国家监察体制改革，特别是设置国家监察委员会，是全面从严治党的需要，是加强党对反腐败统一领导，形成制度化、法制化成果的需要，有利于实现党内监督与人民监督有机结合。

强化党内监督的同时，对国家机器的监督也提上议事日程。党内监督是永葆党的肌体健康的有力武器。我们是一党长期执政，制度优势已经充分显现，但也面临风险和挑战，最大挑战就是对权力的有效监督。实现党的历史使命，必须破解自我监督这个难题，要以党内监督带动和促进其他监督，健全完善科学管用的权力监督制约体系，推进治理体系和治理能力现代化。为此，必须"要完善监督制度，做好监督体系顶层设计，既加强党的自我监督，又加强对国家机器的监督"，国家监察体制改革的一个根本出发点就是，"要健全国家监察组织架构，形成全面覆盖国家机关及其公务员的国家监察体系"。强化党内反腐败斗争的统一领导，使党内监督和人民群众监督相结合，

形成发现问题、纠正偏差的有效机制。保证我们的监督力量能够覆盖延伸到所有的公职人员，使得我们的监督体制和监督机制更加制度化、规范化。

2. 国家监察体制改革是全面依法治国的需要

十八大之后，党中央提出了“四个全面”战略布局，全面依法治国是重要战略举措。全面推进依法治国，总目标是建设中国特色社会主义法治体系，建设社会主义法治国家，形成完备的法律规范体系、高效的法治实施体系、严密的法治监督体系、有力的法治保障体系，形成完善的党内法规体系。依规管党治党建设党是依法治国的重要前提和政治保障。邓小平同志指出：“没有党规党纪，国法就很难保障。”全面推进依法治国，既要求党依据宪法和法律治国理政，也要求党依据党内法规管党治党。我们党经过长期探索实践，已经形成了一整套层次清晰、运行有效的党内监督制度体系，使管党治党建设党有章可循、有规可依。

就国家法治监督体系而言，虽然政府内部有行政监察和审计，政府外部有人大监督、司法监督、舆论监督等监督形式，检察院还有专门的反贪污、反渎职、预防职务犯罪等力量，但这些反腐败资源力量过于分散，很难发挥作用。建立国家监察委员会，可以整合反腐败资源力量，形成集中统一、权威高效的反腐败体制，有利于形成严密的法治监督体系，实现全面推进依法治国的目标。

3. 国家监察体制改革是推进国家治理体系、治理能力现代化的需要

十八届三中全会提出，全面深化改革的总目标就是推进国家治理体系和治理能力现代化。没有厉行法治的决心，没有健全完备的法律制度体系，没有实施法治的能力和水平，很难称得上是现代化国家。可见，治理体系和治理能力现代化，最重要的就是在治国理政方面形成一套完备的、成熟的、定型的制度，通过有效运转的制度体系，实现对国家和社会的治理，说到底就是实现治理体系和治理能力的制度化、法治化。建立国家监察委员会，形成高效权威的国家监察体系，有利于提升国家治理能力，推进国家治理体系和治理能力现代化。

可以说，改革国家监察体制，设立国家监察委员会，既是时代的要求，

也是我们吸收了古今中外有益经验基础上与时俱进的表现，体现了中央全面从严治党、全面依法治国的决心。

（二）国家监察体制改革现状

国家监察体制改革是建立中国特色监察体系的创制之举，贯彻了党的十九大关于健全全党和整个国家监督体系的重大部署，彰显了中国特色社会主义道路自信、理论自信、制度自信、文化自信。2016 年 11 月中办印发《关于在北京市、山西省、浙江省开展国家监察体制改革试点方案》，2017 年 10 月 29 日，中办印发了《关于在全国各地推开国家监察体制改革试点方案》，方案明确提出，在 2017 年底至 2018 年初召开的省、市、县人民代表大会上产生三级监察委员会。试点省（自治区、直辖市）党委对试点工作负总责，成立深化监察体制改革试点工作小组，由党委书记担任组长。国家监察体制改革在三地试点一年之后，现已正式在全国推开。

深化国家监察体制改革是事关全局的重大政治体制改革，以习近平同志为核心的党中央对此高度重视。习近平总书记多次主持召开会议，研究审议工作方案；多次作出重要指示，为全面推开国家监察体制改革试点工作指明前进方向，提供根本遵循。中央深化国家监察体制改革试点工作领导小组认真落实党中央决策部署，切实加强对试点工作的指导、协调和服务。按照中央深化国家监察体制改革试点工作领导小组统一安排，2017 年底中央纪委有关领导同志就国家监察体制改革试点工作到地方调研，强调要深入学习贯彻习近平新时代中国特色社会主义思想，准确把握党中央精神和要求，确保改革试点工作扎实有序开展。中央纪委领导同志深入省市县乡纪委，与纪检监察干部交流，召开座谈会听取意见建议，了解改革试点工作进展情况。

各试点地区党委把改革试点工作列入重要议事日程，党委书记站到第一线，担起第一责任，亲自研究改革事项、协调解决改革难题，加强“全过程领导”，当好“施工队长”。在党委领导下，各试点地区纪委认真抓好试点工作的组织实施。纪委书记主动到相关单位对接协调，研究职能划转、机构设置、人员编制、办公场所等问题，普遍深入县（市、区）实地调研并强化督办指导。

在全国各地推开国家监察体制改革试点工作点多、线长、面广，各试点地区认真贯彻党的十九大精神，深入学习领会习近平新时代中国特色社会主义思想，党委靠前指挥，扛起改革试点主体责任，纪委履行专责，抓紧组织实施，全国改革试点工作稳步推进、开局良好。改革试点地区当前的工作重点是集中全力做好转隶和监委组建工作。

（三）国家监察体制改革趋势

深化国家监察体制改革的目标是建立中国特色监察体系，建立中国特色监察体系是一个全面的系统工程，监察体制机制建设只是系统工程的第一步也是关键一步。国家监察体制改革是进一步健全党和国家监督体系的重要组成部分，在体制机制建立健全的过程中，进一步优化纪检监察机关内部工作机制和工作流程，在实践中检验和完善工作规则，及时把行之有效的措施上升为制度，使制度建设更加科学、严密，形成完善的制度体系。

国家监察委员会设立后，检察院反贪污贿赂、反渎职、预防职务犯罪等职能，包括机构和人员，将一并转隶到国家监察委员会。检察院与国家监察委员会如何有效地进行协调和衔接，有人担心，监察委员会成立之后，会不会将所有权力集于一身，成为一个“超级机构”。事实上，作为执法监督机关，国家监察委员会主要行使调查权，所以，不会成为一个权力极大的“超级机构”。检察机关反贪、反渎、预防职务犯罪职能转隶国家监察委员会后，承担的调查职能和原来在检察院所承担的侦查职能有所区别。正因如此，中央要求试点期间，确保思想不乱，工作不断，队伍不散，推动人员融合和工作流程磨合。

国家监察体制改革的重要任务，就是要把所有反腐败的力量和资源整合在一起，形成新的反腐败体制。行政系统以外，国家监察委员会还需要整合哪些职能呢？试点方案已经明确检察院的反贪、反渎和预防职务犯罪部门转隶到国家监察委员会，即整建制改变隶属关系，成为国家监察委员会的内部职能部门，这将有助于对国家公职人员涉嫌职务犯罪的行为实施调查。监察委员会职能大体上分为监督、调查和处置三个方面，由内部不同的职能部门负责。调查部门既有对违纪违法行为的调查，也有对涉嫌职务犯罪的调查。从国家反腐败力量资源的整合以及强化党对反腐败斗争的统一领导的角度讲，检察院部分职能的转隶，可以形成统一集中、权威高效的反腐败体制，更好地发挥国家监察委员会反腐败的作用。

国家监察体制改革，需进一步明确监察对象。行政监察对象与国家监察对象不同：前者只对行政机关公务员和行政机关任命的其他人员实施监察，而后者对所有行使公权力的公职人员均实施监察，实现监察对象全覆盖。哪些人员属于行使国家公权力的公职人员有待进一步的分类和确认。

国家监察体制改革的关键在于人，在转隶组建国家监察委员会的过程中，对于人员的使用、教育和管理尤为重要。在队伍建设过程中，要注重党建和思想政治工作。在国家监察体制改革过程中要通过党建、日常教育管理、工作交流等多种形式促进转隶人员的思想融合、理念融合、情感融合以及工作融合。

二、高校监察工作的现状与法律依据

（一）高校监察工作现状

高校监察工作长期以来“无法可依”，目前我国高校权力运行实行党委领导下的校长负责制，纪检监察部门受上级纪委和同级党委的双重领导。在高校，监察部门往往和其他被监督部门是同级单位，出现不合规范的行政事项时，监察部门往往只能提出整改建议，对同级领导干部没有处罚权，而监察部门的组织、人事、财务等事项又归同级的组织人事财务部门管理，对于“只拔刺、提建议”的监督工作由于缺乏独立性往往使得监察部门不愿监督甚至不敢监督，高校监察工作的开展始终处于尴尬局面。2010 年 10月 1 日起施行的《中华人民共和国行政监察法》未将教育、科研、文化、医疗卫生、体育等单位中从事管理的人员纳入监察范围之内。《中华人民共和国监察法》的出台把监察覆盖到“最后一公里”，为教育领域，特别是高校的监察工作提供了坚强的法律依据和政治保障。

高校负责监察的部门与纪委办公室合署办公，监察处长一般由纪委副书记兼任。2014 年以前，高校的监察工作面过宽，职能泛化，定位不准。2014 年 5 月 19 日，王岐山在北京出席纪检监察机关“转职能、转方式、转作风”专题研讨班并讲话。王岐山指出，纪检监察机关要根据党章和党内法规要求，从党中央对党风廉政建设和反腐败的形势判断、提出的工作要求出发，转职能、转方式、转作风。“三转”提出以后，全国纪检监察机关把更多的力量调配到党风廉政建设和反腐败斗争主业上来，高校纪检监察部门也坚决执行“三转”，把过去存在的很多被动监察事项予以取消或转变监督方式。

（二）高校监察工作有法可依

高校监察工作长期以来的“无法可依”局面严重阻碍了高校监察工作的深入开展，近年来，高校发展迅猛，高校掌控人、财、物的规模和数量不可小觑，做好高校的监察工作就是要抓早抓小，严控腐败滋生的源头。《中华人民共和国监察法》明确将公办的教育、科研、文化、医疗卫生、体育等单位中从事管理的人员纳入监察范围之内，使高校监察部门今后的监督工作出师有名。

在国家监察体制改革大的背景下，高校应建立健全工作制度、管理制度、考核制度和督促检查制度，用制度约束人，用制度管理事，完善的制度体系才能使高校今后的监察在法律的保护下健康发展。

在深入学习监察法的过程中不难发现还有很多关于高校监察工作中的问题需要我们在实践中去一一探索和解决，比如高校监察对象（从事管理的人员）范围的界定，高校监察机构的设置以及高校从事监察工作人员的设置和管理等。

三、新时期高校监察工作趋势初探

（一）新时期高校监察体制建设初探

国家监察体制改革是建立中国特色监察体系的创制之举，党的十九大报告明确指出：深化国家监察体制改革，将试点工作在全国范围推开，组建国家、省、市、县监察委员会，同党的纪律检察机关合署办公，实现对所有行使公权力的公职人员监察全覆盖。监察法第十二条规定：“各级监察委员会可以向本级中国共产党机关、国家机关、法律法规授权或者委托管理公共事务的组织和单位以及所管辖的行政区域、国有企业等派驻或者派出监察机构、监察专员。”依照法律规定，高校不单独成立监察委员会，高校的监察工作可能通过派驻监察机构或派出监察专员的形式开展。

依照国家监察法的规定，高校监察工作目前已有法可依，各级监察委员会同党的纪律检察机关合署办公，如果高校的监察工作通过派驻监察机构或派出监察专员的形式开展，那么派驻的监察机构或派出的监察专员与高校纪委的关系必然与高校现行的纪检监察体制有所不同。现行监察法并没有规定派驻监察机构或派出监察专员是否与基层纪委办公室合署办公，又因现行监察法并没有赋予高校任何监察权限，因此，建议高校的监察体制如下：（1）派驻或派出的监察机构或监察专员与高校纪委办公室合署办公；（2）高校从事监察工作的人员由上一级监察委员会统一安排和管理；（3）从事监察工作的负责人兼任高校纪委副书记。

（二）新时期高校监察工作趋势初探

新时期，依据《中华人民共和国监察法》对高校监察工作的监察范围和管辖、高校监察工作的监察权限进行以下探讨。

1. 高校监察工作的监察范围和管辖

监察法将公办的教育、科研、文化、医疗卫生、体育等单位中从事管理的人员纳入监察范围之内，高校的机构设置和人员配置相对复杂，监察法实施初期建议将高校监察工作的监察范围界定在副处级（含）以上从事管理的人员。这些人员所涉及的监察事项建议由派驻机构或派出的监察专员商高校纪委书记共同管辖。

2. 高校监察工作的监察权限

派驻高校的监察机构或监察专员依法对所在高校监察范围之内的人员开展廉政教育、监督和调查，有权依法向高校有关部门和个人了解情况，收集、调取证据。

在调查过程中，发现被调查人涉嫌贪污贿赂、失职渎职等严重职务违法或者职务犯罪的情况，调查人应请示上级监察机关，调查人认为高校的监察事项重大、复杂的，需要由上级监察机关管辖的，可以报请上级监察机关直接管辖。

四、小结

目前，国家监察体制改革仍处于深入推进的过程中，高校监察工作的改革和推进要牢记“四个意识”，不忘初心，牢记使命，在遵循《中华人民共和国监察法》的前提下，坚定“四个自信”，为确保如期实现监察全覆盖而贡献智慧和力量。

【基金项目】北京政治文明建设研究基地开放课题（编号：2017zzwm033）

参考文献：

[1] 马怀德：《国家监察体制改革的重要意义和主要任务》，《国家行政学院学报》2016 年第 6 期。

[2] 李张光：《关注国家监察体制改革》，《民主与法制时报》2017 年 1 月 1 日。

大学生对邪教的认知及教育对策

李 斌*

青年兴则国家兴，青年强则国家强。青年一代有理想、有本领、有担当，国家就有前途，民族就有希望。[①] 放眼世界，青年一代则是世界的未来，各个国家普遍都非常重视对青少年的培养和教育。青年大学生正处于价值观、信仰形成的关键期，习近平总书记在全国高校思想政治工作会中指出，青年“知识体系搭建尚未完成，价值观塑造尚未成型，情感心理尚未成熟，需要加以正确引导”[②]。高校思想政治工作，表面上看做的是学生思想政治工作，实际上将影响一代青年的思想观念、价值取向、精神风貌[③]。针对学生面临的思想问题实际，开展有针对性的教育工作，是增强教育实效性的重要载体，也是新时代思想政治教育工作者的工作基点。

网络信贷、传销、黑社会、恐怖组织、邪教等，通过其隐蔽性特征和手段，正对青年尤其是青年大学生实施精神控制，进行思想束缚，迫害青年成长，而邪教以其团体利益长期服务或死心塌地地效命，其中包括深层次的对社会的反抗，对社会和谐和安全构成了威胁，有学者将其认为是“中国执政

---

* 李斌：北京联合大学商务学院副教授，博士，研究方向为思想政治教育心理学。

① 人民网，http：//cpc.people.com.cn/n1/2017/1028/c64094-29613660-15.html. 2017.10.29。

② 中共中央文献研究室编：《习近平关于青少年和共青团工作论述摘编》，中央文献出版社2017年版，第37页。

③ 韩宪洲：《习近平青年观探析》，《北京联合大学学报（人文社会科学版）》2018年第16卷第1期。

党以来面临的最严峻的挑战，其深刻程度超过了失业、通货膨胀和腐败”。[①]其中邪教是以反科学、反人类、反社会、反政府为本质的教义和实践活动，是具有社会危害性的组织，阻碍人类社会发展，是危害当代大学生的公害，影响国家社会安全和青年群体的成长成才。大学生群体处于世界观人生观形成、心理发展成熟的过渡时期，针对大学生群体的邪教防范工作将“治理”重心前移，能够有效预防迷信邪教行为的发生。

一、大学生对邪教的认知现状

国内以大学生作为研究对象的邪教相关研究始见于2000年[②]，在中国知网上以“大学生”“邪教”为主题，共查询到95篇文章，在这一领域的研究数量呈逐步上升的趋势（如图所示）。

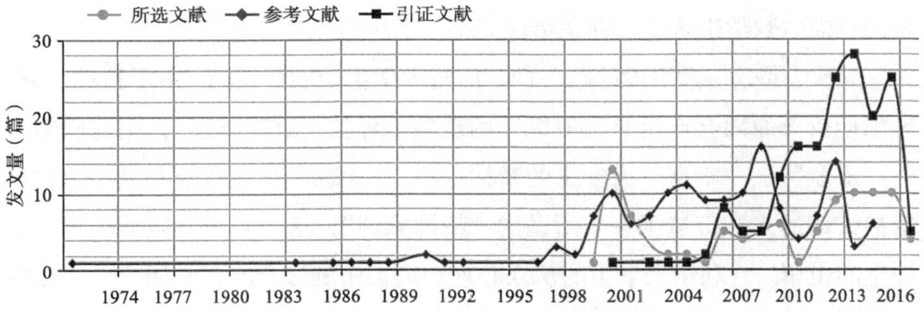

关于大学生对邪教认识的研究集中在大学生宗教观、安全教育等方面，主要从认识、传播原因及应对三个方面进行了研究。

首先，大学生思想总体积极正向。当代大学生“朝气蓬勃、好学上进、

① Kang，X.G.，The Political Effects of the Falun Gong Issue，Chinese Education and Society，2002，35（1），5-14.

② 高峰:《必须加强对大学生进行无神论教育》，《沈阳师范学院学报（社会科学版）》2000年第3期。

视野宽广、开放自信，是可爱、可信、可为的一代”，[①]“大学生的主流积极、健康，家庭、学校生活和谐，有科学的人生观、价值观，对宗教和邪教也有正确的认识。”[②]对于邪教，大学生对其功能、特点等相关认识不多，但单纯从其“膜拜”或“邪教”特点而言，大学生们能够认识到其危害性，自觉与其保持距离。但是大学生中也存在着由于面对生活、爱情、人际、家庭、职业发展等现实问题，出现困惑、空虚、渺茫，甚至面对社会快速发展的时期，适应和发展能力不足，出现信仰的矛盾、非理性和偏移，这些也成了膜拜团体有机可乘的入侵时机。有研究表明：“大学生信仰状况仍呈现出矛盾性、非理性、多样性和可塑性的特征。一部分大学生对社会主义的前途缺乏信心，对马克思主义的指导地位持怀疑态度；政治上积极要求进步，认同党的改革开放政策和取得的成就，积极要求加入党组织，但入党动机多元化，党性观念下降；学生生活中都有过练习法轮功的人，虽然人数不多，但是我们切不可掉以轻心。对政府反对邪教 的举措绝大多数学生持肯定态度，但是仍有极少数学生认识上存在错误。”[③]

其次，邪教传播手段隐蔽多样。面对大学生个别存在的“由于精神空虚、理想挫折等原因会产生自我放纵”的现象，邪教“讲经布道”，用他们编写的“圣歌”去“丰富”大学生的精神生活，“抚慰”其寂寞的心灵，为这批精神失落的人群打造了一个所谓的“精神家园”，这为各种邪教活动提供了滋生的土壤。[④]利用大学生的从众心理和成长中的好奇心，利用宗教文化的丰富性、“自身的艺术韵味、精神慰藉功能及其与社会公德相一致的道德准则吸引着当代大学生。由此，邪教组织乘虚而入，逐渐转移了目标和重点，

① 中共中央文献研究室编：《习近平关于青少年和共青团工作论述摘编》，中央文献出版社2017年版，第9页。

② 周庆：《邪教防控对策研究——浙江省大学生邪教防控知识问卷调查》，《犯罪研究》2010年第4期。

③ 宋斌：《邪教对大学生影响的实证分析》，中国反邪教协会：《以党的十七大精神为指导防范抵御邪教 促进社会和谐——中国反邪教协会2007年年会论文集》2007年第5期。

④ 逯原：《大学生误入邪教的危险与防治方法探析》，《人才资源开发》2015年第18期。

伺机向高校猖獗渗透，对很容易被吸纳的当代大学生伸出黑手”。[①]

从既有的研究结果看，对大学生关于邪教的认识的相关研究总体上尚处于起步阶段，主要集中在思想政治教育领域，且实证调研研究较少，因此，本研究采用调研的形式，从大学生对邪教本质的认知、传播方式等角度出发，应用调研和访谈结合的方法，探究大学生对邪教的认识、情感及相关方面的行为。

二、大学生对邪教认知的调查研究

采用自编调研表对324名北京地区某高校1—4年级学生进行了调查，并对12名1—4年级学生进行了访谈。

（一）绝大多数大学生认为了解邪教的危害有意义

80.65%的大学生认为了解邪教的危害有意义，9.68%的大学生认为了解邪教的危害没有意义，有9.68%的大学生认为无所谓了解不了解邪教危害。从中我们可以发现，大部分大学生明白邪教对大学生的危害程度，但仍然有一部分大学生没有意识到邪教的危害性，这显然是低估了邪教对社会的危害程度。12名接受访谈的学生都认为，邪教是不能加入的，但当问到是否知道什么是邪教时，1名同学认为，邪教就是目前的传销组织，7名同学表示知道全能神杀人的事件，对这种做法表示极大的不认同，但并不知道这个邪教组织的具体情况。

（二）邪教向校园渗透的方式

假借学生社团的名义进行渗透（70.97%），以感情拉拢施以小恩小惠进行渗透（68.82%），利用现代信息技术进行渗透（74.19%），在校园投放散发张贴邪教宣传品进行渗透（72.04%）。据我们所知，这些都应该是邪教对

① 徐蕾：《当代大学生反邪教教育研究》，《前沿》2014，（ZB）：141—145。

大学生进行渗透的方式，但仍有很多大学生不了解这些渗透方式，甚至第二项只有 68.82% 的人选择。我们认为大学生应该有自觉了解邪教的积极性，从理论角度从更深层次去认识邪教产生的社会原因和渗透的各种方式。大学生只有对邪教有更深的了解，才能防止自己误入邪教。3 名接受访谈的同学表示在大街上的电线杆上看到过法轮功的宣传材料，2 名同学收到过印制宣传口号的钱币。

（三）邪教的本质特点

在对邪教的本质特点的了解上，有 89.25% 的大学生选择了“编造邪说”，82.8% 的大学生选择“聚敛钱财”，92.47% 的大学生选择“精神控制”，62.37% 的大学生选择“秘密结社”。了解邪教的本质特点，可以将邪教与其他合法宗教区别开来。而大部分大学生对邪教的本质特点认识模糊不清，在遇到邪教时，不能警惕对待，很有可能被洗脑继而成为邪教的信徒。有一部分人认为基督教、道教是邪教，而对法轮功这类令人深恶痛绝的邪教却一无所知，有的也只是略有耳闻。这说明有部分大学生不明白宗教与邪教的区别，要加强对青少年思想教育的工作。这一结果与之前的研究结果相类似。一项针对贵州部分高校的调研显示：“大学生对邪教的认识程度不高，大部分学生对邪教的认识仅停留在片面阶段。15% 的学生认为是气功，26% 的学生认为是迷信，56% 的学生认为邪教就是法轮功，他们对法轮功的认识只是通过新闻了解，而对法轮功所造成的危害，仅表示受害者的可惜和自己的幸运，没有深入了解过邪教组织及其活动。”[①] 一项针对泉州地区高校大学生的调研显示，“64.57% 的大学生不信教，20.94% 的学生信教，14.49% 的学生表示不清楚。68.41% 的学生认为自己可以很好地区分宗教与邪教，83.07% 的学生明确表示邪教不是宗教，10.12% 的学生不太清楚，6.81% 的

---

① 陈开敏、倪仕英、马青青、杨祎祎：《高校大学生对邪教问题认识调查及对策研究——以贵州省几所高校为例》，《管理观察》2016 年第 18 期。

学生把邪教和宗教混为一谈。”①

三、大学生对邪教认知的影响因素

在大学生中进行反邪教教育和同邪教组织做斗争将是尖锐的、复杂的、长期的。了解大学生对邪教认知的影响因素，有助于提出具有实效性的教育对策。有研究表明，邪教能吸引众多信徒的一个重要原因就是它针对人需要心灵慰藉和终极关怀的特性来瓦解人性，用它的非理性的歪理邪说来迎合生活中的非理性思维，从而使人产生非理性的生活目标，甚至丧失理性。由于社会矛盾纷繁复杂、变化多端，在人们生活中出现了许多使大家感到不适应、看不通的现象和矛盾，思想上产生了许多迷茫、困惑和疑问，心理上产生了诸多疑惑和顾虑。由于邪教往往与人们治病问药、衣食住行联系在一起，更符合人们功利主义的思想，使一些人“情不自禁”“身不由己”纷纷加入。一些大学生从入学第一天起就面临着多种压力，学习、工作、健康、情感等方方面面的问题经常困扰他们，少数学生往往抱着各种具体功利目的参加邪教。②

（一）关于宗教及邪教知识的了解渠道不多

参与研究的学生谈道：“我们身边的大学生对邪教认识太少，不够了解它的危害性，不知道它的特点，遇到它的时候也很难提高警惕。仍记得发放问卷时，拿到问卷的同学脱口而出：邪教是什么东西？这样的大学生并不是少数。参与调查的同学们表示‘一开始我们抱着感兴趣的态度来研究这个课题，现在心里却是满满的担忧和责任感’。”了解是改变的第一步，从调研结果中我们看到，大学生对于宗教、邪教问题的认识了解的途径有限，新闻报

① 吴纾恬：《泉州地区大学生宗教与邪教辨识度调查研究》，《泉州师范学院学报》2015，33（04）：82-86. [2017-09-13]. DOI：10.16125/j.cnki.1009-8224.2015.04.018。

② 李玲：《大学生易受邪教蛊惑群体的心理特征及防范对策研究》，《现代城市》2016，11（01）：48-50。

道是主要的渠道，但途径也极为有限。学生对“法轮功”“全能神”等邪教组织的认识也仅停留在表面认识的层面，甚至有的学生对邪教完全不了解。对邪教虽然大学生知道它是有害的，但是在具体的内容、传播方式以及与宗教的本质区别上的认知程度很匮乏，还是处在一个比较浅显的层次。

（二）大学生信仰形成的关键期教育不足

大学阶段是大学生人生观、世界观、价值观形成和完善的时期，是一个人社会化过程的关键时期，在这个阶段，树立正确的理想、信念、人生观、世界观和价值观，对他们的一生将产生重大的影响。但是，这一时期的大学生往往思想不够成熟，想法较多，但并没有形成稳定的观念；出现理想完美，要求过高的情况。但由于客观条件的限制，理想和要求并不能马上实现，存在着主观需要与客观现实之间的矛盾。大学生身体发育已成熟，他们有着更为强烈的内在精神需求，以实现自身的价值与愿望。如果这时邪教组织“乘虚而入”，极易成为一些大学生的“精神支点”。在我们的调查问卷中，有一道题问的是，你是否相信世界上有鬼神的存在？在该题中设有“相信”、“不相信”以及“不确定”这三个选项，通过对数据的统计，我们发现有一些同学选择了“相信”“不确定”，这部分同学就是邪教潜在的发展对象，一旦邪教人员对其进行了错误的指导，他们很有可能会加入其中，进而危害到自身以及他人的人身及财产安全，更有甚者危害社会和谐发展。但是大部分人还是选择了不相信，说明这部分人还是有着对事物比较清晰的判断，不易受其蛊惑。

（三）大学生心理发展的成熟程度不平衡

大学生的心理发展水平、积极应对能力是影响大学生对邪教认知的关键因素。调研中，我们设计了这样的问题来了解学生的应对能力，在学生认为遭遇社会上的不公平对待采取的措施时，52.69% 的大学生选择“向有关部门举报”，31.18% 的大学生选择忍气吞声，10.75% 的大学生选择了“伺机报复他人”，5.38% 的大学生选择“加入某种精神组织以排解压力”。由此可见，部分大学生不善于找恰当的方式排解自身的压力，这使邪教组织有机可乘。“有些大学生理智发展并不成熟，情绪上很敏感、脆弱，很希望得到别人的认可，但是对社会现象的分析缺乏高度的理性辨识，所以，容易受到某些错误思想和观念的影响，被邪教组织误导和引诱。”①

四、大学生邪教防范的对策建议

（一）多渠道加强大学生马克思主义宗教观教育

对邪教的斗争能否取得彻底的胜利取决于大学生对邪教问题的认知、态度和行为，大学生对邪教深入的了解和把握，是从根本上杜绝邪教在青年学生中的传播的第一步也是最关键的环节。课程教学是学生获取知识的主要方式，思想政治理论课是大学生思想政治教育的主渠道、主阵地。在教学中，我们要增加有关邪教认知的内容，让大学生明确区分什么是科学无神论，什么是邪教有神论；什么是科学，什么是伪科学，什么是宗教，什么是邪教。要从历史与现实结合上，充分为学生讲述邪教的危害，引导大学生树立正确的世界观、价值观以及人生观，自觉抵制邪教的传播，同时也坚决不加入其中。另外，可以开设防范邪教为主题的讲座。让学生清楚地认识到邪教的危害，而且要认清宗教和邪教的区别。大学生之所以对宗教产生模糊的认识，很大程度上是由于对宗教的不了解，把宗教看得过于神秘，或是由于好奇心，所以让学生清楚地认识宗教以及邪教的本质内容以及它们之间的区别就显得尤为重要。

（二）大学生理想信念教育入脑入心

抓住“信仰”教育这一核心，牢牢把握大学生思想政治教育主阵地，促进大学生理想信念教育入脑入心。大学生是信仰形成的关键期，如果马克思

① 高逸凡：《大学生抵制邪教组织影响之浅见》，《云南警官学院学报》2016 年第 3 期，第 86—88 页。

主义理想信念不占领大学生的头脑，那么处于吸收知识海绵期的大学生势必会吸收其他的理念来处理问题。要做到马克思主义的真信真懂，可以采取社会实践、朋辈辅导的方式开展教育工作。例如，复旦大学成立的“学生反邪教研究会”，首批注册会员为 71 人。在首场主题研讨会上，复旦大学的 6 位博导、教授分别就反邪教的必要性、宗教与邪教的区别、国际上邪教与反邪教斗争状况等专题做了指导讲话。学生们反响热烈，大家对邪教的实质有了进一步认识，对于如何抵制邪教有了更深入的思考，正如他们在倡议书中所说：“法轮功”涣散人心，严重危害安定团结的政治局面，危害人们正常的生产、工作和生活秩序。作为党和人民悉心培养的一代，面临的是知识经济时代和世界发展的机遇和挑战，承担的是建设社会主义强国、实现中华民族伟大复兴的历史重任。崇尚科学，探求真理，才是当代大学生的主旋律。我们应该对马列主义、毛泽东思想、邓小平理论充满信心，坚定对党的信念 ，拥护党的方针政策，以刻苦攻读的实际行动抵制邪教，维护来之不易的安定团结的政治局面。[①] 信仰是价值观的最高阶体现，指导着行为的发生。发挥环境育人功能，营造积极向上的校园氛围，环境在一定程度上影响学生的行为。例如，对于一个学习不太好，但意志容易被他人左右的学生来说，把他放到一个大家都在认真学习的氛围里，就比在全班整体懒散的环境要好得多，对他自身的提高可能会更明显。所以对于邪教来说，大家整体都很向上，就不容易接触或者深陷其中。其次，学校应开展多种多样的校园活动。通过讲座、社团等方式增加大家的学习以及与人交往的积极性，通过开展崇尚科学、反对迷信、拒绝邪教的主题活动，营造一种文明、健康、高品位的文化氛围和精神氛围，以此来增强大学生自觉防范和抵制邪教的能力。

（三）重视大学生心理健康教育

心理失衡是邪教能够深入大学生心理的条件，心理健康的人在抵制邪教诱惑的能力上大于有心理疾病的人。根据大学生心理健康的现状和特点，大

① 曹继军：《复旦学生成立反邪教研究会》，《光明日报》2001-02-21（A03）。

学生现今的整体心理素质偏低，比较容易被新鲜事物所迷惑，从而作出伤己又伤他人的行为。加强对大学生心理健康的教育有助于提高大学生防范邪教的心理能力。我们要掌握现今大学生的心理特征，这样才能有针对性地向大学生普及心理健康知识，教会大学生如何掌握维护自身心理健康，同时也要教授大家一些排解精神压力的方法，提高大学生自我调节的能力，因为在一定程度上没有及时进行压力的排解也是导致学生加入其中的重要原因。其次，应该定期进行大学生心理健康测评，有效且及时地掌握大学生的心理状态，从而为更有效地对学生进行心理上的疏导与判断提供有效的资料与依据，检测的开展会及时有效地避免学生心理问题的产生，帮助大学生及时调节心理失衡，在问题发生前，心理的萌芽长出前，将其扼杀在“摇篮”里。在学校中建立健全大学生心理咨询机构，及时为大学生提供心理咨询服务，帮助大学生进一步了解自己的心理问题，帮助大学生及时摆脱心理困惑，保持心理健康。

（四）建构学校防范邪教体系

针对青年学生极可能成为邪教组织招募成员的目标群体的情况，邪教问题研究专家克拉克先生也向笔者介绍了他关于“学校防范邪教”（Guarding against cults in schools）的研究观点[①]：FECRIS 每年会在瑞典日内瓦举行一次部长级研讨会。2011 年，它向联合国提供了高层信息（一份关于高等学术机构学生与破坏性邪教的正式出版物）。许多大学生甚至留学生很容易被招进类似邪教的组织，因为他们总是在努力让自己变得独立、承担新的责任、开展新的人际交往、适应新的环境，并且对未来非常担忧。长期的考察表明进入邪教组织的学生性格会产生变化，学习成绩和经济状况都会受到不良影响，与家人、朋友或者恋人都会变得疏远。他们被剥夺了高等教育可以赋予他们的东西：思想自由、智力成长、个人发展以及个性培养。世界各地越来越多的大学都在禁止或者限制邪教组织，邪教明显会对学生身心造成伤害，

① 根据大卫·克拉克先生的演讲稿和录音翻译整理的关于“学校防范邪教”的相关论述。

也在实质上影响了学校的教育任务，违反了校规校纪和当地现行法律。受邪教蛊惑的学生人数每所大学各有不同，但是他们都有一个共同特点，那就是所受到的伤害是极其严重的。对学生进行邪教活动方式方面的素质教育、出版适宜的出版物是避免其受伤害的主要工具。该问题的专家一致认为对学生的教育重点应该为邪教如何骗人加入以及如何留住成员。也有专家设计了从新生到毕业生的教育模式。在美国，最好的大学以及高校较为集中的地方都是邪教招募成员的首选之地。处理这些问题时必须在达成一致意见以前全面了解信息，并且进行准确的表述。学校必须明确校内专家的招生政策以及违反相关政策的后果。投诉方式应该张贴在学生很容易看到的地方。遭到投诉的组织须公开其名称并记录在案。整个项目须进行评估，以确保与现行法律以及校规校纪相一致。每年都应该形成一份报告，记录投诉以及所采取的措施。

（五）加强网络防控力度

面对深刻复杂变化的国际形势，伴随着经济全球化和信息技术革命，各国在政治发展道路、意识形态领域多数都有鲜明的主张，在推动互联网、大数据、人工智能和实体经济深度融合等方面普遍有大动作，以维护其政治立场和意识形态导向。

在互联网用户中，以 CNNIC 的统计数据，中国网民中 29 岁以下的网民占到了总数的大约 53%，这充分说明青少年已经成为互联网用户中的主体，在青少年中深入开展网络反邪教工作就显得尤为重要。笔者以邪教倾向性人格为切入点，以高校学生为主要研究对象，专门开展抽样调查。调研结果显示，大学生的主流是积极、健康的，有科学的人生观、价值观，家庭、学校生活和谐，对宗教和邪教也有正确的认识。但在当前互联网飞速发展和全球化、多元化思潮的社会大形势下，大学生的信仰状况就呈现出多样性、非理性甚至矛盾性的明显特征。部分大学生因受到网络负面信息的影响，对社会不满、否认科学的价值观，有的甚至感到前途迷茫而倒向迷信思想，更有甚者甚至赞同邪教组织的教旨教义。这些状况则极容易被邪教组织嗅到。因此，校园防控传教和抵御邪教渗透刻不容缓。

总之，大学生是社会主义建设事业的建设者和可靠接班人，承担着中华民族伟大复兴的历史使命，加强对大学生对邪教防御能力，加强防范邪教教育和引导，要切实加强对青少年的思想政治教育工作，让青少年志存高远、脚踏实地，培育其科学精神；加强学校反邪教工作，宣传宗教政策，挤压邪教生存空间；关心学生心理健康，重视学生精神需求；坚守网络阵地，净化网络环境；优化知识结构，提高学生综合素质，需要我们通过课程强化马克思主义宗教观教育，从社会实践、朋辈辅导角度开展入脑入心的理想信念教育，以及开展测评和咨询等心理健康教育，多渠道齐抓共管，培养学生的科学精神和批判精神，使其树立正确的世界观、人生观、价值观，促进大学生抵御邪教能力的提升。

中国新形势下邪教“易感人群”防范规制研究

王柏荣　耿　鑫*

宗教信仰自由是公民的一项基本权利，中国的宪法、《宗教事务条例》等法律法规都明确规定保障公民的宗教信仰自由。但对于冒用宗教名义，利用制造、散布迷信邪说，蛊惑、蒙骗他人，发展控制成员，危害社会的非法组织，即少数邪教、膜拜团体和宗教极端主义组织，[①] 法律将予以严厉打击，追究相关责任。

容易被邪教组织拉拢的人群可称之为邪教“易感人群”，即处于邪教毒害边缘的人群。对于邪教易感人群的研究则有助于尽早发现邪教受害者并及时提供保护和帮助，减少邪教受害事件发生率。

近年来，中国防范治理邪教工作取得了长足进步，但邪教并未销声匿迹，而是随着社会形势的不断发展变化，频频出现不同的变种，且呈现国际化发展趋势，邪教易感人群也呈现出多种特点，对邪教防范和治理实践提出新的挑战。

* 王柏荣：北京联合大学北京膜拜团体与宗教文化研究中心研究人员；耿鑫：北京联合大学北京膜拜团体与宗教文化研究中心研究人员。

①《最高人民法院、最高人民检察院关于办理组织、利用邪教组织破坏法律实施等刑事案件适用法律若干问题的解释》第 1 条关于邪教的定义：“冒用宗教、气功或者以其他名义建立，神化、鼓吹首要分子，利用制造、散布迷信邪说等手段蛊惑、蒙骗他人，发展、控制成员，危害社会的非法组织，应当认定为刑法第三百条规定的‘邪教组织’。”法释 [2017]3 号，2017 年 2 月 1 日施行。

一、邪教防范治理面临的新形势

邪教因其危害社会安定、危害生命健康、危害家庭和谐等已被众多国家和社会组织高度关注，防范治理邪教是一场坚定持久的“攻坚战”，这已经成为国际共识。在中国，邪教问题一直受到政府的重视。党的十九大报告再次重申，要“严密防范和坚决打击各种渗透颠覆破坏活动、暴力恐怖活动、民族分裂活动、宗教极端活动”，其中就包含着对邪教问题的关注和强调。回顾过去，展望未来，新形势下国内外反邪教面临着新的挑战。

（一）邪教国际化发展趋势增强

当前，各国的一些邪教组织已经不满足于本土发展，而是主动出击，将目光投向更大的国际舞台，招募信徒，扩大影响，以期长久生存发展。如“奥姆真理教”以日本为大本营，在美、俄、法、斯里兰卡等国设立海外分部；“太阳圣殿教”实力遍及欧美的12个国家；基督教科学派”在57个国家设立分部。[①] 在中国，“法轮功”“全能神”等邪教组织近年更是加大全球布局的力度，“法轮功”在世界各主要国家设立组织、招募信徒，加大宣传力度；“全能神”在东京、纽约、旧金山、多伦多、新加坡、韩国、印尼、马来西亚等国家或地区建立分部[②]。由于邪教极具破坏性，且各国对于邪教的认定标准不同、法律制度各异，给邪教的防范和打击带来挑战，如何加强国际合作、共同应对邪教问题风险成为重要课题。

（二）互联网为邪教发展提供了空间

互联网技术作为一种新型业态，以其独特的方式迅速改变了社会运行模

---

① 凯风网:《警惕邪教新趋势》，http：//anticult.kaiwind.com/xingao/zqtj/201508/03/t20150803_2687844.shtml，2018年4月8日。

② 科技讯:《中国近些年邪教组织盘点》，http：//www.kejixun.com/article/201602/156944.html，2018年4月8日。

式，彻底颠覆了传统思维。互联网技术带来了便捷的信息获取方式，但同时，也使得一些不良信息混杂其中，毒害民众。当前，邪教不断利用网络手段，散布谣言，蛊惑人心，利用微信、手机APP、网站、论坛等应用平台，试图“招纳”更多的成员。特别是针对易感人群等弱势群体，由于其身在网络时代，获取信息更便利，大多处于困难中，需要获得精神慰藉，邪教组织充分利用这一点，积极拉拢，网络信息“轰炸”，毒害其思想。互联网技术也使得邪教组织人员之间的交流方式更趋隐蔽，捕获信息增加了难度。新的互联网交互方式，使得其成员可通过网络音视频、QQ、微信、电子邮件等进行联系，突破了时空限制，编造虚拟身份，使得反邪教防范治理的技术难度大大增加。

（三）邪教组织活动更为隐蔽和复杂

20世纪80年代以来，中国政府针对邪教的违法犯罪活动开展了持续不断的打击和查禁取缔专项活动。通过专项斗争和大范围的宣传教育，邪教非法组织体系逐渐瓦解，邪教头目和骨干分子受到重创，其真面目被揭露，人民大众对其危害性有了更为清晰的认知。由于受到重挫，邪教组织逐渐转入“地下”，活动更为隐蔽和复杂。如前所述，新兴的邪教非法组织以及既有的邪教组织，频繁通过互联网进行活动，其核心组织仍然活跃，组织层级更趋复杂，内部分工愈加细致，自我保护能力更加严密。其发展成员的方式已经由传统的现场蛊惑、散发纸质宣传材料、上门欺骗转变为开办网络反动论坛、设立反动通讯群、散布网络音视频资料，同时假借各种名义，设置陷阱，实施非法招纳活动。由此，邪教非法组织的各种活动已经升级换代，更为隐蔽、复杂和无规律。

二、新形势下邪教“易感人群”的类别与特征

（一）网络易感人群

现代社会，网络技术高速发展，信息传播快、扩散广、影响大，人人都堪称自媒体。网络给人民带来便利的同时，也蕴含着产生邪教“易感人群”

的温床。据统计，近二十年来，“法轮功”邪教组织已经在世界25个国家和地区建立了邪教网站，使用13种语言文字传播其歪理邪说，仅在美国的46个州就建立了宣传网站80个[①]。近年来，邪教组织不仅利用网络非法传播其歪理邪说，针对中国网民发布“翻墙”软件，发动其门徒弟子利用互联网打印、炮制“定时性播音装置”进行宣传蛊惑，更大肆造谣攻击中国政府，如“活摘”“酷刑”等谣言以及借“流行疾病”“地震”等天灾人祸蛊惑群众，这一切都是通过网络进行扩散的。与此同时，利用网络发展信徒已经成为邪教组织扩充的主要方式，他们通过设立网站、博客、微信群，上传大批量的所谓见证、灵歌、图片和视频等，伪善包装，诱骗网民。例如前几年破获的宁夏西吉县门徒会邪教案，就是利用“茄子快传”等软件APP在网络上传送“灵歌”等非法音频视频，蛊惑群众加入该邪教。由此，通过公众号推送、微视频、微博、网页宣传、电子读物、发送网络信息、伪基站、黑广播等无线电台和频率等网络手段，诱骗网民群众加入邪教，是邪教易感人群产生的主要方式。

（二）患病易感人群

对于长期患病的一些群体而言，由于久治不愈，极度渴望恢复健康。邪教组织借机对其宣扬“强身健体”恢复健康的非科学歪理，由此易导致被利用，导致“病态”邪教信仰。随着年龄的增长，身体机能的衰退，感知觉发生显著退化，行动迟缓，记忆减退，各种病痛开始出现，特别是多年身患慢性病且长期治疗效果不明显的患病人群，长期迫切希望有健康的体魄，但在无法接受衰老死亡的客观事实或者家人朋友罹患无法治愈的绝症时，容易产生惧怕心理，无法接受变老、惧怕生老病死，乃至出现自我怀疑患病的状态。但囿于经济条件或医疗条件的限制，在遭遇邪教组织“强身健体、祛病健身”“师傅（李洪志）可以给你消业，清理身体”“共修打坐可以不自疗药”

① 中国硒都网：《警惕邪教利用网络危害社会》，http：//www.hbenshi.gov.cn/ztzl/2017/fxjzl/201703/t20170327_373233.html，2017年12月23日。

等“非科学”理念的灌输和劝解下，未看清真相，抱着尝试的心态加入邪教。这部分人群由于身体原因，容易被邪教所利用。

（三）高校易感人群

高校是开展高等教育培训、培养专业人才的教育机构，青年人群高度集中。高校青年尤其是刚走出家门，迈入新环境的年轻人，对于社会的认知能力还较为欠缺，社会经验不足，同时又具有强烈的求知欲望，充满了好奇心，容易被外界干扰。同时，还有另外一些即将毕业，面临就业、深造压力，四处奔波寻找工作面试机会的大学生，可能由于一时的困难，心情紧张苦闷，急于解压或寻找发泄出口。对于以上两类学生群体，以及一些由于其他原因心理不稳定的在校学生，在面临邪教传教人员假借外语交流、交朋友、介绍工作等正当理由之名，同时以赠送书籍、宣传手册、阅读材料或“小礼物”为手段，行邪教洗脑之实，慢慢步入其圈套，被其感染，而产生加入邪教的念头，处于“高危”境地。

（四）生活困难易感人群

由于中国还处于发展中国家水平，在社会主义初级阶段，大部分人解决了温饱问题，但仍有极少数人由于某些原因，没有稳定工作和稳定收入，尤其在农村，这种情况较为普遍，这些群体经济条件较差，生活较为困难，易被邪教诱惑。以湖南省某自治县涉邪教贫困人员调查为例，全县涉邪人员中，60 周岁以上、劳动能力较弱的占比达 70% 以上，初中以下文化占比 81%，绝大多数无专业技能，大多数体弱多病，因病更穷[①]，在此种情形下，邪教传教人员假借所谓“练功治病”、“神的仆人”、“有病不用打针吃药”、“免费治疗”或是“免费提供生活资助”等歪理邪说，逐渐消磨生活贫困人群的生活意志和工作积极性，使其逐渐步入邪教歧途，难以自拔。

---

① 陈炼喜：《“进准扶贫”与反邪教》，http：//www.fxj.hunan.gov.cn/Article/dzlt/201704/48144.html，2018 年 1 月 31 日。

（五）空巢留守易感人群

中国经济发展迅速，与之相伴的是大批中青年进入大城市寻找工作机会，俗称“农民工”。在农村，大量老人由于子女进城工作、求学、夫妻双方异地而居、丧偶等原因，导致其长期与家人分离，孤独感十足，同时由于所处环境不同，观念上也产生了差异。这种情形，彻底颠覆了“养儿防老”“三世同堂”“儿孙绕膝”“家有父母不远游”等中国传统文化理念，同时造成了一大批空巢留守老人心理上产生孤僻感和求慰藉感，他们心灵空虚，渴望与外界交流、渴望宣泄。在这种形势下，当遭遇到邪教传教人员“温情脉脉”式的聊天宣扬，辅以“救世济世”“无所不能”的邪教精神洗脑灌输，用“兄弟姐妹”“我们一家人”“我们的学员、我们的弟子”等门徒会、法轮功常用术语迎合填补老人心灵上的孤独和苦楚，满足其渴望被关心、被慰藉的想法，空巢老人逐渐步入邪教人员所设的局，从而最终产生信任和依赖，并被利用。

（六）极端迷信易感人群

迷信来自对于一些无法解释的自然现象的过度解读或崇拜，极端迷信易感人群则近乎疯狂地相信任何现象均来自其所崇拜的“神”。极端迷信往往易发生于偏远乡村地区，由于经济较为落后、信息沟通不及时不顺畅，加之目睹或经历了一些难以解释的现象，从而产生极端崇拜或迷信。这类人群相信冥冥之中的命运，对固有传统信仰不坚定，对所信奉的佛与主所属的合法宗教教义认识不清。在面对传教人士对披上佛教外衣的“法轮功”，披上基督教、耶稣教外衣的“门徒会”等邪教花言巧语的描述时，显得无所适从；在听说所谓的“世界末日论”“病源于罪”等恶意欺骗的谎言后，自身无法辨别真伪，加之有“非典”病毒、5·12汶川地震之类的巧合发生，他们便认为“信神可以进天国，能消灾避难，可以永生，不信的人将受到惩罚，下地狱求生不得，求死不能”。基于对求生和来世的极端渴望，以及邪教传教人员的假借正教思想外衣诱哄欺骗，很容易“虔诚”地迷信邪教，被其洗脑。

（七）新形势下“易感人群”的特征总要

通观以上对于邪教易感人群类别与基本情况的分析，可知新形势下邪教易感人群具有以下几点共同特征。

1. 认识模糊或偏执

前述几类易感人群，由于所处的环境或境况不同，导致其在某一方面认识不清或存在偏执，从而容易误入邪教歧途。比如身体患病易感人群，求治心切，但又久治不愈的情况下，思维意识逐渐被疾病困扰，加之邪教传教人员的蛊惑诱导，从而导致认识模糊，被邪教借机入侵。再比如生活困难群体，由于自身极度贫穷，邪教利用小恩小惠或不劳而获等假象诱惑，导致其产生对于不劳而获的幻想或偏执，由此产生极端心理。

2. 面临困境，无法排解

通过调研和实证研究发现，大部分涉邪人员在加入邪教前都曾面临着各种生理或心理困境，无法解决，急于寻找到宣泄出口。如前述几类群体中，有面临生活困难心情苦闷的，有面临身体疾病难以解决的，也有夫妻子女异地心里孤独的，还有初入社会经验不足的，等等，不一而足。这些困境要么来自自身或家庭，要么来自社会认知，由于短期内无法排解，造成严重的后果。

3. 信息沟通不畅

通过调研发现，部分涉邪人员生活在偏远山区、信息不畅的农村。例如门徒会，其发展成员、建立组织主要在农村，尤其是自然条件恶劣、经济落后、生活贫困、偏远闭塞、信息不畅的偏远落后农村成为受门徒会之害的重灾区[①]。信息闭塞导致与外界隔离，加之生活困难、罹患疾病等，此种环境下无法充分获得外界的帮助，由此导致受邪教蛊惑、利诱等。调研中发现，这种蔓延传播形式还有一个特点，就是往往以家族传播为途径，受制于亲情，一人受骗，全家受灾。

---

① 留坝县人民政府网站：《农村哪些群体易被门徒会渗透》，http：//www.liuba.gov.cn/zhuanti/fxj/201708/t20170816_426993.html，2018 年 1 月 2 日。

4. 法律意识淡薄

邪教具有严重的社会危害性，对国家对他人对自身都有极大伤害，属国家法律命令禁止。我国宪法、刑法、“两高”司法解释以及法规规章等都明确界定了邪教的范围、禁止性规定以及法律责任。就目前这几类邪教易感人群的现状来看，虽然都身处不同的困境中，但有一个共同点就是，对于国家和政府关于反邪教的法律法规不甚明了，甚至处于盲目无知阶段。因为对于法律的无知，从而导致对于邪教认识不清，混淆了非法组织与合法登记团体之间的界限，由此产生了严重后果。这从另一个侧面也说明国家和社会对于反邪教的法律宣传有待与时俱进、跟上新形势，对于反邪教立法过程和颁布通过有待进一步宣传。

三、新形势下对于邪教“易感人群”的防范、教育与规制

近年来，随着全球一体化不断深化，科技、观念、经济、政治等方面深刻影响着社会的发展与变迁。中国处于发展中的中国特色社会主义新时代，其主要矛盾已经转变为人民日益增长的美好生活需要和不平衡不充分的发展之间的矛盾。邪教具有反科学、反社会、反人类本质，是人类文明和社会进步的敌人，我国在长期处理邪教方面也积累了一定的经验，曾先后处置了会道门、“法轮功”、“呼喊派”、“中功”等极端邪教组织，注重防范、教育与转化相结合。现如今，在新形势下，在结合以往经验的基础上，对于邪教易感人群的及时发现、治理、防范与规制理应有更深入的思考，找到新的治理路径与方法。

（一）健全工作机制

凡事预则立，不预则废，邪教具有社会危害性，其与正统宗教截然不同，这是为全社会所公认的。整体来看，公安、国家安全、民政、宣传、教育、宗教、司法等国家各个机构和部门均承担一定的反邪教工作职能，但系统来看，这些部门尚未建立协调顺畅的工作联动整合机制，紧密配合联系不够。

由此，在国家机构改革的大背景下，加强反邪教工作的部门统筹，加强各部门协调联动、理顺工作机制、明确工作职责，建立立体系化的防控邪教机制尤为重要。具体而言，首先，建立早期干预机制，注重源头治理。对邪教组织、有害气功、带邪教性质的非法组织以及自我神化的人物，通过各种途径及时了解发现，一旦掌握情况，应立即采取行政、司法等干预措施进行有效控制，并通过大众媒体开展广泛宣传警示教育，防止其扩大影响，欺骗诱惑人民大众。其次，建立应急突发事件预警机制。与其他突发事件一样，对于邪教组织的破坏性突发事件如果能够提前知悉，则能够起到预防治理的作用，将危险降到最低。目前，我国出台的《应对突发事件法》规定了针对突发事件的预防与应急准备、监测与预警、应急处置与救援、事后恢复与重建等。建立多层级的应急网络，并不需要专门针对邪教这一事件，可将其纳入国家各级应急部门的范围之内，从而起到部门之间联动的效果。再次，建立公众监督机制。国家机关联动防控网的建立和运行，不仅依靠国家公权力，更要依靠公众私权利，群众监督是国家监督的有力补充。鼓励以社区居委会或村委会为单位，紧密联系群众，对于所辖区域发生的邪教事件或人员及时报告监控，形成社会公众集体反邪教的良好势头，对于预防和治理邪教及其成员有着极为重要的作用。

（二）加强教育宣传

对于部分易感人群，一方面面临着邪教的欺骗与蛊惑，另一方面还未完全丧失良知，处于濒临涉邪的边缘，由此，对这部分人以及人民大众做好反邪教的宣传教育，让其认清邪教的本质和真面目则显得尤为重要。首先，完善各种宣传教育手段。随着网络科技的发展，反邪教的手段也发生了深刻的改变。现如今，网络、微博、微信公众号，以及境外网站、Facebook、twitter 等一众即时沟通工具及发布平台，蕴藏着大量的邪教组织发布的各种虚假信息，由于网络传播速度快、普及性强、影响力大，导致反邪教的网络斗争比较艰巨。如是，反邪教宣传教育部门需要及时、长期、重点发布反邪教的宣传教育信息，以使大众及时了解掌握国内外邪教极端主义组织的最新活动，并做好网上反邪教宣传和斗争的准备。其次，成立反邪教宣传的鼓励民间组织。目前，反邪教宣传教育基本由政府部门承担，一方面精力有限，另一方面宣传效果不佳。在反邪教宣传教育方面，发动群众以及民间社团组织的力量可以辅助政府部门，使大众与邪教做斗争、认清邪教本质。政府应鼓励和帮助成立各级各类的民间反邪教团体组织，并给予资金支持，各类反邪教社团组织也应严格明确其社团章程、组织目的以及反邪教教育宣传的具体任务，以充分发挥其积极性。最后，加强涉外反邪教宣传工作力度。一直以来，国外的仅中国邪教势力在不断壮大，其诋毁中国以及蛊惑国内外民众的手段也随之增多，造成的危害性不言而喻。由于国际邪教事件频发、危害性大，各国对邪教势力深恶痛绝，采取毫不容情的手段和态度。即使如此，中国的一些邪教组织利用其政治目的，在国外长期发布诋毁中国和中国人民的言论，并利用各种场合发表反动言论，如“法轮功”组织长期在美国等国家组织集会、策划反动活动，蛊惑美国民众、诋毁中国。针对此类现象，我国政府应积极创新对外宣传手段，加强外宣活动体系、建设，用外国人易于接受的方式科学揭露“法轮功”等邪教组织恶劣行径，戳穿邪教组织流言，讲好中国反邪教故事。

（三）完善反邪教立法

邪教具有反社会、反科学和反人类的巨大危害性，我国制定实施了一系列法律法规规章等来预防治理邪教组织。邪教易感人群中，有极大一部分对于法律的规定并不是特别了解，由此而导致了对于邪教危害性的认识不清，极有可能加入涉邪组织。由此，做好易感人群及其他潜在群体的反邪教立法及法律实施宣传工作，也是极为重要的。同时，本身制定、修订反邪教相关立法，让立法跟上反邪教的最新形势，加强法律规制，更是反邪教与时俱进的表现。目前，我国的反邪教法律法规主要包括以下几个方面。

宪法作为国家根本法，具有最高的法律效力。我国现行的 1982 年宪法中，虽没有明确规定反邪教的宪法规范，但对于宗教信仰自由作出了明确规定，其第 34 条规定了公民的政治权利，其中对于宗教信仰的公民也享有同等的政治权利作出了规定；在第36条中对于公民的宗教信仰自由作了具体规定，同时，也间接规定了反邪教，即“国家保护正常的宗教活动。任何人不得利用宗教进行破坏秩序、损害公民身体健康、妨碍国家教育制度的活动”以及“宗教团体和宗教事务不受外国势力的支配”。以上宪法对于宗教信仰的规定，也从侧面反映出邪教的特征和国家禁止邪教活动的态度。

刑法方面，在其第300条中，专门规定了邪教组织犯罪的惩处规范，即组织、利用会道门、邪教组织或者利用迷信破坏国家法律、行政法规实施的，根据情节严重程度，处以管制、拘役、有期或无期徒刑，同时实施剥夺政治权利等附加刑和数罪并罚等。由此，刑法对于邪教组织犯罪活动作出了较为严厉的处罚。值得注意的是，2017年1月25日，“两高”就办理组织、利用邪教组织破坏法律实施等刑事案件适用问题作出解释，即《最高人民法院最高人民检察院关于办理组织、利用邪教组织破坏法律实施等刑事案件适用法律若干问题的解释》，该司法解释共16条，主要就邪教组织的界定、组织利用邪教组织破坏法律实施罪和组织、利用邪教组织致人重伤、死亡罪的定罪量刑标准；邪教组织犯罪所涉及的宽严相济、罪数处断、共同犯罪等实体问题和邪教宣传品的认定程序等问题作了具体规定。

行政法方面，主要有《社会团体登记管理条例》《中华人民共和国游行示威法》《出版管理条例》《音像制品管理条例》《计算机信息网络国际互联网安全保护管理办法》《治安管理处罚法》《中华人民共和国外国人出入境管理法》《中华人民共和国突发事件应对法》以及《宗教事务条例》等，其从各个方面对邪教非法组织进行规制。

就目前的反邪教法律法规规章来看，虽然在多部主要的基本法和行政法规中都对其作了规定，但依然存在一些有待完善的方面。一是反邪教的专门立法有待制定。纵观国际反邪教立法，由于恐怖事件频发，促使英美日德等国都相继制定了反邪教专门法，例如日本先后制定了《关于滥杀无辜团体相关法案》《防治“沙林”灾害法》《枪刀法》等一系列专门的反邪教法，法国于2001年制定了《阿布—比卡尔法》，专门规定打击邪教犯罪分子的反邪教法。由此，随着反邪教形势的逐渐复杂化，中国也需要制定一系列专门的反邪教法，将其上升到法律层面，而不是仅停留在法规层面。二是反邪教法律体系有待完善。建立有机联系、互为补充的反邪教法律法规体系是防范规制邪教组织及极端分子的长久之道。目前，中国的反邪教法律体系尚未构建，表现在其核心的反邪教法律缺位，同时针对反邪教的法规规章也存在缺位，可见的仅是散落在宪法、刑法、行政法等部门法中的一些规定，这些规定互相之间联系不紧密，各自起着治理防范邪教的作用。由此，需要进一步完善健全反邪教法律法规，以期尽快建立反邪教法律体系，完成国家法律层面的提升。

（四）提升社区反邪教工作能力

社区是当代群体生活的基本元素，居民交流、互助、共治、协商都是通过社区进行，其承担着实施社会管理与服务、促进居民参与自治服务、调整和改善社会关系、减少社会矛盾、预防社会问题的主要社会责任。由于具有重要的生活管理功能和集中的传播环境，近年来社区也成了各种邪教组织及伪科学歪理邪说的“重灾区”，许多市民就是在社区环境中被邪教蛊惑，成为易感人群，甚至涉邪。新形势下，加强社区的邪教预防与治理是反邪教工作的重点内容。首先，拓展创新社区反邪多元治理模式。社会的发展和进步，需要创新现代化的社区管理，即由单一化的单向管理模式演变为多元化的多向管理模式。这也就意味着，除了民政、计生、居民养老、维护稳定等基本功能以外，社区更要承载其他多种功能，包括救助涉邪人员及邪教易感人群。由此，对于社区反邪教的探讨和研究，无法离开对社区多元治理模式的探讨。目前来看，社区治理处于发展茁壮阶段，例如为落实习近平总书记提出的“让治理更有水平，让人民更有获得感”，各地社区都推行的网格化、精细化管理，做到分层分类、责任到人、预先发现，从而较好地防范了邪教事件和活动，及早救助涉邪人员。其次，定期组织科学普及活动。教育宣传、科学知识普及也是社区的主要职能之一。通过定期举办讲科学、反邪教、社会主义核心价值观、优秀传统文化及其相关主题的讲座、宣传和教育活动，达到让所在区域的居民充分了解邪教的邪恶本质、科学养生、有病求医、揭露伪科学等目的。在社区反邪教宣传教育的过程中，尤其注重贫弱、残疾、待业、老年人等群体，制作反邪教宣传教育材料，并随时入门入户、上门讲解，及时发现异常人群，开展救助工作。再次，建立反邪教互助平台和组织。社区治理过程中，对于已经发现的一些易感人群在宣传教育的同时，也可建立互助平台组织，深入救助。邀请本区域已转化居民参与互助活动，亲身讲解自己的体会，用真实案例来教化易感人群。同时建立反邪教互助网络平台，随时监督和讨论问题，并互助提出建议和解决方案。在互助过程中，社区管理人员需更加关注引起易感人群可能涉邪的原因，力争从根源上解决问题。最后，发挥社区综合治理功能，全面解决易感人群问题。对于社区中部分易感人群的涉邪初衷，需要通过观察和访谈，获得第一手的真实的资料。就目前来看，涉邪易感人群的类型大致分为精神和物质两方面因素，具体原因多种多样，但由于涉邪程度较浅，社区应该有能力救助。易感人群处于涉邪边缘，受害程度轻微，及早发现，采取救助措施，解决易感人群的根本性问题，救助易感人群，也是社区实现帮扶救助的重要职能。

邪教是当今社会的毒瘤，及早识别、发现、关注邪教易感人群有利于减少邪教对个人的伤害，有利于降低邪教对家庭和社会的危害。加强对邪教易感人群的警示教育和帮扶救助需要政府和民间共同发力，需要法律、制度的切实保障，这也是中国邪教问题社会治理的题中应有之义。